W0245319

P—— PFANNEBERG

Wörterbuch der Gastronomie

Französisch – Deutsch

Hans Kurt Luh

Ein umfassendes Wörterbuch zur korrekten Speisenkartenübersetzung sowie Erklärung küchentechnischer und gastgewerblicher Fachausdrücke

3., überarbeitete und erweiterte Auflage 1998

Fachbuchverlag Pfanneberg GmbH & Co.

Best.-Nr.: 04348

Autor:
Hans-Kurt Luh, Linden

3. überarbeitete und erweiterte Auflage 1998
Druck 5 4 3 2 1

Alle Drucke derselben Auflage sind parallel einsetzbar, da sie bis auf die Behebung von Druckfehlern untereinander unverändert sind.

ISBN 3-8057-0434-8

© 1998 by Fachbuchverlag Pfanneberg GmbH & Co., 42781 Haan-Gruiten

Satz: Fachbuchverlag Pfanneberg GmbH & Co., Gießen
Umschlaggestaltung: BOROS Agentur für Kommunikation, 42285 Wuppertal
Druck: Clausen & Bosse, Leck

Inhalt

Vorwort

Es war einmal, vor vielen Jahren, als ich mitten in Paris mein kleines Waterloo erlebte. Da hatte man also die französische Sprache an der Universität studiert, war oft in Frankreich auf den Spuren von Kunst und Kultur gewandelt, aber eine Speisekarte konnte man nicht lesen. „Du hast doch studiert: Was ist denn das und das und das?" Nein, „so etwas" lernt man tatsächlich nicht im Studium der Romanistik. Die deutschen Begleiter, die erwartungsvoll eine lange Restaurantkarte mit vielen phantasievollen Namen absuchten, kamen zwar noch zu einem guten Abendessen, aber nicht zu Antworten auf alle ihre Fragen. Erbsen, Bohnen, Kartoffeln, Nudeln und Reis, Suppe, Schnitzel und Auflauf, auch so eine feine Sache wie *Tournedos à la Rossini* konnte ich noch erklären, aber bei *Petit navarin de crustacés aux St.-Jacques, Matelote à la canotière und Estouffade* musste ich passen. Wie beruhigend war es in diesem Augenblick für mich, dass ein bekanntes Wörterbuch mittleren Umfangs auch keine Auskunft geben konnte.

Diese Erfahrung war eine folgenreiche Provokation. Das sollte mir nicht wieder passieren! Oktavheft, Kugelschreiber, Diktiergerät waren fortan meine Grundausrüstung bei Frankreichaufenthalten und die stets parate Frage „Madame bzw. Monsieur, pourriez-vous m'expliquer ce plat?" nach der Zusammensetzung und Zubereitung eines mir noch unbekannten Gerichts half mir stets weiter. Ratlose Kellner und Kellnerinnen ließen es, besonders in guten Häusern, nicht mit einem bedauernden Achselzucken bewenden, sondern waren so bald wie möglich ebenso interessierte Zuhörer wie ich, nachdem sie den Koch überzeugt hatten, einmal an meinen Tisch zu kommen. Und eine schöne Speisekarte wurde mir gelegentlich auch noch als Souvenir überreicht.

Diesen vielen anonymen Helfern möchte ich hier meinen ganz herzlichen Dank sagen. So entstand „vor Ort" der Kern eines an den Bedürfnissen des schlemmenden Restaurantgastes fremder Zunge orientierten Buches, das aus dem Auswerten von Restaurantführern, Kochbüchern, Speisekarten, Fachzeitschriften und Gesprächen entstand und „am Schreibtisch" mit Literaturstudien ergänzt und abgesichert wurde.

Anregungen zum Inhalt und zur Gestaltung habe ich stets mit Interesse aufgegriffen, über die Jahre den Stichwortbestand kritisch überprüft, aktualisiert und erheblich erweitert.

Über den schlemmenden Gast hinaus sollen auch alle die angesprochen werden, die es erst möglich machen, daß der Gast genießen kann: die Wirte, die Kellner und die Köche, seien sie bereits im täglichen Bemühen um den zufriedenen Gast tätig oder in der Lehre und auf berufsbildenden Schulen. Ihnen allen wünsche ich mit diesem „Gastronomischen Sprachführer" viel Freude, verbunden mit der Bitte, mir zu schreiben, wenn Sie Fehler finden oder gesuchte Stichwörter vermissen.

Manchen anspruchsvollen Zeitgenossen ist ein besonders gutes Restaurant einen Umweg wert. Gut ist, was Qualität hat. Bei allen poetischen Worten zur Kunst des Genießens sollte man mit beiden Beinen auf der Erde bleiben, die all das gedeihen läßt, was uns dank der Ideen und der Arbeit talentierter Menschen in der Gastronomie bei Tisch erfreut. Die französischen Gastrosophen Gault und Millau zitieren in ihrem Buch einen Autor und Kenner der Materie, dem ich unbedingt beipflichte. James de Coquet schreibt ganz prosaisch, ein Gastronom „ist ein Mensch, der sich um Perfektion bemüht auf dem einzigen Gebiet, wo man hoffen kann, sie dreimal täglich anzutreffen".

In diesem Sinne

„Bon appétit" und „A votre santé!"

Hans Kurt Luh

Anmerkungen
zum Gebrauch des Buches

Das grammatische Geschlecht ist angegeben.

f = weiblich (bestimmter Artikel: *la* (*l'* vor Vokal und h)
unbestimmter Artikel: *une*

m = männlich (bestimmter Artikel: *le* (*l'* vor Vokal und h)
unbestimmter Artikel: *un*

pl = Mehrzahl: *les*

Der bestimmte Artikel wird apostrophiert, wenn das Substantiv mit Vokal oder ‚stummem' *h* anlautet, z. B. *l'eau*, *l'herbe*; **aber:** *le homard*. Dieses wird im Wörterbuch besonders gekennzeichnet: *'h* (z. B. '*homard*).

Vor *'h* wird in der gesprochenen Sprache nicht gebunden.

Bei Adjektiven ist die abweichende Form bzw. Endung angegeben, wenn sie nicht durch Anhängen eines ‚*e*' als regelmäßige gilt. Ein Schrägstrich zwischen zwei Wörtern steht, wenn sie gleiche oder sehr ähnliche Bedeutung bzw. verschiedene Schreibweisen haben (z. B. *Soja/Soya*).

Eine Tilde ~ steht jeweils für das vorausgehende Stichwort oder Teile davon.

Wörter, wie à, *à la, au, aux, de, du, sur, en, le, la, les, et* werden bei der alphabetischen Einordnung berücksichtigt (z. B. *à la pression* steht vor *blonde*).

Im deutsch-französischen Stichwortverzeichnis sind keine Einzelheiten enthalten, denn es soll nur dem schnellen Auffinden verbreiteter Gerichte, Nahrungsmittel, Geräte und Fachausdrücke der Gastronomie im französisch-deutschen Teil dienen.

Regionale Spezialitäten und präzisierende Ergänzungen sowie lexikalische Informationen stehen in Klammern bzw. in Kursivschrift.

Abkürzungen

adj. (indef.)	Adjektiv, (unbestimmtes)
adv.	Adverb
arg.	Argot, Rotwelsch
bask.	baskisch
belg.	belgisch
bes.	besonders
Bez.	Bezeichnung
conj.	Konjunktion
dt.	deutsch
elsäss.	elsässisch
f	Femininum; weiblich
f.	für
fam.	familiär
fig.	figürlich, bildlich
fläm.	flämisch
frz.	französisch
invar.	unveränderlich
jm.	jemand, jemandem, jemanden
m	Maskulinum; männlich
med.	medizinisch
mil.	militärisch
n.	Neutrum, sächlich
niederl.	niederländisch
nom prp.	nom propre, Eigenname
od.	oder
part.	Partizip
pej.	pejorativ, verächtlich
pl.	Mehrzahl
pop.	populär, volkstümlich
pref.	Präfix, Vorsilbe
prep.	Präposition
pron.	Pronomen
qc.	quelque chose, etwas
qn.	quelqu'un, quelqu'une, jemand
reg.	regional
ugs.	umgangssprachlich
vgl.	vergleiche
v. itr.	intransitives Verb
v. refl.	reflexives Verb
v. tr.	transitives Verb

Für das deutsche Wort *bitte* gibt es verschiedene französische Wörter und Wendungen, die man auseinanderhalten muss. Spricht man eine Bitte aus, sagt man *s'il vous plaît;* wenn man den Gesprächspartner duzt: *s'il te plaît.* Manchmal ist das *bitte* auch schon im Verb enthalten und wird dann nicht extra verwendet, z. B. *veuillez* od. *pourriez-vous: würden Sie bitte / könnten Sie.*
Auf *danke, merci,* sagt man *je vous en prie* od. *de rien* od. *à votre service.* Fragt man: *„wie bitte?",* sagt man *vous dites?*

Redewendungen im Restaurant und Lebensmittelgeschäft

Können Sie mir ein gutes und nicht zu teures Restaurant empfehlen?
Pourriez-vous me recommander un bon restaurant pas trop cher?

Ich möchte einen Tisch für vier Personen reservieren.
Je voudrais réserver une table pour quatre personnes.

Um wie viel Uhr kommen Sie?
A quelle heure arrivez-vous?

Etwa um acht Uhr. – *Vers huit heures.*

Guten Tag / Guten Abend, mein Herr, zu wievielt sind Sie?
Bonjour / Bonsoir, Monsieur, vous êtes combien?

Wir sind zu viert. Wir haben einen Tisch bestellt.
Nous sommes quatre. Nous avons réservé.

Wie ist Ihr Name? – *Quel est votre nom?*

Wo ist der Nichtraucherbereich, Raucherbereich?
Où est l'espace non-fumeurs, fumeurs?

Kellner / Kellnerin, die Speisekarte, bitte.
Garçon / Monsieur, Madame / Mademoiselle, la carte s'il vous plaît.

Hier, bitte. – Auch die Wein- / Getränkekarte?
Voilà, Monsieur / Madame. – La carte des vins aussi?

Was möchten Sie essen? – Ich nehme ...
Que désirez-vous manger? – Je prends ...

Haben Sie gewählt? *Vous avez choisi?*

Könnten wir ... haben? *Pourrions-nous avoir ...?*

Servieren Sie mir bitte. – *Veuillez me servir.*

Wir haben es eilig. – *Nous sommes pressés.*

Könnten Sie das Menu teilen? – Also zwei Gedecke?
Pourriez-vous partager le menu? – Alors, deux couverts?

Und was trinken Sie, gnädige Frau, mein Herr?
Et comme boisson, Madame, Monsieur?

Nehmen Sie einen Kaffee? – *Vous prenez un café?*

Getränke (nicht) einbegriffen. –
Boissons (non) comprises.

Bedienung einbegriffen. – *Service compris.*

Bedienung 15 % kommt noch dazu.
Service 15 pour cent en sus.

Zuschlag, Aufpreis. – *Supplément.*

Wo sind die Toiletten? – *Où sont les toilettes?*

Kann ich hier telefonieren? – *Je peux téléphoner?*

Das Telefon ist im Untergeschoss.
Le téléphone est au sous-sol.

Die Rechnung, bitte. – *L'addition, s'il vous plaît.*

Wie viel macht das? – *Cela fait combien?*

Zusammen? – *Ensemble?*

(Anm. d. V.: *Meist erhält der Gast die vollständige Tisch-
rechnung, der die Bestellung aufgegeben hat.
Wenn getrennt bezahlt werden soll, empfiehlt es sich, dem
Kellner schon beim Bestellen zu sagen:*) Jeder zahlt für
sich. / Zwei, drei ... getrennte Rechnungen.
Chacun paie pour soi. / Deux, trois ... additions.

Danke, das genügt. – *Cela suffit, merci.*

Das macht 240 FF. – *Ça fait deux cent quarante francs.*

Hier sind 250 Francs.
Voilà deux cent cinquante francs.

(Anm. d. V.: *Es ist in Frankreich üblich, das Trinkgeld
diskret zu geben, d. h. man lässt den Betrag auf dem Zahl-
teller liegen.*)

Könnte ich einen Aschenbecher haben?
Veuillez me passer / apporter un cendrier.

Die Suppe ist nicht heiß, ist lauwarm.
Le potage n'est pas chaud, il est tiède.

Die Bohnen sind versalzen. – *Les haricots sont salés.*

Das Fleisch ist nicht gar. Bitte, braten Sie es noch ein
wenig.
La viande n'est pas bien cuite. Veuillez la recuire.

Kellner, der Rotwein ist nicht richtig temperiert.
Garçon, le vin rouge n'est pas chambré.

Entschuldigen Sie bitte, möchten Sie etwas anderes
bestellen?
*Veuillez nous excuser. Voulez-vous commander
autre chose?*

Wo ist der Speisesaal? – *Où est la salle à manger?*

Ich möchte nur eine Kleinigkeit essen.
Je ne voudrais pas prendre grande chose.

Was empfehlen Sie heute?
Qu'est-ce que vous recommandez aujourd'hui?

Haben Sie gewählt? – *Vous avez choisi?*

Ich muss Diät essen. – *Je suis au régime.*

Ich habe keine Gabel / kein Messer / keinen Löffel / kein
Glas.
Je n'ai pas de fourchette / couteau / cuiller / verre.

Anstatt / an Stelle von . . . – *A la place de . . .*

Ich habe etwas anderes bestellt.
J'ai commandé autre chose.

Das Essen ist kalt. – *Ce plat est froid.*

Ich möchte den Wirt / Chef sprechen.
Je voudrais parler au patron.

Ich möchte einen Wein dieser Gegend.
Je voudrais un vin du pays.

Ich möchte einen offenen Wein.
Je voudrais un vin en carafe / pichet.

Auf Vorbestellung. – *Sur commande.*

Die mit einem Kreuz gekennzeichneten Gerichte
benötigen 30 bis 40 Minuten Vorbereitung.
*Les plats précédés d'une croix demandent 30 à 40
minutes de préparation.*

Preis je nach Größe. – *Prix selon grosseur.*

Aufpreis für eine Änderung der Beilagen.
Supplément pour changement de garniture.

Das Haus ist sonntags (montags . . .) geschlossen.
La maison est fermée le dimanche, (le lundi . . .)

Welche Biere haben Sie?
Quelles marques de bière avez-vous?

Haben Sie deutsches Bier / Bier vom Faß?
Avez-vous de la bière allemande / à la pression?

Ist das Gericht gestrichen? – *Vous n'avez plus ce plat?*

Noch etwas Brot, bitte. – *Encore du pain, s'il vous plaît.*

Danke, ich habe genug. – *Merci, j'en ai assez.*

In der Rechnung ist ein Additionsfehler.
Il y a une erreur dans la note.

An der Kasse zahlen. – *Payer à la caisse.*

Auf Ihr Wohl; Prost! – *A votre santé.*

Auf das Ihrige (Deinige). – *A la vôtre (à la tienne).*

Überprüfen Sie bitte Ihre Rechnung. Für jegliche Rekla-
mationen wenden Sie sich bitte an die Kasse.
*Pour éviter toutes erreurs nous prions notre aimable
clientèle de vérifier son addition. Pour toutes réclamations
s'adresser à la caisse.*

Bei Zahlung mit Scheck oder Reisescheck bitten wir Sie
um Vorlage eines Personalausweises / Reisepasses.
*Pour tous paiements par chèque ou traveller nous vous
prions de bien vouloir présenter une carte d'identité / un
passeport.*

Bank- oder Postschecks werden nicht angenommen.
Les chèques bancaires ou postaux ne sont pas acceptés.

Nicht aufgeführte Gerichte können nicht serviert werden.
Les plats non chiffrés ne peuvent pas être servis.

Jede zusätzliche Leistung geht auf Rechnung des Gastes.
Aucun supplément au titre du service n'est dû par le client.

Empfohlenes Gericht / Getränk.
Menu conseillé / boisson conseillée.

Grundzahlen

0	zéro	20	vingt
1	un, une	21	vingt et un
2	deux	22	vingt-deux
3	trois	30	trente
4	quatre	40	quarante
5	cinq	50	cinquante
6	six	60	soixante
7	sept	70	soixante-dix
8	huit	71	soixante et onze
9	neuf	72	soixante-douze
10	dix	80	quatre-vingts
11	onze	81	quatre-vingt-un
12	douze	82	quatre-vingt-deux
13	treize	90	quatre-vingt-dix
14	quatorze	91	quatre-vingt-onze
15	quinze	100	cent
16	seize	101	cent un
17	dix-sept	200	deux cents
18	dix-huit	1000	mille
19	dix-neuf	2000	deux mille

Ordnungszahlen

le premier, la première	der erste, die erste
le, la deuxième	der zweite, die zweite
le second, la seconde	der zweite, die zweite
le, la troisième	der, die dritte
le, la quatrième	der, die vierte
le, la cinquième	der, die fünfte
le, la sixième	der, die sechste
le, la septième	der, die siebte
le, la huitième	der, die achte
le, la neuvième	der, die neunte
le, la dixième	der, die zehnte
le, la onzième	der, die elfte
le, la douzième	der, die zwölfte
le, la vingt et unième	der, die einundzwanzigste
le, la vingt-deuxième	der, die zweiundzwanzigste
le, la centième	der, die hundertste

Anmerkung: nach 81, 100 und 1000 folgt bei den Grund-
zahlen und Ordnungszahlen die Einerzahl unmittelbar:
101 cent un; der, die 1001., le, la mille unième.

12

Bruchzahlen

$1/2$	un demi
$1\ 1/2$	un et demi
$1/3$	un tiers
$1/4$	un quart
$3/2$	les trois quarts
$5\ 1/4$	cinq un quart
$1/5$	un cinquième
$1/10$	un dixième *usw.*
0,5	zéro virgule cinq
8,2	huit virgule deux

Maße und Gewichte

1 Pfund	*une livre*
$1/2$ Pfund	*une demi-livre*
$1/4$ Pfund	*un quart de livre*
1 Kilo	*un kilogramme*
1 Gramm	*un gramme*
1 Liter	*un litre*
1 Hektoliter	*un hectolitre*
1 Meter	*un mètre*
1 Zentimeter	*un centimètre*
1 Millimeter	*un millimètre*

Besonderheiten zum Gebrauch der Zahlen

Datums- und Herrschernamen:
der, die erste *le premier, la première*
François **1er** (premier)

Bei allen Folgenden steht – abweichend vom Deutschen –
die Grundzahl:

> On est, nous <u>sommes</u> **le 6 mars**
> Wir <u>haben</u> den **6. März**
> Louis **XIV** quatorze
> Ludwig **XIV.** Ludwig der Vierzehnte.

Sammelzahlen

une douzaine d'œufs	ein Dutzend Eier
une vingtaine de personnes	(etwa) 20 Personen

Alter: centenaire hundertjährig
le deux centenaire de …
die Zweihundertjahrfeier von …

Lebensalter eines Menschen

un homme, une femme de cinquante ans
ein fünfzigjähriger Mann, eine fünfzigjährige Frau
auch: un (homme), une (femme) quadragénaire
ein vierzigjähriger Mann / ein Vierziger,
eine vierzigjährige Frau / eine Vierzigerin

un, une quinquagénaire
ein Fünfziger, eine Fünfzigerin

Monate

Januar	janvier
Februar	février
März	mars
April	avril
Mai	mai
Juni	juin
Juli	juillet
August	août
September	septembre
Oktober	octobre
November	novembre
Dezember	décembre

Wochentage

Montag	lundi
Dienstag	mardi
Mittwoch	mercredi
Donnerstag	jeudi
Freitag	vendredi
Samstag	samedi
Sonntag	dimanche

Feiertage in Frankreich

1. Januar Le Jour de l'An	*Neujahrstag*
6. Januar Fête des Rois	*Dreikönigstag*
Mardi Gras	*Fastnachtsdienstag*
Les Cendres	*Aschermittwoch*
Le dimanche de Pâques	*Ostersonntag*
Paques	*Ostermontag*
1. Mai La Fête du Travail	*Maifeiertag*
8. Mai Armistice 1945	*Waffenstillstand (N)*
La Fête des Mères	*Muttertag*
La Fête de l' Ascension	*Christi Himmelfahrt*
La Pentecôte	*Pfingsten (Montag)*
14. Juli Le Quatorze Juillet	*Nationalfeiertag (N)*
15. August L'Assomption	*Mariä Himmelfahrt*
1. November La Toussaint	*Allerheiligen*
11. November Armistice 1918	*Waffenstillstand (N)*
25. Dezember Noël	*Weihnachten*
31. Dezember La Saint-Sylvestre	*Silvester*

nur im Elsass:

Vendredi Saint	*Karfreitag*
26. Dezember	*Weihnachten*

(N) = Nationaler Feiertag

Französisch - Deutsches Lexikon

A

à, à la, au, aux mit, auf, nach Art von.

à la mode modisch; *bœuf* ~ Rinderschmorbraten *m.*

abaisser une table einen Tisch niedriger stellen.

abalone *f* Seeohr *n (Schaltier).*

abatis od. **abattis** *m* **1.** Geflügelklein *n;* ~ **chasseur** ~ mit Champignons; ~ **de dinde aux navets** Truthahnklein mit weißen Rüben; ~ **de volaille** Geflügelklein *n;* ~ **d'oie** Gänseklein *n;* **2.** Abschnitte *m pl* von Geflügel; **3.** (Schlacht-)Abfälle *m pl.*

abat-faim *m invar.* Gericht *n,* das den ersten Hunger stillt.

abats *m pl* Innereien *f pl.*

abattoir *m* Schlachthaus *m,* Schlachthof *m.*

abattre (du bétail) (Vieh) schlachten.

abignades *f pl* Gericht *n* aus Innereien, Kaldaunen, Gekröse und Gänseblut (Baskenland).

able *m* Weißfisch *m,* Laube *f,* Ukelei *m.*

ablette *f* Weißfisch *m,* Laube *f,* Ukelei *m.*

abondant reichlich, reichhaltig, üppig.

aboyeur *m* Annonceur *m.*

aboyeuse *f* Annonceuse.

abricot *m* **1.** Aprikose *f;* **2.** Aprikosengeist *m.*

abricotine *f* Aprikosenfruchtlikör *m.*

absorber aufnehmen, verschlucken; *(Essen, Trinken:)* aufzehren, konsumieren.

abstinent enthaltsam, mäßig im Essen und Trinken.

abstinent *m (f)* Antialkoholiker(in) *m (f).*

abus *m* **(d'alcool)** (Alkohol-)Missbrauch *m.*

abusseau *m* Ähren-, Streifenfisch *m (dem Seebarsch ähnlich).*

acarne *f* Rotbrasse *f.*

accomodage *m* Zubereitung *f.*

accomoder *(Gerichte:)* zubereiten; ~ **les restes** die Reste (zu einem neuen Gericht) verwenden.

accorder gewähren, zubilligen.

accroche-manique *m* Topflappenhalter *m.*

accuncciatu *m* Ragout *m* aus Kalbs-, Hammel- und Pferdefleisch mit Kartoffeln (Korsika).

aceline *f (Art)* Barsch *m.*

acerbe sauer, herb, bitter.

achards *m pl* **1.** Vorspeise *f* aus Mischgemüse in Essig-Senf-Sauce; **2.** Würzen *f pl* auf Basis von Früchte- oder Gemüsewürfeln *(zu kalten Platten und Gegrilltem).*

acheter kaufen, einkaufen; ~ *comptant* (gegen) bar kaufen.

acide 1. sauer, säuerlich; **2.** *m* Säure *f;* ~ **carbonique** Kohlensäure *f;* ~ *tartrique* Weinsäure *f.*

acidulé säuerlich.

acquit *m* Quittung *f.*

âcre *(Geschmack:)* herb, scharf; *(Wein:)* herb; *(Saft:)* sauer.

actinie *f* Seestern *m,* Seeanemone *f.*

additif, additive hinzufügbar, Zusatz-.

additif *m* Zusatz *m.*

addition *f* Rechnung *f (im Restaurant).*

additionel zusätzlich.

à discrétion nach Belieben.

afarf *m* Gericht *n* (aus Rüben, Stockfisch, Milchreis, Schweinsfüßen u. a.), das vor der Mitternachtsmesse serviert wird (Ariège).

affamé hungrig, hungernd.

affiner verfeinern.

agaric *m* Blätterpilz *m;* ~ **auguste** Riesenchampignon *m.*

agitateur *m* Rührapparat *m,* Rührwerk *n.*

agneau *m* Lamm, ~fleisch *n;* ~ **grillé au thym** ~ mit Thymian gegrillt; ~ **de lait** Milchlamm *n;* ~ **de Pauillac** qualitativ hochwertiges Lamm(-fleisch) aus Pauillac.

agon *m* Sardine *f.*

agréable angenehm.

agrumes *m pl* Zitrusfrüchte *f pl.*

aider helfen, beistehen, fördern.

aiglefin od. **aigrefin** *m* Schellfisch *m;* ~ **à l'ancienne** ~ in Stücke geschnitten, gekocht, mit Kapernsauce und Pfeffergurkenscheiben bedeckt; ~ **à la lyonnaise** ~filets in Butter gebraten, mit gebratenen Zwiebelringen und gehackter Petersilie bedeckt, mit brauner Sauce übergossen.

aïgo boulido *m* mit Ei gebundene Knoblauchsuppe *f* auf Röstbrotwürfeln (Provence).

aïgo ménagère *m* Familiensuppe *f* mit Lauch, Kräutern, angerösteten Zwiebeln, Kartoffelscheiben, Tomatenwürfeln, Safran, auf Brotscheiben serviert (Provence).

aïgo sau *m* provenzalische Fischsuppe *f* mit Tomaten, Paprika, Kartoffeln, gerösteten Brotwürfeln, provenzalischen Kräutern und Knoblauch; mit Rouille serviert.

aigre herb, säuerlich, scharf.

aigre *m* Säuerlichkeit *f,* Herbheit *f; (Milch, Wein:) sentir l'aigre* sauer riechen.

aigre-doux, aigre-douce süßsauer, bittersüß.

aigrefin *m* Schellfisch *m.*

aigrelet, aigrelette angesäuert; *(Wein:)* leicht säuerlich.

aiguillat *m* Dornhai *m* *(wie Kabeljau zubereitet)*.

aiguille *f* Nadel *f;* ~ **à brider** Dressier~; ~ **à piquer** Spick~; **à trousser** Dressier~.

aiguille *f* **de mer** Meeraal *m*.

aiguillettes *f pl* feine, länglich geschnittene Streifen *m pl* von Wild- od. Geflügelfilet; ~ **de canard** Entenbrustfilet *n;* ~ **de saumon Turenne** Lachsfiletscheiben *f pl* gedünstet, mit Gurken, Champignons, Tomaten und Sauce.

ail *m* Knoblauch *m; à l'ail* mit Knoblauch.

aile *f* Flügel *m*.

aileron *m* Flügelchen *n; ailerons m pl dorés à la purée de marrons* Hühnerflügel *m pl* mit Kastanienpüree; *ailerons m pl farcis à la boulangère* Putenflügelchen *n pl* mit Wurstfleisch gefüllt, mit Butterkartoffeln und Zwiebeln in Terrine gebraten; *ailerons m pl farcis grillés* ~ wie ,boulangère', dazu um jedes Flügelchen ein Kranz aus getrüffeltem Wurstfüllsel, in Netz gefüllt, in geschmolzener Butter paniert und gegrillt, mit Sauce Périgueux oder Püree garniert.

aillade *f* **1.** geröstete Weißbrotscheiben *f pl*, mit Knoblauch abgerieben und mit Olivenöl getränkt; **2.** Knoblauchbrühe *f* (Provence).

ailler mit Knoblauch würzen.

ailloli od. **aïoli** *m* kaltes Knoblauchpüree *n* (Provence).

aire *f* **de service** Rasthof *m*.

airelle *f* Heidelbeere *f;* ~ **mytrille** Blaubeere *f;* ~ **rouge** Preiselbeere *f*.

Aisy cendré *m* burgundischer Kuhmilchkäse *m*, unter der Asche von Rebholz verfeinert, 45 % Fett i. Tr.

ajouter hinzufügen; *ajouter de l'eau* Wasser nachfüllen.

à la carte à la carte, nach der Karte, nach Wahl.

à la mode modisch; *bœuf m à la mode* Rinderschmorbraten *m*.

albarelle *f* essbarer Pilz *m*, der auf Bäumen wächst.

alberge *f* Aprikosenpfirsich *m*, mit weißem, säuerlichem Fruchtfleisch.

alcool *m* Alkohol *m*, alkoholisches Getränk *n,* Schnaps *m;* **alcools** *m pl* **blancs** Obstschnäpse *m pl;* **sans** ~ alkoholfrei; *puer l'alcool* nach Alkohol riechen, stinken.

alcoolique *(Mensch:)* trunksüchtig, dem Alkohol verfallen.

alcoolique *m (f)* Alkoholiker(-in) *m (f)*.

al dente gar, aber noch fest gekocht; *(Gemüse:)* leicht knackig.

alénois *m* (mit) Gartenkresse *f*.

algérienne, à l'~ „algerisch": in Öl gedünstete, geschälte Tomaten, Kroketten, Tomatensauce mit Julienne und roten Paprikaschoten.

algue *f* Alge *f;* **~ verte** Grünalge *f.*

alico od. **alicuit** *m* Eintopfgericht *n* mit Geflügelklein, Speck, Knoblauch, Karotten, Kartoffeln (Baskenland).

aligot *m* Kartoffelpüree *n* mit frischem Cantalkäse und Knoblauch (Auvergne).

aliment *m* Nahrungsmittel *n,* Lebensmittel *n.*

alimentaire ernährungsmäßig, Nähr-, Nahrungs-; *conserves alimentaires f pl* Lebensmittelkonserven *f pl; pâtes f pl alimentaires* Teigwaren *f pl.*

alimentation *f* Ernährung *f,* Kost *f;* **magasin d'~** Lebensmittelgeschäft *n.*

alimenter (er)nähren, verpflegen, nähren; *s'alimenter* sich ernähren.

aliments *m pl* **diététiques** Diätkost *f.*

allache *f* (Mittelmeer-)Sardine *f.*

allemand deutsch.

allemande *f* (= sauce parisienne); weiße Sauce *f* aus – mit Eigelb und Sahne gebundener – Velouté.

allonger dehnen, verlängern; *(Geldbetrag:)* blechen (fam.); *(Trinkgeld:)* geben; **~ la sauce** die Sauce verlängern.

allumer anzünden, anbrennen; *(Strom:)* einschalten.

allumette *f* Streichholz *n;* **allumettes** *f pl* **1.** trockenes Kleingebäck *n* (Bretagne); **2.** ganz dünne Stäbchen *n pl* von rohen Kartoffeln, frittiert; **~** *f pl* **aux anchois** Blätterteigtäschchen *n pl* in Stangenform, mit Sardellenfilets gefüllt und im Ofen überbacken; **~** *f pl* **au fromage** Käsestäbchen *n pl;* **~** *f pl* **de gruyère** panierte Käsestäbchen *n pl,* in heißem Fett schwimmend ausgebacken.

alose *f* Maifisch *m;* **~ au court-bouillon** ~ im Fischsud; **~ farcie au four** ~ gefüllt, im Ofen gegart; **~ à l'oseille** ~ mit Sauerampfer *(gegrillt oder paniert);* **~ portugaise** ~ mit Tomaten, Pilzen und Zwiebeln, in Wein geschmort; **~ provençale** ~ ausgenommen, mit Fischfarce garniert, mit Knoblauch in Tomaten, Öl und Weißwein geschmort, mit Petersilie bestreut.

alouette *f* Lerche *f;* **alouettes** *f pl* Lerchen *f pl;* **~ à la paysanne** Lerchen, mit gewürfeltem Brustspeck angebraten, mit Mehl, Weißwein, Wasser gekocht, mit Kartoffeln und gebratenen Zwiebeln garniert; **~ sans tête** ein Gericht *n* aus dünnen Rindfleischscheiben, die um gepökeltes Schweinefleisch gewickelt werden, dann mit Petersilie und klein gehacktem Knoblauch bestreut, in Olivenöl, trockenem Weißwein, Rinderbrühe und Tomatencoulis eingelegt, mit Zwirn zusammengebunden.

aloyau *m* Lendenbraten *m*, Rückenstück *n*; ~ **à la broche à la landaise** ~ gespickt, in Armagnac und Weißwein mit Thymian, Muskat, Pfefferkörnern und Lorbeerblatt mariniert, am Spieß gebraten, mit Auberginen serviert.

alpage *m* Bergkäse *m*.

alphée *f* Pistolenkrebs *m*.

alsacien, alsacienne elsässisch; **à l'alsacienne** „auf elsässische Art": mit Kohl od. Sauerkraut, Würsten, Nudeln od. Kartoffeln, Gänseleberstücken und/od. Trüffeln.

Altier *m* runder, würziger Ziegenkäse *m*, 45% Fett i. Tr.

alycuit od. **alico** *m* Schmorragout *n* von Enten- und Gänseklein, mit Knoblauch, Kartoffeln od. Karotten, Pilzen und gegrillten Kastanien (Béarn).

amande *f* Mandel *f*; ~ **amère** Bittermandel *f*; ~ **de mer** Herzmuschel *f*; ~ **douce** Süßmandel *f*; ~ **grillée** od. **pralinée** gebrannte Mandel *f*; ~ **salée** Salzmandel *f*; *pâte f d'amandes* Marzipan *n*.

amanite *f* Lamellenpilz *m*; *(einige Sorten, z. B. Perlschwamm essbar, andere hochgiftig).*

ambassadeur *m* Botschafter *m*; „Botschafterart" *(zu Fleisch:)* Artischockenböden, gefüllt mit Champignonpüree, geriebenem Meerrettich, Herzoginkartoffeln.

ambiance *f* Stimmung *f*, Atmosphäre *f*.

amer, amère bitter, herb.

américaine *f (Sauce zu Krusten- und Schalentieren:)* Olivenöl, fein gehackte Zwiebeln, Knoblauch, Tomatenmark, Weißwein, Kräuter, Sherry od. Madeira; mit Butter aufgeschlagen.

américaine, à l'~ „auf amerikanische Art"; *(Fisch:)* mit Tomaten-Weinbrand-Sauce; *(Geflügel:)* mit Mais.

amidon *m* **de blé** Weizenstärke *f*; Stärkemehl *n*.

amiral, à l'~ „auf Admiralsart": mit Austern, Trüffeln, Pilzen, Krebsbutter und normannischer Sauce.

amourette *f* ~ **de bœuf** Rinderrückenmark *n*; ~ **de veau** Kalbsrückenmark; **amourettes** *f pl* Markschnitten *f pl.*

amuse-gueule *m* „Gaumenkitzler" *m*, appetitanregende Vorspeise *f*, Appetithäppchen *n*.

ananas *m* Ananas *f*; ~ **givré** Ananaseis *n* in der Ananasschale.

anchoïade *f* **à la draconaise** provenzalisches Kanapee *n* mit Püree aus Sardellen, Knoblauch, hart gekochten Eiern und Zwiebeln, im Ofen überbacken.

anchois *m (sg und pl)* Anschovis *f*; kleine, gesalzene Sardelle *f*; ~ **à la basque** frische ~ paniert, frittiert, auf *sauce béarnaise* serviert; ~ **à la courtisane** ~ mit Duxelles gefüllt, in Weißwein pochiert, auf Croûtons serviert, mit kleinen Kartoffelkroketten garniert; **~ à la diable** in Streifen geschnittene ~, in Öl eingelegt, paniert, frittiert, auf Röstbrot angerichtet; **~ aux pommes de terre** ~nfilets mit Kartoffelsalat; **~ à la niçoise** ~ entgrätet, mit Fischfarce gefüllt, in Weißwein und Fischsud pochiert, gebundener Fond darübergegossen; **~ en saumure** eingelegte ~.

ancien, ancienne alt, ehemalig, *à l'ancienne* „auf alte Art": *(Fisch:)* mit Weißwein, Zwiebeln, Champignons, Petersilie und Croûtons; *(Fleisch:)* mit Zwiebeln und Champignons.

andalouse, à l'~ „andalusisch": mit Paprikaschoten, Reis, Tomaten und Auberginen.

andouille *f (de Vire, de Guémené)* Schlack-, Mett-, Fleischwurst *f;* **~ fumée** geräucherte Mettwurst *f;* **~ de Jargeau** mit Schweinsbrust und -schulter gefüllte Wurst *f.*

andouillette *f* kleine Kuttelnbratwurst *f;* **~ de Cambrai** Kalbswurst *f* mit Pansen; **~ de Troyes** Schweinswürstchen *n;* **~ au vin blanc** in Weißwein mit Zwiebeln geschmorte Bratwurst *f;* **~ vouvrienne** in Wein gekochte Wurst *f.*

anémone *f* **de mer** Seeanemone *f (essbares Korallentier).*

anet od. **aneth** *m* Dill *m.*

ange *m* **de mer** Meerengel *m (ca. 2 m langer Seefisch).*

angélique *f* Angelika *f,* Engelswurz *f;* **~ de Niort** mit Zucker überzogene ~.

anglais englisch; *à l'anglaise* „auf englische Art": im wesentlichen Bez. für in Wasser gekochte Lebensmittel. *(Fleisch:)* mit Püree von weißen Rüben, Salzkartoffeln und Kapern- od. Petersiliensauce mit Speck; *(Fisch:)* paniert, in Butter gebraten, mit Kräuterbutter belegt; *(Geflügel:)* mit Karotten, Rüben und grünen Bohnen, die zusammen gekocht werden, dazu Pökelfleischscheiben und Rahmsauce; *(Gemüse:)* mit einem Stück frischer Butter obenauf.

anglaise *f* **aux groseilles à maquereaux** heiße Sauce *f,* mit Makrelen, Spinat und Bouillon gebunden.

anguille *f* Aal *m;* **~ à l'anglaise** flache, entbeinte Aalscheiben *f pl,* mariniert und frittiert; **~ à la diable** Aal gerollt, in Courtbouillon mit Weißwein pochiert, im Sud erkaltet, mit Senf, Butter, Bröseln paniert, gegrillt; **~ à l'arlésienne** ~ mit Sardellenbutter und Zwiebeln; **~ à la bordelaise** ~stücke *n pl* in Rotweinsauce; **~ à la flamande** ~ „grün"; **~ à la française** ~ mit Champignons in Butter, Mehl, Weißwein und Fischsud, gehackter Zwiebel und Kräutern pochiert, mit Rahm und Eigelb legiert; **à la gelée** ~ in Sülze; **~ à la marinière** ~ in Weißwein mit gehackten Schalotten pochiert, mit Champignons, kleinen Zwiebeln, Krebsschwänzen und Croûtons serviert; **~ à la** od. **en matelote** Aalragout *n* mit Kräutern, glacierten kleinen Zwiebeln, Schalotten und Champignons in Rotweinsauce pochiert, in Blätterteighalbmonden serviert; **~ à la normande** ~gedünstet, mit Möhren und Muscheln; **~ à la poulette** ~ in Poulettesauce (Champignonfond, Eigelb, Weißwein, Zitronensaft und Röstbrotwürfel); **~ au vert** ~ in Kräuter-Wein-Sud; **~ aux herbes** ~ mit Kräutern; **aux pruneaux** ~ mit Backpflaumen, Speckwürfeln, Zwiebelchen, in Weißwein aufgekocht; **~ de sable** Sandaal *m;* **~ en fritot** ~ in Brandteig; **~ fumée** geräucherter ~; **~ Tartare** ~ in Gewürzkräutersauce; **~ Villeroi** Aalstücke *n pl* in Courtbouillon mit Weißwein pochiert, nach Erkalten frittiert, mit Zitronenvierteln, Petersilie und Tomatensauce garniert.

animelles *f pl* Hammelhoden *m pl.*

anis *m* Anis *m.*

anisbrod *m* Makronen *f pl* mit Anis.

anisette *f* Anislikör *m.*

année *f* Jahr *n, Jahresablauf; vin m de l'année* Heuriger *m.*

anniversaire *m* Jahrestag *m,* Geburtstag *m,* Gedächtnisfeier *f.*

annoncer eine Bestellung ausrufen, Annoncieren.

annuaire *m* Jahrbuch *n,* Adressbuch *n.*

annuaire *m* **téléphonique** Telefonbuch *n.*

annuel, annuelle jährlich.

annuler annullieren, widerrufen.

anodonte *m* Teichmuschel *m.*

ânon *m (Art)* Merlan *m (Fisch).*

anone *f* Annone, Zimtapfel *m; (tropische Frucht f mit cremefarbenem Fleisch, wird roh verzehrt).*

antialcoolique *adj.* antialkoholisch; *m* Abstinenzler *m.*

A.O.C. *(Abkürzung für)* **Appellation d'origine contrôlée**, geprüfte Ursprungsbezeichnung.

apéritif *m* Aperitif *m,* alkoholisches Getränk. *Vom Lateinischen* aperire *hergeleitet, wird es im Sinne von* Porenöffnen, Appetitmachen *verstanden. Die Sitte, appetitanregende Getränke vor dem Mahl zu genießen, war schon bei den Römern verbreitet. Sie bevorzugten gezuckerte Honigweine; die Gallier hielten sich an gewürzte Getränke. Diese wichen nach und nach dem schon von Grimod de Reynière erwähnten Wermut. Im 19. Jahrhundert war der (inzwischen in Frankreich verbotene) Absinth so stark verbreitet und wurde vor allem in Paris in so großen Mengen getrunken, dass man die Aperitifstunde wegen der grünen Farbe dieser herben Spirituose „grüne Stunde" nannte. Heutzutage werden neben Wermutweinen auch Portweine, trockene Weißweine, sehr selten der aus Amerika kommende Cocktail* *als Aperitif gewählt. Kürzere Arbeitspausen und ständig steigende Steuern auf Alkoholika in Frankreich haben den Aperitifgenuss alter Art im Restaurant stark zurückgehen lassen.*

apéro *m* Aperitif *m* (ugs); *(als Aperitif:)* trockener Weißwein, mit Käseküchlein serviert (Schweiz).

à point *(Gebratenes:)* gerade gar, rosa gebraten.

app. *(Abk. ugs. f.)* **appétit.**

appareil *m* fertige Masse *f,* Bindemittel *n;* ~ **à dégeler** Auftaugerät *n;* ~ **à souder les feuilles** Folienschweißgerät *n.*

appellation *f* **d'origine contrôlée** *(Abk.:* **A.O.C.**) kontrollierte Herkunftsbezeichnung *f* mit entsprechendem Garantiesiegel für gesetzlich definierte französische Produkte; erstmals 1666 für den Roquefort-Käse, ausgeweitet auf weitere schützenswerte Produkte (Wein, Bresse-Geflügel, 33 Käse, Spirituosen, Linsen aus Puy, Nüsse aus Grenoble, Butter aus Charentes-Poitou u. a.).

appétissant appetitanregend.

appétit *m* Appetit *m.*

apprécier schätzen, anerkennen; *auch:* sich schmecken lassen.

apprenti *m* **cuisinier** Jungkoch *m.*

apprêt *m* Würze *f,* Zubereitung *f.*

apprêter zubereiten.

âpre *(Geschmack:)* streng, herb.

apron *m* kleiner Flussfisch *m (wie Barsch zubereitet).*

arachide *f* Erdnuss *f.*

araignée *f* Fleischscheibe *f* aus der Rinderhüfte, gegrillt.

araignée *f* **de mer 1.** Meerspinne *f (Krustentier);* **2.** *an den Küsten* (ugs.) *allgemein Bezeichnung für krabbenähnliche Krustentiere und verschiedene Meeresfische.*

arapède *m* arapède Napfschnecke *f (Muschelart).*

Aravis, persillé *m* **des** ~ Blauschimmelkäse *m* aus einem Gemisch von Kuh-, Schaf- und Ziegenmilch, 45 % Fett i. Tr.

arbenne *f* ,weißes Rebhuhn' *n (Haselhuhnart).*

arca *f* (ugs. **arche**) muschelartiges Weichtier *n.*

archiduc, à l'~ mit Rosenpaprika und Sahne zubereitet.

ardennaise, à l'~ mit Genever oder Krebsen zubereitet.

Ardine Bardinet Fruchtlikör *m* auf der Basis von Aprikosensaft.

ardoise *f* Rechnung *f* in einem besonders preisgünstigen Lokal; so genannt, weil sie früher auf Schiefertafeln, ,*ardoises'*, geschrieben wurde.

arête *f* Gräte *f.*

argent *m* **1.** Geld *n;* **2.** Silber *n;* **en** ~ bar (zahlen).

argenterie *f* Silbergeschirr *n.*

Argenteuil, à l'~ „nach Art von ~" *(Fisch:)* Spargelköpfe in Weißweinsauce; *(Fleisch:)* Spargelköpfe in holländischer Sauce.

argentier *m* **1.** Besteckschrank *m;* **2.** Silberputzer *m.*

ariégoise, à l'~ *(Beilage:)* Pökelfleisch, Weißkohl und weiße Bohnen.

arleqin *m* Allerlei *n* aus Speiseresten.

arlésienne, à l'~ „nach Art von Arles": mit Tomatensauce, Auberginen und gerösteten Zwiebelringen.

Armagnac *m* Weinbrand *m* aus der Gascogne, aus weißen Trauben *(überwiegend aus St.-Emilion-Weinen)* hergestellt.

armoire *f* Schrank *m;* **~ à vaisselle** Geschirrschrank *m.*

armoise *f* Beifuß *m.*

armoricaine *f* Belon-Auster *f.*

armotte *f* Maisbrei *m.*

aromate *m* **1.** würzige pflanzliche Substanz *f;* **2.** Gewürz *n,* Würze *f.*

aromatique aromatisch, würzig; *herbes f pl aromatiques* Gewürzkräuter *n pl; liqueur f aromatique* Kräuterlikör *m.*

aromatiser würzen.

arôme *m* Aroma *n,* Duft *m,* Wohlgeruch *m.*

Arquebuse de l'Hermitage *f* Kräutergeist *m,* 50 % Alkohol.

arrière-goût *m* Beigeschmack *m.*

arroser *(Braten)* begießen.

artichaut *m* **1.** Artischocke *f;* **artichauts** *m pl* Artischocken *f pl;* **~ à l'agenoise** ~ mit Sellerie, Kalbsnieren und Schalotten; **~ à la Barigoule** ~ mit Champignons, Schinken, Sardellenfilets gefüllt, in Weißweinsauce mit provenzalischen Kräutern gedünstet; **~ à la bretonne** ~ in Stücke geschnitten, bei kleiner Hitze in Öl und Butter gekocht, mit gehackten Zwiebeln und Cidre angemacht; **~ à la cannoise** ~ in einer Sauce aus Schinken, Pilzen, Wein u.a.; **~ crus à l'huile** ~ in Salatsauce; **~ à la diable** ~ gekocht, mit Cayennepfeffer gewürzt, im Teigmantel ausgebacken; **~ à la grecque** ~ mit Zwiebeln und Marinade; **~ lyonnais** ~ in Bouillon; **~ au naturel** ~ gekocht; **2.** *auch:* **bonnet-de-prêtre** *m* Kürbis *m (Art)* aus Spanien od. Israel.

Artois, à l'~ „nach Art des Artois" *(Fleisch:)* Kartoffelkroketten *f pl,* mit gebutterten grünen Erbsen gefüllt, dazu Madeirasauce; *(Geflügel:)* glacierte Karotten, kleine Zwiebeln, Artischockenböden, in Butter geschwenkt.

Asco *m* Weichkäse *m* aus Ziegen- und Kuhmilch, 45% Fett i. Tr. (Korsika).

23

asiatique asiatisch; **cuisine** ~ asiatische Küche *f;* **spécialités asiatiques** asiatische Spezialitäten *f pl.*

asperge *f* Spargel *m;* ~ **à la flamande** ~ mit hart gekochten, zerdrückten Eiern und ausgelassener Butter; ~ **à la Fontenelle** ~ mit Eiern und zerlassener Butter; ~ **à la milanaise** ~ „auf Mailänder Art": mit brauner Butter, geriebenem Parmesan, Spiegelei; ~ **à la polonaise** ~ „auf polnische Art": gekocht, mit gebutterten Semmelbröseln überstreut; ~ **au gratin** ~ überbacken; ~ **au jambon** ~ mit Schinken; ~ **en branches** Stangen~; ~ **en marinade à la mode de Nice** ~ in gewürzter Weißweinmarinade; ~ **en petits pois** ~ in einer Sauce aus Eigelb, Zwiebeln, Kräutern; ~ **sauce mousseline** ~ mit sahniger holländischer Sauce; ~ **vinaigrette** ~ salat in Essig- und Ölsauce mit Kräutern.

aspérule *f* Waldmeister *m.*

aspic *m* Aspik *m,* Fleischgallerte *f.*

assaisonnement *m* Würzung *f,* Würze *f.*

assaisonner *(Speise:)* würzen, (mit Gewürzen) abschmecken; *(Salat:)* anmachen.

assez cuit gar *(gebraten od. gekocht).*

assiette *f* Teller *m;* ~ **à aile** Fahnen~ *m;* ~ **anglaise** „Kalte Platte" *f (Wurst- und Bratenaufschnitt);* ~ **de charcuterie** Wurstplatte *f;* ~ **creuse** Suppenteller *m,* tiefer Teller *m;* ~ **de crudités** Rohkostplatte *f;* ~ **de fruits de mer** od. **du pêcheur** Meeresfrüchteplatte *f* (u. a. Austern, Muscheln, Seeigel, Krabben, Langusten); ~ **de petit déjeuner** Frühstücks~; ~ **plate** flacher ~; ~ **à poisson** Fisch~; ~ **en porcelaine** Porzellan~; ~ **de présentation** Platz ~ ; ~ **de salade** Salat~; ~ **à soupe** Suppen~.

assistant *m* **du chef de cuisine** *(in der Küchenbrigade)* für verwaltungs- und küchentechnische Arbeiten sowie Kalkulation zuständig.

assorti gemischt; eine Auswahl.

assortiment *m* Auswahl *f;* ~ **de charcuterie** „Kalte Platte" *f* mit Schinken und Wurst, garniert.

athérine *f* Ähren-, Streifenfisch *m (dem Seebarsch ähnlich).*

âtre *m* Herd *m,* Kamin *m.*

attendre warten, erwarten; *s'attendre à* sich gefasst machen auf.

attendrir *(Fleisch, Gemüse:)* mürbe od. weich machen durch Klopfen od. Spicken od. Marinieren.

attendrisseur *m* Fleischmürber *m.*

attereau *m* **1.** großer Fleischkloß *m,* Spießchen *n* mit Leber, Nieren und Fett, im Netz gebraten (Burgund) bzw. schwimmend ausgebacken; ~ **aux cervelles d'agneau** ~ Spießchen *n* mit Lammhirn, kräftig gewürzt, in Semmelbröseln gewendet, in der Fritteuse ausgebacken, mit gebackener Petersilie serviert; **~ au parmesan** Käsestäbchen *n;* **~ de ris de veau à la moderne** gebratene Spießchen aus Kalbsbries, Butter, Madeira, Eigelb, Crème fraîche, Semmelbröseln; **2.** Garnierspieß *m.*

attignole *f* kleiner normannischer Fleischkloß *m.*

Auber *(für Lammkoteletts, Geflügelbrüstchen und Tournedos:)* mit Hühnerpüree gefüllte Artischockenböden und Madeirasauce.

auberge *f* Landgasthaus *n,* das komplette Mahlzeiten serviert.

aubergine *f* Aubergine *f,* Eierfrucht *f;* **aubergines** *f pl* Auberginen *f pl,* **~ en beignets** ~ in Teig ausgebacken; **~ aux champignons** ~ mit Pilzen gefüllt; **~ à la crème** ~ mit Rahmsauce; **~ en daube** ~ geschmort; **~ à l'égyptienne** ~ mit Zwiebeln und Tomaten; **~ à la languedocienne** ~ mit Tomaten und Paprikaschoten; **~ à la niçoise** ~ mit Sardellen und Knoblauch.

audiat *m* Perlgraupensuppe *f.*

augmentation *f* Steigerung *f,* Erhöhung *f;* **~ des prix** Preis~.

augmenter steigern, erhöhen.

aujourd'hui heute.

au lieu de anstatt, statt.

aulx *pl* von **ail,** Knoblauch *m (als Speise).*

au revoir Auf Wiedersehen!

autobus *m* Autobus *m,* Stadtbus *m.*

autre ander, sonstig, weiter; *d'autre part* übrigens.

autrefois früher, einst.

avaler verschlingen, verschlucken, fressen.

avant vorher, zuvor; *avant l'heure* vor der Zeit; *avant de manger* vor dem Essen.

avantage *m* Vorteil *m,* Gewinn *m.*

avec mit; **~ plaisir** mit Vergnügen; *du pain avec* mit Brot.

aveline *f* Lambertshaselnuss *f.*

avide gierig, gefräßig.

aviné angesäuselt, beschwipst, weinselig.

avis *m* Rat *m,* Meinung *f; à mon avis* nach meiner Meinung.

avocat *m* Avocado *f;* **~ au crabe** ~ mit Krebsfleischfüllung.

avoine *f* Hafer *m; flocons m pl d'avoine* Haferflocken *f pl.*

azyme **1.** ungesäuert; **2.** *m* ungesäuertes Brot *n.*

B

baba *m* kleiner Rosinenkuchen *m;* ~ **au rhum** ~ in Rum getränkt.

babeluttes *f pl* Butterkaramellen *f pl* (Flandern).

babeurre *m* Buttermilch *f.*

bac *m* Schale *f;* ~ **à légumes** Gemüseschale *f.*

bacalao *m* **à la biscaiana** Stockfischstücke *n pl* in Tomatensauce (bask.).

bacchanales *f pl* ausgelassene Feierei *f,* Trinkgelage *n.*

bacon *m* magerer Speck *m.*

Badoit *m* Mineralwasser *n (Marke)* mit wenig Kohlensäure.

badrée *f* Marmelade *f* aus Äpfeln und Birnen.

baeckeoffe *m* Schweine-, Rind- und Hammelfleisch auf Kartoffelscheiben, Zwiebelringen, Kräutern, mit Weißwein übergossen und im (Bäcker-)Ofen überbacken (Elsass).

bâfrer sich vollfressen (pop.)

baguette *f* **1.** dünnes langes Weißbrot, Stangenbrot *n;* **2.** chines. Essstäbchen; ~ **de Thiérarche** Weichkäse *m* aus Kuhmilch, 45 % Fett i. Tr., dem *Maroilles* ähnlich.

baie *f* Beere *f;* ~ **de genièvre** Wacholderbeere *f;* ~ **de ronces** Brombeere *f.*

bain-marie *m* **1.** regulierbares Wasserbad *n;* **2.** spezielles Gefäß *n* zur Erhitzung von Speisen im Wasserbad.

baiser *m* kleine Meringue *f,* Schaumgebäck *n,* **baisers** *m pl* **de chocolat** Schokoladen-Schaumküsse *m pl.*

balance *f* Waage *f.*

balane *f* Meereichel *f (Krustentier).*

balaou *m* Makrelenhecht *m.*

baliste *m* Hornfisch *m,* Drückerfisch *m.*

ballon *m* **1.** *(Biermaß:)* ein halbes „demi“, ca. 0,20 l; **2.** bauchiges Rotweinglas *n.*

ballotine *f* **1.** kleine gesülzte Roulade *f,* meist aus Geflügelfleisch mit Füllung; **2.** gerolltes kaltes Bratenfleisch *n;* ~ **d'agneau à la provençale aux herbes de la montagne** Lammfleischrolle *f,* mit Gebirgskräutern und Knoblauch gefüllt; ~ **de congre** Meeraalgalantine *f;* ~ **de volaille** Geflügelgalantine *f;* **3.** Sülze *f.*

ballotine *f* **de canard** Entenroulade *f;* ~ **pistaché** ~ mit Gelee überzogen.

balsamique balsamisch, würzig.

Balzac „nach Art von Balzac“ *(zu Fisch:)* mit Trüffeln gespickt, dazu Krebssauce; *(zu Fleischstücken:)* Geflügelklöße, grüne Oliven mit Wildpüree gefüllt, Jägersauce.

bambou *m* **1.** Bambus *m;* **germes** *m pl* **de** ~ Bambussprossen *f pl;* **2.** *(Café, Restaurant:)* überteuerte Rechnung *f.*

banane *f* Banane *f;* **bananes** *f pl* Bananen *f pl;* **~ farcies à la crème de marrons** mit Esskastanien gefüllte ~; **~ flambées au rhum** mit Rum flambierte ~; **~ à la niçoise** längs aufgeschnittene ~, das Fruchtfleisch mit Puderzucker und Maraschino püriert, in die ausgehöhlten Schalen gefüllt, im Ofen glaciert; **~ à l'hôtelière** ~scheiben *f pl* mit Curaçao, Maraschino und Puderzucker getränkt, gekühlt serviert.

banane-figue *f* Feigenbanane *f.*

banc *m* Bank *f;* **petit banc** *m* Schemel *m.*

banon *m* kleiner Frischkäse *m,* in Kastanienblätter gewickelt, 45 % Fett i. Tr.

banque *f* Bank *f,* Bankhaus *n;* **billet de** ~ Geldschein *m.*

banquet *m* Festessen.

banqueter tafeln, schmausen.

banqueteur *m* Tischgast *m.*

banquière, à la ~ „Bankiersart" **1.** mit Leberfarce gefüllt; **2.** *(zu Seefisch:)* Hummer- und Trüffelscheiben, Trüffelessenz, Champignons, Artischockenböden, Fischsauce.

baptiser du vin Wein wässern.

bar *m* **1.** Stehbierhalle *f,* Ausschank *m;* **~ à bière** Bierstube *f;* **~ américain** Bar *f (im deutschen Sinne);* **~ -comptoir** einfaches Lokal *n,* wo Getränke im Stehen oder auf Barhockern eingenommen werden; **2.** Seebarsch *m,* Barbe *f;* **~ bouilli avec sauces diverses** ~ in Courtbouillon blanchiert, mit Petersilie und heißer Butter serviert; **~ à l'oseille** ~ mit Sauerampfer gefüllt; **~ rayé** gestreifter ~.

barbaque *f (schlechtes)* Fleisch *n.*

barbe *f* **de capucin** bittere, gebleichte Endivie *f.*

barbeau od. **barbillau** *m* Barbe *f;* **~ à la bourguignonne** ~ mit Kräutersträußchen in Rotwein pochiert; **~ farci** ~ mit gehacktem Ei und Champignons gefüllt; **~ à la mentonnaise** ~filets mit Hechtfarce gefüllt, in Mehl gewendet, in Butter gebraten.

barbue *f* Glattbutt *m,* Barbenscholle *f;* **~ à la boulonnaise** ~ in Stücken in Fischsud pochiert, mit Muscheln garniert; **~ à la cancalaise** ~filets in Weißwein und Fischsud pochiert, mit Garnelen garniert; **~ à la Deauville** ~ gekocht, mit einer Sauce aus Krabben und Gemüse; **~ à la Dugleré** ~ in Weißweinsauce mit Pfeffer und Salz gegart, mit einer Sauce aus Fischsud, Tomaten, Zwiebeln und Kräutern gekocht; **~ à la marinière** ~filets in Weißwein und Fischsud pochiert, mit Garnelenschwänzen und Muscheln garniert; **~ à la Vic-**

toria ~ in Weißwein zubereitet, mit Salpicon aus Langustenfleisch und Trüffeln, mit Victoriasauce **~ Brancas** feines Julienne *n* aus Zwiebeln, Sellerie, Champignons, Knoblauch.

bardatte *f* Kohl *m* mit Hasenfleisch gefüllt, in Wein gekocht (Bretagne).

barde *f* dünne Speckscheibe *f* zum Umhüllen / Bardieren zu bratender Fleischstücke, Geflügelteile und kleiner Vögel.

barder *(zum Braten bestimmtes Geflügel od. Wild)* mit Speck umwickeln, bardieren.

barême *m* Preistafel *f*.

barenzi, à la ~ mit Wein zubereitet.

barigoule od. **bourigoule** od. **brigoule, à la ~** Farce *f* aus Speck, Zwiebeln, Champignons, Schalotten zum Füllen von Gemüse; **artichauts** *m pl* **à la ~** Artischocken *f pl* gefüllt, in Weißwein gedünstet.

barman *m* Büfettier *m*.

baron *m* Keulen und Filetstücke *pl;* **~ d'agneau de Pauillac** beide Hinterschlegel *m pl* vom Lamm, in Butter und Öl mit Pilzen und Kartoffelscheiben gebraten, mit Knoblauch überstreut.

barquette *f* Blätterteigpastetchen *n* in Schiffsform; **~ à la bordelaise** ~ mit Steinpilzen, Gemüsen, Sardinen und Seezungenfilets gefüllt; **~ à la gauloise** Blätterteigmasse *f* gebacken, mit Garnelen und Velouté gefüllt, mit Garnelensauce nappiert; **~ de crevettes** ~ mit Garnelen und Krebsbutter gefüllt; **~ glacée au croquant** Eisschiffchen *n* mit Krokant.

barrique *f* Fass *n*.

bartavelle *f* rotes Berghuhn *n*.

basilic *m* Basilikum *n*, Königskraut *n*.

basillac *m* Blauschimmelkäse *m* aus der Auvergne.

basquaise, à la ~ „auf baskische Art"; *(Fisch:)* paniert, gebraten, auf Paprikaschoten oder mit Knoblauch geschmolzenen Tomaten dressiert, dazu Sauce béarnaise mit Kapern.

basse saison *f* Vor- und Nachsaison *f*

bassine *f* **à friture** Frittierpfanne *f*.

batavia *f* Eissalat *m*.

batelière, à la ~ „Flussschifferart"; *(Fisch:)* kleine Zwiebeln, Krebse, gedünstete Champignons, Weißweinsauce, Spiegeleier.

bâton *m* **de céleri** Selleriestange *f*.

bâtonnet *m* Stäbchen *n;* **~ de céleri** Selleriestange *f;* **~ glacé** Eis *n* am Stiel.

batte *f* Fleischklopfer *m*.

battre schlagen *(Eier, auch:)* rühren.

baudroie od. **lotte** *f* Seeteufel *m*.

bavarois bayerisch.

bavarois *m* Dessert *n* aus gekühlter Creme, Zucker, Schokolade, Rum, Eigelb, Likör, Fruchtmark und Karamell; ~ **de Clermont** „Bayerische Creme" *f* mit Vanillearoma und karamellisierten Maronen.

bavaroise *f* **1.** Bayerische Creme *f,* Bavaroise: kalte Süßspeise aus Milch-Zucker-Eigelb-Schlagsahne-Creme mit versch. Geschmackszutaten (Vanille, Schokolade, Kaffeepulver, Nüsse, Himbeeren, Erdbeeren u. a.); **2.** Tee mit Sirup, Milch u. a.

bavette *f* Rückensteak *n* vom Rind.

baveux teigig, weich gebacken; **omelette** *f* **baveuse** leichtes (teigiges) Omelett.

Bayonne *(Hafenstadt m Adour);* **jambon** *m* **de** ~ mild geräucherter Rohschinken *m.*

bayonnaise, à la ~ „Bayonner Art": Makkaroni *pl* in Rahmsauce, mit Julienne aus Rohschinken, Steinpilzen, Zwiebelmus, Madeirasauce.

béarnaise, sauce ~ *f* Sauce *f* aus Weißwein, Eigelb, Butter, Estragon, Zitronensaft, Schalotten, Kerbel, Pfeffer.

Béatrice, à la ~ *(zu Fleisch:)* Sauce aus Morcheln, Karotten, geviertelten Artischockenböden, Schmelzkartoffeln, Demiglace-Sauce.

beaucoup viel, reichlich, sehr, *merci beaucoup* vielen Dank.

beaucoup de viel, viele.

Beaufort 1. Hartkäse *m* aus Kuhmilch, 50 % Fett i. Tr.; **2.** „nach Art von B." *(zu Fisch:)* Champignonköpfe, Hummer, Austern, Hummersauce.

Beauharnais „nach Art von B." *(zu Fleischstücken:)* mit geschmolzenen Tomaten, gefüllten Artischockenböden, Schlosskartoffeln.

Beaumont *m* halb fester Schnittkäse *m,* 52 % Fett i. Tr.

Beauvilliers, à la ~ *(Garnierung für große Fleischstücke:)* Spinat-Cromesquis, mit Hirnpüree gefüllte Tomaten, in Butter gedünstete Schwarzwurzeln.

bécasse *f* **1.** Waldschnepfe *f;* **salmis** *m* **de** ~ Schnepfenragout *n;* **2.** ~ **de mer** Trompetenfisch *m.*

bécasseau *m* kleiner schnepfenartiger Vogel *f.*

bécassine *f* Sumpfschnepfe *f.*

becfigue *m* Feigendrossel *f (heute geschützt).*

bec *m* **fin** Feinschmecker *m.*

Béchamel, sauce ~ *f* ~ **1.** Grundsauce *f* für weiße Saucen: Mehl, Butter, Milch, Sahne, Pfeffer, Salz; **2.** mit Crème fraîche und Kalbsfond verfeinert; **3.** dicke ~ od. holländ. Sauce, mit Sahne verfeinert.

béche-de-mer *f* Seegurke *f,* Seewalze *f:* Muscheltier vom Meeresboden; als „Trepaug" (ausgeweidete Seegurken) in der ostasiatischen und pazifischen Küche.

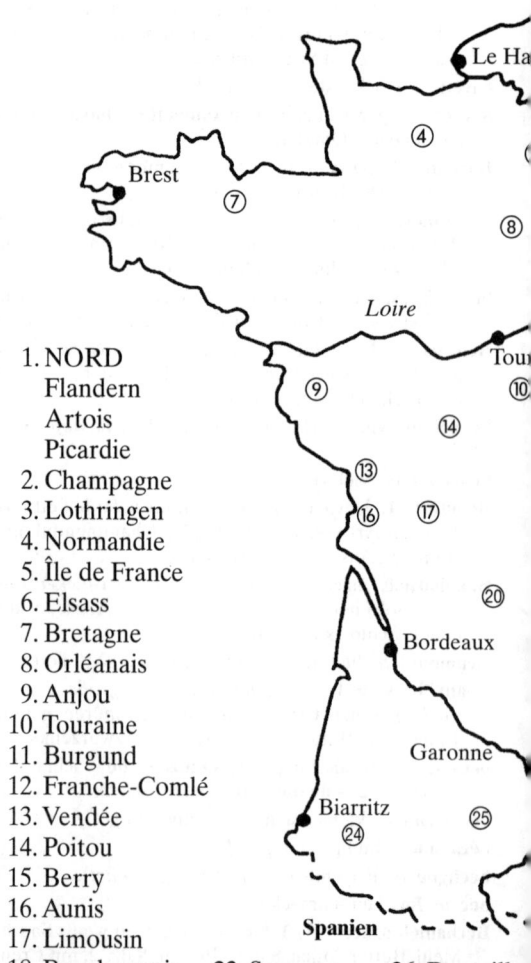

Frankreich
Kulinarische Regionen

Le Ha

④

Brest ⑦

⑧

Loire

Tou

1. NORD
   Flandern
   Artois
   Picardie
2. Champagne
3. Lothringen
4. Normandie
5. Île de France
6. Elsass
7. Bretagne
8. Orléanais
9. Anjou
10. Touraine
11. Burgund
12. Franche-Comlé
13. Vendée
14. Poitou
15. Berry
16. Aunis
17. Limousin
18. Bourbonnais
19. Lyonnais
20. Périgord
21. Auvergne

⑨ ⑩ ⑭ ⑬ ⑯ ⑰ ⑳

Bordeaux

Garonne

Biarritz ㉔ ㉕

Spanien

22. Savoyen
23. Dauphiné
24. Béarn
25. Gascogne

26. Roussillo
27. Languedo
28. Provence
29. Korsika

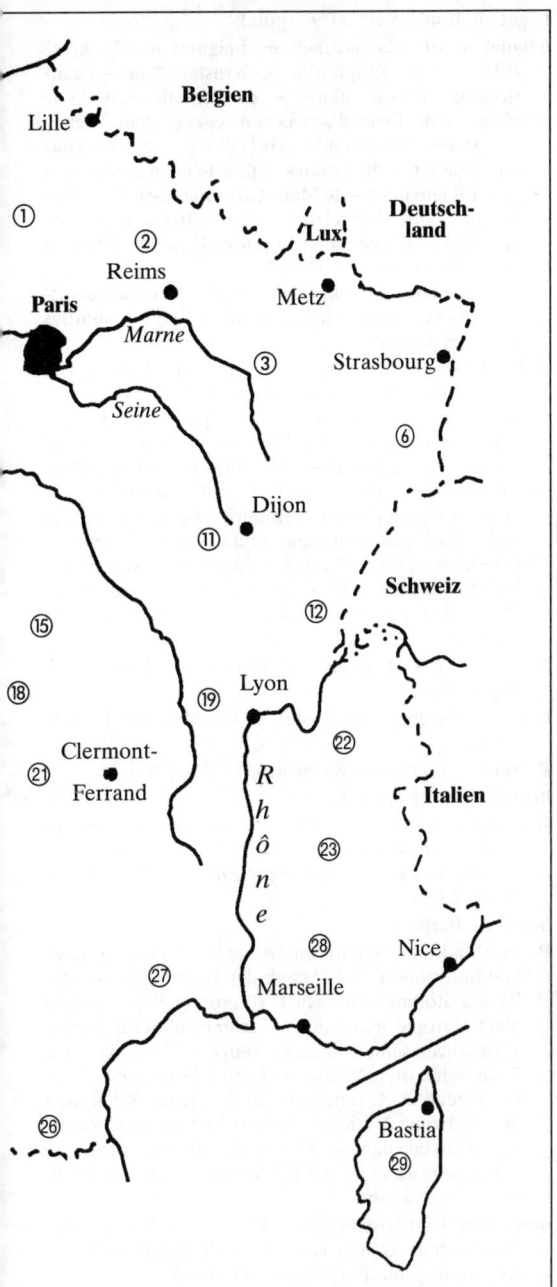

bégot *m* Bonbon *m* od. *n* (pop.).

beignet *m* Eierpfannkuchen *m;* **beignets** *m pl* „Arme Ritter" *m pl,* Krapfen *m pl,* Krusteln *f pl;* ~ **s d'artichauts** Artischocken~; ~ **de cervelle** gebackene Hirn~; ~ **de fleurs d'acacia et de courge** Pfannkuchen mit Akazienblüten und Kürbis (Provence); ~ **de fruits** Obstkrapfen; ~ **de légumes** frittierte Gemüsestücke *n pl* im Teigmantel; ~ **de Mam-Goz** süße Kartoffelpuffer *m pl,* mit Marmelade serviert (Bretagne); ~ **de moelle** Markkrusteln; ~ **de poires** Birnenküchlein *n pl;* ~ **de raisins secs** Eierpfannkuchen mit Rosinen; ~ **de reinettes** Apfelküchlein *n pl;* ~ **de salsifis** frittierte Schwarzwurzstücke *n pl* in Teig; ~ **soufflés** Brandteigkrapfen.

Belle-Hélène (nach der Operette „Die schöne Helena" von Jacques Offenbach), verschiedene Zubereitungen; *(gegrillte Tournedos:)* garniert mit Strohkartoffeln, Kressesträußchen und Artischocken, die mit Béarner Sauce gefüllt werden; *(gebratene Fleischstücke:)* mit gegrillten Champignons umlegt, garniert mit gewürfelten Tomaten, frischen Erbsen in Butter gebraten, tournierten und glacierten Karotten und Kartoffelkroketten; *(Zwischengericht:)* Früchte – klassisches Rezept mit Williams-Birnen – in Sirup pochiert, abgetropft, auf Vanilleeis dressiert und mit heißer Schokoladensauce nappiert.

belle vue, en ~ **1.** gesülzt, in Sülze *(kalt);* **2.** dekorativ angerichtet.

belon *f* flache, runde Auster *f* (graubraunes Fleisch, saftig).

Belval *m* Trappistenkäse *m* aus B., 42 % Fett i. Tr.

bénari *m* Fettammer *f.*

Bénédictine *(Abtei in Fécamp)* berühmter Likör *m* aus 27 Heil- und Würzkräutern, 43 % Alkohol; **à la ~** *(Garnierung für Fisch und pochierte Eier:)* Stockfischpüree und Trüffeln.

benni *m* Barbe *f.*

Bercy (Stadtteil von Paris mit früher bedeutendem Wein- und Spirituosenhandel; dank der Lage außerhalb der Pariser Zollmauern nach 1790 größter Weinhandelsplatz Europas, gab vielen Gerichten auf der Basis von Weinsaucen seinen Namen); **sauce ~** *f* ~ Fischsauce *f* aus Schalotten, Weißwein, Butter, Fischessenz, Pfeffer, Petersilie, Zitronensaft; **à la ~** **1.** mit Schalotten und Rotwein; **2.** *(Beilage zu Grillspeisen:)* gebackene Kartoffelstäbchen *n pl* mit Bercybutter; **beurre** *m* ~ Buttermischung *f* mit Rindermark, Kräutern, Weißwein, Zitronensaft.

bergamote *f* ätherisch würziges Öl *n* aus der Bergamotte-Fruchtschale, orangenähnlich; ~ **de Nancy** Bonbonspezialität *f* mit Bergamottegeschmack.

Bergues *(Stadt in Nordfrankreich)*, **fromage** *m* **de ~** macerierter Weichkäse *m* aus Kuhmilch, pikant bis streng im Geschmack, ca. 20 % Fett i. Tr. (Nord).

berlingot *m* **1.** Frucht-, Karamell-, Pfefferminzbonbon *m* od. *n* (Carpentras); **2.** Mondstrandschnecke *f* (ugs., Bretagne)

berlingueto *m* gehackter Spinat *m*, mit hart gekochten Eiern garniert (Provence).

bernicle *m* Napfschnecke *f*.

Berny Zubereitung *f* aus Karoffelkroketten, die mit geschälten Mandeln paniert und frittiert werden; *(Variante für Wildgerichte:)* zusätzlich Torteletts, mit Linsenpüree gefüllt.

berrichonne, à la ~ „nach Art des Berry"; *(zu Fleisch:)* geschmorte kleine Kohlköpfe, glacierte Maronen, Zwiebeln mit gebratenem Speck und Demiglace.

bérudge *f* violettrote Pflaume *f* *(überwiegend zum Destillieren).*

besi *m* **1.** Birne *f* *(Sorte);* **2.** gesalzenes, getrocknetes Rindfleisch *n* (Alpen).

besugo *m* Goldbrasse *f* (provenzalisch).

bête dumm, einfältig.

bête *f* Tier *n*, Vieh *n*; **~ fauve** Rotwild *n*; **~ noire** od. **rousse** junges Wildschwein *n*.

Bethmale *m* Schnitt- bis Hartkäse *m*, aromatisch, 45 % Fett i. Tr.

Béthune *m* Weichkäse *m*, im Topf mit Pfeffer, Estragon und Petersilie angesetzt, 45 % Fett i. Tr.

bêtise *f* **de Cambrai** Pfefferminzkonfekt *n*.

bette od. **blette** *f* Mangold *m*, Beete *f*.

betterave *f* Runkelrübe *f*; **~ rouge** Rote Rübe *f*; **~ à sucre** Zuckerrübe *f*.

beuchelle *f* Ragout-Vorspeise *f* aus Kalbsbries, Trüffeln, Morcheln, Kalbsniere, Sahne, Cognac-Butter.

beugnons *m pl* kleine kranzförmige Krapfen *m pl*.

beurre *m* Butter *f*; **~ d'ail** Knoblauch~; **~ d'amandes** Mandel~; **~ d'anchois** Sardellen~; **~ Bercy** Ochsenmark~; **~ blanc** weiße ~-sauce: Schalotten in ~ glaciert, mit Wein und Wasser reduziert, Butter zugefügt; **~ de caviar** Kaviar~; **~ clarifié** geklärte ~; **~ au corail d'oursins „Jean Bernard Pautrat"** Seeigel~; **~ de crevettes** ~ mit gestampften Krabben vermengt; **~ d'écrevisses** Krebs~; **~ d'escargots** Schnecken~; **~ de foie** Stopfleber~; **~ fondu** zerlassene ~; **~ de laitances** ~ mit Heringsmilch *(zu Vorspeisen);* **~ maître d'hôtel** ~ mit gehackter Petersilie und Zitronensaft; **~ manié** Mehl~; **~ de Montpellier** ~ mit Petersilie, Schnittlauch, Schalotten, Cornichons und Kapern vermischt; **~ mousseux** Schaum~; **~ de moutarde** Senf~; **~ noir** gewürzte braune ~; **~ noisette** haselnussbraun geschmolzene ~ mit Gewürzen; **~ en pommade** weich geknetete ~; **~ de raifort** Meerrettich~; **~ rouge** ~ mit Hummer und anderen Schalentieren angemacht; **~ de saumon fumé** Lachs~; **~ de truffes** Trüffel~; **~ vert pré** „grüne Butter" *(mit Kresse angemacht)*.

beurré 1. gebuttert; **2.** *m* Butterbirne *f.*

beurrer buttern, mit Butter bestreichen.

beurrier 1. Butter-; **2.** *m* Butterdose *f;* **~ à glace** Butterkühler *m.*

beuverie *f* Trinkerei *f,* Saufgelage *n.*

biche *f* **1.** Hirschkuh *f;* **2.** Gericht *n* aus Hammelkutteln, die lagenweise mit Kartoffelscheiben überbacken werden.

bidoche *f* Freibankfleisch *n* (ugs.).

bidon *m* Kanne *f,* Kanister *m,* Behälter *m;* Feldflasche *f.*

bien gut, recht, schön; *merci bien!* besten Dank!; *(Zugeständnis:)* gern, schon, wohl.

bien cuit gar, durchgebraten.

bien fait gar; *(Gemüse:)* durchgegart; *(Käse:)* gut durch.

bien sec *(Zigarre:)* abgelagert.

bien sûr ! ganz gewiß!

bien tendre *(Fleisch:)* zart, abgehangen.

bière *f* Bier *n;* **~ à la pression** od. **~ -pression** ~ vom Faß; **~ blanche** Weiß~; **~ blonde** helles ~; **~ brune** dunkles~; **~ bock** Bock~; **~ de fermentation basse** untergäriges ~; **~ de fermentation haute** obergäriges ~; **~ en boîte** Dosen~; **~ en bouteille** Flaschen~; **~ étrangère** ausländisches ~; **~ fumée** Rauch~; **~ légère** ~ Dünn~; **~ noire** dunkles ~; **~ panachée** ~ mit Limonade vermischt; **~ sans alcool** alkoholfreies ~.

bif *(Abk. f.)* **bifteck.**

bifteck *m* Beefsteak *n;* **~ à la bordelaise** ~ mit Schalotten-Rotwein-Sauce; **~ à la tartare** Hack~ mit Zwiebeln und Kräutern **~ marchand de vins** ~ gebraten, mit Rotweinsauce.

bigarade *f* **1.** Bitterorange *f,* Pomeranze *f;* **2.** braune Sauce *f (zu Ente:)* mit Orangensaft, Orangenschale und *(meistens)* karamellisiertem Zucker.

bigarreau *m* Herzkirsche *f.*

bignons *m pl* kleine Krapfen *m pl.*

bigorneau *m* Mondstrandschnecke *f.*

bigoudins *m pl* Kuchen *m pl* mit Mandelpaste.

biguenée *f* zwei Scheiben Crêpes-Teig mit einer Scheibe Schinken dazwischen, beidseitig in Butter gebacken (Bretagne).

bijane *f* kalt servierte Suppe *f* aus gesüßtem Rotwein mit Semmelbröseln (Anjou).

bilibi od. **billy bi** *m* Muschelsuppe *f* mit Weißwein, Sahne, Sellerie, Salz, Pfeffer und Fischbouillon.

billet *m* Zettel *m,* Nachricht *f, (Fahrkarte:)* Billett *n;* **~ de banque** Banknote *f.*

billot *m* Hackstock *m,* Holzklotz *m.*

bireweck *m* elsässischer Hefeweck *m* mit getrockneten Früchten (Feigen, Pflaumen, Rosinen, Haselnüssen, Korinthen, Mandeln, Birnen), mit Kirschwasser nappiert.

bis zweimal, nochmal; *pain m bis* Schwarzbrot *n.*

biscotte *f* Zwieback *m.*

biscotin *m* knackiges Kleingebäck *n.*

biscotte *f* **parisienne** Kleingebäck *n,* im Ofen gebacken, Teig aus Stärkemehl, Mandeln, Eigelb, geschlagenem Eiweiß, mit Kirschwasser aromatisiert.

biscuit *m* Biskuit *m* od. *n;* **~ à la cuiller** Löffel~; **~** *m* **dacquoise** Biskuit *m,* überwiegend aus Eiweiß, Kristallzucker, Puderzucker, mit Mandeln, Pistazien oder Nüssen angereichert, innen trocken, außen weich; **~ de Reims** viereckiger, kleiner, leichter Biskuit *m* od. *n,* mit Puderzucker bestreut; **~ de Savoie** ~ mit Orangenblütenwasser und Zitronenschale.

bisque *f* Cremesuppe *f* von Krustentieren; **~ de crevettes** Garnelensuppe *f;* **~ de homard** Hummersuppe *f;* **~ de langouste** cremige Langustensuppe *f.*

bisquebouille *f* **à l'avignonnaise** Fischsuppe *f* mit verschiedenen See- und Süßwasserfischen, mit Eigelb, Sahne und Ailloli gebunden.

bistouille *f* **1.** Kaffee *m* mit einem Schuss Schnaps (Flandern); **2.** minderwertiger Schnaps *m* (pop.).

bistro od. **bistrot** *m* Kneipe *f,* kleines Restaurant *n,* in dem auch Imbisse serviert werden.

bistrotier *m* Schankwirt *m.*

bitoke *f* Rindshacksteak *n,* mit gebräunten Zwiebelringen serviert *(russ. Küche).*

blanc, blanche weiß; *vin m blanc* Weißwein *m; pain m blanc* Weizenbrot *n,* Weißbrot *n; viande f blanche* Geflügelfleisch *n.*

blanc *m* Weiß *n,* Weißes *n;* weißer Sud *m* aus Thymian, Lorbeerblatt, Petersilie, Zwiebeln, Mehl, Salz, Essig, Knoblauch; **~ de blancs** Wein *m (meist Champagne)* aus weißen Trauben od. einer Mischung *(Pinot-Chardonnay);* **~ de noirs** Wein *m* aus dunklen Trauben; **blanc-manger** *m* weiße Süßcreme *f* mit Mandeln, Früchten, Likör; **~ de poulet farci** gefüllte Hühnerbrust *f.*

blanc *m* **d'œuf** Eiweiß *n;* **~ en diable** Eischnee *m.*

blanchaille *f* Weißfischchen *n;* **~ à la diable** ~ in tiefem Fett knusprig gebraten, mit Salz und Cayennepfeffer gewürzt; **~ frite** kleine frittierte Fische *m pl.*

blanche *f* **aux câpres** weiße Sauce *f* mit Kapern.

blanchir blanchieren, abbrühen.

blanquette *f* Kalbsragout *n* in weißer Sauce; **~ de langue** Zungenragout *n;* **~ de pommes de terre** eingemachte Kartoffeln *f pl;* **~ de veau à l'ancienne** Kalbsragout *n* in Sahnesauce nach alter Art.

blé *m* Getreide *n,* Korn *n;* **~ d'Inde** Mais *m;* **~ de Guinée** Kaffernhirse *f,* Sorghum *n;* **~ dur** Hartweizen *m;* **~ noir** od. **sarrasin** Buchweizen; **petits blés** *m pl* Gerste *f,* Hafer *m.*

blette od. **bette** *f* Mangold *m,* Beete *f.*

bleu *(Farbe:)* blau; *(Forelle, Hecht, Karpfen:)* ganz frisch in Sud aus Wasser, Essig, Kräutern, Gewürzen „blau" gekocht; *(Garpunkt beim Fleischbraten:)* insbesondere Rindersteaks werden unter einer dünnen, braunen Kruste fast roh, mit blauroter Farbe, serviert; *bleu ciel* Himmelblau; *bleu foncé* dunkelblau.

bleu *m* **1.** Blau *n,* Bläue *f; cordon m bleu* guter Koch *m* od. Köchin *f; gros bleu m* herber, schlechter Rotwein *m; petit bleu m* leichter Rotwein *m;* **2.** *(allgemein:)* Blauschimmelkäse *m;* **~ d'Auvergne** ~ aus Kuhmilch, 45 % Fett i. Tr.; **~ de Bresse** ~ mit Schimmelkruste, 50 % Fett i. Tr.; **~ des Causses** ~ aus Kuhmilch, 45 % Fett i. Tr.; **~ de Corse** ~ aus Schafmilch, 45 % Fett i. Tr.; **~ de Quercy** ~ aus Kuhmilch, 45 % Fett i. Tr.; **~ vert-persillé** *(allgemein:)* Innenschimmelkäse *m.*

bleuet *m* Blau-, Heidelbeere *f* (ugs.)

blini *m inv.* Hefepfannküchlein *n* mit Buchweizenzusatz, saurer Sahne und Kaviar oder Räucherlachs serviert (russ. Küche).

blle. *(Abk. f.)* bouteille.

blond blond, hell; *(Bier:)* hell.

blonde *f* **1.** helles Bier *n,* Helles *n;* **2.** Zigarette *f* aus hellem Tabak.

bocal *m* Glasbehälter *m* mit weiter Öffnung.

bock *m* **1.** Seidel *m,* Bierbecher *m;* **2.** Glas Bier (ca. 0,25 l).

bœuf *m* Ochse *m,* Rind *n,* Rindfleisch *n;* **~ à la beaucairoise** ~ragout *m* mit Wein, Weinbrand, Speck, Kapern und Zwiebeln; **~ à la bourguignonne** Rinderbraten *m* „Burgunder Art"; **~ à la mode** gespicktes Schmorfleisch *n* in Rotwein; **~ à la vinaigrette** Rindfleischsalat *m;* **~ fumé** Rauchfleisch *n;* **~ Miroton** gekochte Rindfleischschnitten *f pl* mit Zwiebeln; **~ nature** Suppenfleisch *n;* **~ salé** geräucherte Rinderbrust *f.*

bogue *f* **1.** Goldstriemen *m,* Blöcker *m (Mittelmeerfisch);* **2.** stachelige Fruchtschale *f (Kastanie).*

bohémienne f *(Gemüsebeilage:)* Knoblauch, Tomaten, Auberginenstücke, frittierte Zwiebelringe.

boire trinken, verschlucken, *auch:* saufen, ein Trinker, eine Trinkerin sein; *à boire!* ich will zu trinken haben!; ~ *à la bouteille* aus der Flasche trinken; ~ *à la santé de qn* auf das Wohl von jemandem trinken; *boire à petites gorgées* nippen, schlürfen; ~ *comme un trou* saufen wie ein Loch (ugs.); *boire d'un trait* mit einem Zug trinken; ~ *dans un verre* (!) aus einem Glas trinken; *faire boire (salzige Speisen:)* Durst machen; *boire tout* austrinken; *ce vin se laisse boire* dieser Wein lässt sich trinken.

boire m Trank m, Trinken n.

boisson f Getränk n; **boissons** f pl Getränke n pl; ~ **comprises** Getränke einbegriffen; ~ **non comprises** Getränke nicht einbegriffen; ~**s pilotes** Getränke zu festem Preis (**prix pilote** = Richtpreis) ~**s spiritueuses** geistige Getränke, Schnäpse *(helle Obstbrände werden in Frankreich temperiert serviert!)*.

boîte f Dose f, Schachtel f; ~ **à épices** Gewürzbehälter m; ~ **de nuit** Nachtclub m.

bol m **1.** *(Getränk:)* Bowle f; **2.** Trinkschale f; ~ **à punch** Bowlenkrug m.

bolée f Schale voll f *(meist für Cidre = 1/4 l).*

boles f pl **de Picoulat** Buletten f pl aus Rinds- und Schweinehack, Knoblauch, Eiern, mit Tomaten garniert.

bolet m Röhrling m *(dem Steinpilz ähnlich);* ~ **blafard** Hexenpilz m; ~ **comestible** Steinpilz m; ~ **élégant** Goldpilz m; ~ **orange** Rothäubchen n; ~ **rude** Birkenröhrling m.

bombance f üppige Mahlzeit f *(fam.);* *faire* ~ schlemmen.

bombe f Bombe f; ~ **Coppélia** Mokkaeisbombe f mit Krokantfüllung; ~ **glacée** ~ Eisbombe f mit Schlagsahne; ~ **Marinette** Vanilleeisbombe, mit Erdbeerschaumeis gefüllt.

bon, bonne adj. gut, freundlich; recht, gerecht, früh; *au bon endroit* am rechten Platz; *de bonne heure* früh, *à la bonne heure!* recht so!; *(Qualität:)* gut, fein, echt; *de bons vins* m pl feine Weine m pl; *(angenehm für die Sinne:)* gut, fein; *ce mets est bon* diese Speise schmeckt gut; *un bon morceau* ein fetter Bissen; *il fait bon ici* hier ist es angenehm; gemütlich; einträglich; günstig, vorteilhaft; *acheter bon marché* günstig einkaufen; adv. gut, schön, *sentir bon* fein riechen, schmecken; *(Speise:)* *encore bon à manger* noch genießbar; *c'est bon* das schmeckt; *(Maß, Gewicht, Entfernung:)* gut, reichlich, *une bonne cuillerée de sucre* ein gehäufter Löffel Zucker, *une bonne heure* eine gute, reichliche Stunde.

bon *m* Gutschein *m;* ~ **vivant** Schlemmer *m.*

bonbec *m* Bonbon *m* od. *n (Schülersprache).*

bonbon *m* Bonbon *m* od. *n;* ~**s acidulés** Drops *m pl;* ~**s au chocolat** Pralinen *f pl.*

bonbonne *f* Korbflasche *f,* Weinballon *m.*

Bondard *m* Frischkäse *m* aus Kuhmilch, 60 % Fett i. Tr.

bondé überfüllt, proppenvoll (ugs.).

bonite *f* echter Bonito *m (Thunfischart).*

bonjour! Guten Morgen!, Guten Tag!

bon marché billig, preiswert.

bonne femme, à la ~ „Hausfrauenart“: mit Champignonscheiben, Schalotten, Petersilie, Weißwein, Fischsud gegart.

bonne nuit! Gute Nacht!

bon-repas *m* Essensgutschein *m.*

bonsoir! Guten Abend!

bon vivant *m* Schlemmer *m,* Genießer *m.*

bordeaux *m* Bordeauxwein *m.*

bordelaise, à la ~ „nach Art von Bordeaux“: Rotweinsauce mit Schalotten, Pilzen, Petersilie, Pfeffer, Thymian, Lorbeerblatt und Rindermark.

Bossons macéré *m* in Alkohol, Gewürzen und Olivenöl gereifter Ziegenkäse, 48–58 % Fett i. Tr.

botte *f* Bündel *n,* Bund *m; une botte d'asperges* ein Spargelbund *m.*

bottereaux *m pl* kleine Krapfen *m pl.*

bottin *m* Telefonbuch *n.*

boucané geräuchert.

bouche *f* Mund *m; être une fine bouche* ein Leckermaul sein, ein Feinschmecker sein; *garder qc. pour la bonne bouche* den besten Bissen bis zum Schluss aufheben; *(Speise:) laisser la bouche amère* einen bitteren Geschmack hinterlassen.

bouchée *f* **1.** Mundvoll *m,* Mundbissen *m,* Happen *m;* **2.** Schokoladebonbon *m* od. *n;* **3.** Blätterteigpastete *f;* ~ **au fromage blanc** ~ gefüllt mit Weißkäse und Speck; ~ **à huîtres** Blätterteigpastetchen *n;* ~ **à la reine** ‚Königinpastete‘, eine Fleischpastete; ~ **à la Montglas** ~ mit Gänseleber, Zunge, Trüffeln, Pilzen und Madeirasauce gefüllt; ~ **à la périgourdine** ~ mit Trüffelpüree gefüllt.

boucher *m* (Küchen-)Metzger *m; à la bouchère* „Metzgerinart“ verschiedene Zubereitungen mit Mark-Garnierung; *auch* für Kalbskoteletts, die in Öl, Salz, Pfeffer und gehacktem Petersilie mazeriert und dann gegrillt werden.

boucherie *f* Metzgerei *f.*

bouchon *m* **1.** Korken *m,* Verschluss *m,* Stopfen *m,* Stöpsel *m,* Spund *m,* Zapfen *m; avoir un goût de ~*

nach Korken schmecken; **2.** Wirtshaus *n,* Schenke *f;* ~ **verseur** *m* Ausgießer *m.*

boudin *m* Blutwurst *f,* Rotwurst *f;* ~ **á la langue** Zungenblutwurst *f;* ~ **aux raisins** Wurst *f* mit Rosinen; ~ **blanc** Weißwurst *f;* ~ **de Brest** Wurst aus Rahm, Speck und Eiern; ~ **de brochet** Hechtklößchen; ~ **de langue** Zungenblutwurst *f;* ~ **de Rethel** Weißwurst mit Geflügelbrust, Eigelb, Sahne und Speck; ~ **de Strasbourg** Räucherwurst *f* mit Zwiebeln, Schwarten, Brot; ~ **du Poitou** Wurst *f* aus gehacktem Spinat, Weckmehl, Sahne, Eiern und Zucker.

bougnette *f* Netzwurst *f* mit einer Füllung aus Brot, Eiern und Schweinefleisch (Tarn).

bouffe *f* Essen *n,* Fressalien *pl.*

bouffée Hauch *m,* Dunst *m; bouffées f pl d'ail* Knoblauchwolken *f pl; bouffées f pl de fumée* Tabakswolken *f pl; bouffées f pl de vin* Weindünste *m pl.*

bouffer fressen (pop.).

bouge *f* Spelunke *f.*

bougie *f* (Stearin-, Wachs-)Kerze *f,* Licht *n; de bougies* bei Kerzenlicht.

bougnette *f* **des Castres** Netzwurst *f* mit Füllung aus gehackter Schweinebrust, einer Mischung aus Eiern und Semmelmehl, Kräutern im Netz, im Ofen gebraten; heiß oder kalt serviert (Tarn).

bougon *m* Weichkäse *m* aus Ziegenmilch, 46 % Fett i. Tr.

bougras *m* Suppe *f* aus Kohl, Lauch, Zwiebeln, Kartoffeln, Kochwurstbrühe.

bouillabaisse *f* Fischsuppe; *(der Urtyp:)* ~ **à la marseillaise** ~ Fischsuppe *f,* ursprünglich ein Gericht der Fischer, das nach der Rückkehr von einer Fahrt am Strand bereitet wurde. Fische, die schwer verkäuflich waren, wie der fast ausschließlich für die Bouillabaisse verwendete Drachenkopf (rascasse), kamen in dieses Fischgericht, das mit verschiedenen Krustentieren angereichert wurde. Der Urtyp der Fischsuppe wird heute in vielen Varianten, in Stadtrestaurants auch mit Langusten verfeinert, angeboten. Verwendet werden verschiedene feste Seefische, gehackte Zwiebeln, Fenchelgemüse, Nelken, Pfeffer, Lauch, gewürfelte Tomaten, Safran, Knoblauch, getrocknete Orangenschale, Öl; dazu weiche Fische, in Stücke geschnitten und über trockenen Weißbrotscheiben serviert.

bouillant kochend, brodelnd.

bouilleture *f* Aalragout *n* mit Rotwein, Zwiebeln, Schalotten, Pflaumen (Anjou); ~ **d'anguilles** Fischragout aus jungen Aalen, mit Weißwein, Eigelb und verschiedenen Gewürzen.

bouilleur *m* (Branntwein-)Brenner *m.*

bouilleur *m* **de cru** privater Eigenbrenner (Bauer, Winzer, Eigentümer oder Pächter), der Wein, Cidre, Branntwein, Tresterschnaps ausschließlich aus eigener Ernte herstellt. Jährlich darf das Äquivalent von 10 Litern reinem Alkohol für den Eigenbedarf steuerfrei destilliert werden; das Privileg kann nach einem Gesetz von 1960 nicht mehr vererbt werden.

bouilli 1. gekocht, gesotten; **2.** *m* (Suppen-)Rindfleisch *n*.

bouillie *f* **de sarrasin à la crème** Buchweizenbrei *m* mit Sahne.

bouillinade *f* Fischsuppe *f* mit Kartoffeln, Öl, Zwiebeln, Knoblauch, mit Eigelb gebunden.

bouillir lentement brodeln lassen.

bouilloire *f* Wasserkessel *m*; ~ **à sifflet** Flötenkessel *m*.

bouillon *m* **1.** billiges Gasthaus *n*; **2.** *(Küche:)* kräftige Fleischbrühe *f*; ~ **de bœuf aux quenelles de moelle** Markklößchensuppe *f* (Elsass); ~ **gras** fette (Fleisch-) Brühe *f*; ~ **de légumes** Gemüsesuppe *f*; ~ **maigre** magere Brühe *f*; ~ **à l'œuf** Bouillon *f* mit Ei; ~ **de poulet** Hühnerbrühe *f*; ~ **de tortue** Schildkrötensuppe *f*; ~ **de volaille** Geflügelbrühe *f*.

boukha *f* Feigenschnaps *m*, 36 % Alkohol (Tunesien).

boulaigou *m* dünner Pfannkuchen *m*.

boulanger *m* Bäcker *m*.

boulangère *f* Bäckerin *f*; **à la ~** „Bäckerinart" *(Fleisch:)* Kartoffel- und Zwiebelscheiben mit dem Fleisch gebraten; *(Geflügel:)* gebratene, kleine Kartoffelstücke und glacierte Zwiebeln; *(Fisch:)* Weißwein, Speckwürfel, Sauerampfer, Zwiebelringe.

boule *f* Kugel *f*; ~ **à thé** Tee-Ei *n*; ~ **de Berlin** Pfannkuchen *m*; ~ **de gomme** Hustenbonbon *m* od. *n*; ~ **(militaire)** Kommissbrot *n*; ~ **de neige** kugelförmiger Kuchen *m*, rundum mit Schlagsahne bestrichen; ~ **de pain** Brot *n*, Brotkugel *f*, Laib *m*.

boulette *f* Bulette *f*, kleine Kugel *f*, gebratenes Fleischklößchen *n*; ~ **d'Avesnes** od. **de Cambrai** Weichkäse *m* vom Bauernhof, pikant, kräftig, ca. 50 % Fett i. Tr. *(mit Bier und Genever genießen!)*; ~ **de champignons** Champignonfrikadelle *f*; ~**s de pommes de terre** Kartoffelkroketten *f pl*; ~ **au roquefort** Roquefortkugel *f*; ~ **de viande** Fleischbulette *f*.

boulimie *f* Gefräßigkeit *f*, Heißhunger *m*.

boullinade *f* Fischsuppe *f*.

boulotter essen, fressen (ugs.).

boumiane od. **bohémienne** *f* geschnittene Auberginen *f pl* mit Zwiebeln, Tomaten und Knoblauch gebraten.

bouquet *m* **1.** große rosa Garnele *f*; **2.** *(Weinbrand, Wein:)* Blume *f*, Bukett *n*; **3.** Büschel *n*, Bund *m*,

(Blumen-)Strauß *m; ~ **garni** Sträußchen *n* aus Lorbeerblatt, Petersiliestengeln und Thymian, das zusammen mit den Speisen gekocht und dann entfernt wird.

bouqueté *(Wein:)* blumig.

bouquetière, à la ~ „nach Blumenmädchenart": Gemüsebeilage *f* aus Artischockenböden, Karotten, weißen Rüben, grünen Bohnen, Erbsen, Blumenkohlröschen, abwechselnd geschichtet, mit holländischer Sauce bedeckt, dazu Schlosskartoffeln.

bouquettes *f pl* **aux pommes de terre** im Ofen gebackenes Kartoffelgericht *n* (Bourbonnais).

bourcette *f* Rapunzel *f,* Feldsalat *m.*

bourdalou, à la ~ **1.** *(Zwischengericht:)* pochierte Hälften von Williamsbirne, mit Vanille-Makronencreme überzogen; **2.** Torte *f,* mit der gleichen Zubereitung belegt.

bourdelot *m* Apfeltasche *f,* ‚Apfel im Schlafrock'.

bourgeois gutbürgerlich.

bourgeoise, à la ~ „bürgerliche Art" *(zu Schmorfleisch:)* glacierte Karotten, Zwiebelchen, gebratene Speckwürfel, Bratkartoffeln.

bourguignon, bourguignonne burgundisch; **à la bourguignonne** „Burgunderart" *(Fisch:)* in Rotweinsauce, mit Champignons pochiert; *(Fleisch:)* geschmort, mit Rotwein od. Cognac, gebratenen Champignonsvierteln, glacierten Zwiebelchen, Speckwürfeln.

bourrache *f* Borretsch *m,* Gurkenkraut *n.*

bourride *f* Bouillabaisse *f,* mit Ailloli auf Brotscheiben serviert (Provence); **~ d'aigrefin** Schellfischsuppe *f.*

bourriole *f* Crêpe *f* aus Roggenmehl.

bourru Iadj. grob, rau; **lait ~** *m* frisch gemolkene, kuhwarme Milch *f;* **vin ~** Federweißer *m.*

bourse *f* Geldbeutel *m;* Börse *f.*

boustifaille *f* Essen *n;* Fressen *n* (pop.).

bout *m* **1.** *(räumlich:)* Spitze *f,* Ende *n,* Zipfel *m;* **bout** *m **de la table*** Tischende *n;* **le haut bout** *m **de la table*** Ehrenplatz *m;* **manger du bout des dents** kaum etwas kosten, essen; **2.** *(mengenmäßig:)* Stumpf *m,* Stück *n;* Endchen *n;* **manger un bout** eine Kleinigkeit, einen Happen essen, zu sich nehmen; **bout** *m **de cigare*** Zigarrenstummel *m (Zigarre, Zigarette:)* Mundstück *n;* **3.** *(zeitlich:)* Ende *n,* Endpunkt *m;* **bout** *m **du mois*** Monatsende *n;* **au bout de** am Ende, nach Ablauf.

boutefas *m (zu Sauerkraut und Wintergemüsen:)* große Wurst *f* aus gehacktem Schweinefleisch und Speck (romanische Schweiz).

bouteille *f* Flasche *f;* **~ à bière, ~ à eau, ~ à vin** Bier, Wasser-, Wein~ *f;* **~ consignée** Pfand~; **~ de bière, ~ de vin** Flasche Bier, Wein; **~ isolante** od. **thermos**

Thermos~ *f; **déboucher une** ~ eine Flasche entkorken; **mise en bouteilles au château** od. **mise en bouteille à la propriété** *(auf Weinetiketten bedeutet, dass der Wein am Herstellungsort, vom Hersteller, abgefüllt wurde).*

boutifar *m* Speckwurst *f* mit Kräutern (Roussillon).

bouton *m* **de culotte** Hosenknopf *m; (hier:)* kleiner Ziegenkäse *m,* stark eingetrocknet *(auch zum Reiben).*

bouton *m* **de sonnette** Klingelknopf *m.*

bouton *m* **guêtre** winziger Champignon *m.*

brabançonne, à la ~ „Brabanter Art" **1.** *(zu Fleisch:)* Chicorée, weiche Kartoffeln, in Butter gebundene Hopfensprossen; **2.** Torteletts *n pl* mit Rosenkohlfüllung, mit Mornaysauce überbacken.

braisé geschmort, gebraten, gedünstet.

braiser schmoren, braten, dünsten

braisière *f* Schmorpfanne *f.*

brandade *f* **de morue** Stockfischpüree *n* mit Knoblauch, Sahne und Öl (Provence).

brassadeau *m* süßer Fladen *m.*

brasserie *f* **1.** Brauerei *f;* **2.** größeres Café *n,* Bierlokal *n,* Speisehaus *n (früher mit eigener Brauerei im Keller für den Lokalbedarf).*

brebis *f* Schaf *n,* **fromage** *m* **de brebis** Schafkäse *m.*

bréjaude *f* Suppe mit Kohl, Lauch, Kartoffeln, Kohlrabi, Speckschwarten (Limousin).

brelin *m (normann. Bez. für die)* Mondstrandschnecke *f.*

brême *f* Brasse *f (karpfenartiger Süßwasserfisch, grätenreich);* ~ **à la batelière** ~ mit einer Sauce aus Cognac, Rotwein, Butter, Mehl, Zwiebeln, Schalotten, Champignons, Gewürzen; ~ **aux petits pois** ~filets paniert, in Butter gebraten, mit frischen Erbsen und Rahmsauce garniert.

brési *m (Art)* Bündner Fleisch *n,* gepökeltes und getrocknetes Rindfleisch (Jura).

Bressan *m* Weichkäse *m* aus Ziegenmilch, 45 % Fett i. Tr.

Bresse bleu *m* Blauschimmelkäse *m,* 50 % Fett i. Tr.

breton, bretonne bretonisch; **à la bretonne** „bretonische Art" *(Fleisch:)* weiße Bohnen in bretonischer Sauce (aus Weißwein, Zwiebeln, Butter, Knoblauch, Tomatenmark), mit gehackter Petersilie bestreut; *(Geflügel:)* mit gedünsteten Apfelscheiben und Backpflaumen.

bretzels *m pl* Anisbrezeln *f pl.*

breuvage *m* Getränk *n,* Trank *m.*

briarde, à la ~ „nach Art der Brie" *(zu Fleisch:)* gefüllter Kopfsalat, junge Karotten in Rahmsauce.

bricelet *m* **à la vanille** Vanillebrezel *f.*

bricheton *m* Brot *n* (ugs.).

brick *m* Buchweizenpfannkuchen *m* aus Hartweizen; mit Thunfisch, Eiern u. a. gefüllt, frittiert (tunesisch).

brider *(Geflügel, Wild)* Flügel und Beine zusammenbinden, bridieren.

Brie *(Landschaft im Pariser Becken); fromage m de Brie* Briekäse *m,* Weichkäse mit Außenschimmel, gelblichem Teig, ca. 45 % Fett i. Tr.; verschiedene Herkunftsorte: *brie m de Coulommiers* Weichkäse *m* aus Kuhmilch, erdiger Geschmack, Reifung im Trockenen, 45 % Fett i. Tr.; *brie m de Meaux* milder Weichkäse *m* aus Kuhmilch, leicht erdig im Geschmack, Reifung im Trockenen, mindestens 45 % Fett i. Tr.; *brie m de Melun* Weichkäse *m* aus Kuhmilch, pikant und fruchtig, dunkelgraue Rinde mit roten Flecken, Reifung in feuchten Kellern, 40 – 45 % Fett i. Tr.

brignole *f* gedörrte Pflaume *f.*

brignolet *m* Brot *n* (ugs).

Brillat-Savarin *(berühmter Feinschmecker, 1755–1826);* **1. à la ~** „nach Art von ~" *(zu Wildgeflügel:)* Tarteletts *n pl* mit gebackenem Schnepfenauflauf, Trüffelscheiben und Demiglace; **2.** *m* sahniger Weichkäse *m* mit Schimmelrinde, 75 % Fett i. Tr.

brin *m* Halm *m,* Stengel *m,* Stückchen *n;* bisschen (fam.); **~ d'Affinois** Weichkäse *m* mit rotweißer Schimmelrinde *(Marke);* **~ de paille** dünne Käsestange *f.*

brioche *f* runder, wenig gezuckerter Hefekuchen *m* mit versch. Füllungen (Obst, Gänseleber, Käse, Pralinen).

brique *f* **1.** Käse *m* aus Gemisch von Kuh- und Ziegenmilch; **2.** Stück *n* Brot (reg.).

briquet *m* Feuerzeug *m.*

briquette *f* Frischkäse *m,* 40 % Fett i. Tr.

briscat *m* Gemüseeintopf *m* mit Mais.

broccio *m* Frischkäse *m* aus Schaf- und Ziegenmilch, in versch. Gerichten verwendet (Korsika).

broche *f* Brat-, Grillspieß *m;* **à la ~** vom ~.

brochet *m* Hecht *m;* **~ à l'alsacienne** ~rücken gespickt, im Ofen mit Weißwein und Butter braisiert, garniert mit Tarteletts mit Sauerkrautfüllung, mit Schinkenscheibe belegt; **~ au beurre blanc** ~ pochiert.

brocheton *m* kleiner Hecht *m.*

brochette *f* **1.** kleiner Bratspieß *m,* Schaschlik *m* od. *n;* **2.** Stückchen *n* am ~ ; **~s d'agneau pré-salé** Spießchen *n pl* mit Lammfleisch von Tieren der Salzweiden; **~s de rognons et de foie de veau à la provençale** klein geschnittene Kalbsleber *f* und Kalbsnieren, mit Champignons und Schinkenwürfeln auf Spießchen gegrillt; **~s jurasiennes** Gruyèrewürfel *m pl,* mit Schinkenscheiben umwickelt, in Ei und Semmelbröseln gewendet, in der Pfanne ausgebacken (Jura).

brocoli *m* Brokkoli *m (meist Plural),* Spargelkohl *m.*

brosse *f* Bürste *f; ~ à farine* Mehl~ ; *~ à vaisselle* Spül~.

brou *m (Walnuss, Mandel:)* grüne Außenschale *f; ~ de noix (Aperitif:)* Nusslikör *m* (Dauphiné).

brouet *m* schlechtes Ragout *n,* dürftige Kraftbrühe *f; ~ d'andouille* Wurstsuppe *f.*

broufado *m* mariniertes Rindfleisch *m* mit gehackten Zwiebeln, Essig, Kapern und Sardellen geschichtet *(Spezialität provenzal. Fischer).*

brouillade *f périgordienne* Rührei *n* mit Trüffeln.

brousse *f* Frischkäse *m* aus ungesalzener Schafmilch, mild, 45 % Fett i. Tr. (Korsika, Provence).

brouter essen (pop.).

broyer zerreiben.

brugnon *m* Nektarine *f.*

bruit *m* Geräusch *n,* Lärm *m.*

brûlé angebrannt.

brûler brennen; *~ de soif* brennenden Durst *m* haben.

brûlot *m* Branntwein *m,* der vor dem Trinken oder vor dem Verarbeiten (z. B: flambierte Omelette) flambiert wird; *auch* ein Würfelzuckerstück, das mit Branntwein getränkt flambiert wird und dann von einem Löffel in den Kaffee tropft (fam.).

brun braun; *(Bier:)* dunkel.

brunoise *f* **1.** *(zu Krebsen u.a.:)* gewürfelte Gemüse *n pl;* **2.** *(für Suppen und Farcen:)* gedünstete Mischgemüse *n pl.*

brut brutto; roh, unbearbeitet; *(Champagner:)* sehr trocken, sehr herb; *~ millésime* trockener Champagner *m* mit Jahrgangsangabe; *~ sans année* trockener Champagner *m* ohne Jahrgangsangabe.

bruxelloise, à la – „auf Brüsseler Art" *(Fleisch:)* Rosenkohl, gedünstete Endivie, Schlosskartoffeln, Madeirasauce.

bucarde *f* **comestible** Herzmuschel *f.*

buccin *m* **ondé** Wellhornschnecke *f.*

bûche *f* **1.** Blauschimmelkäse *m* aus Gex; **2.** *~ de Noël* traditioneller Weihnachtskuchen *m:* Biskuitboden mit Rum, mit glasierten Maronen.

buckling *m* Bückling *m.*

buffet *m* **1.** Speiseschrank *m,* Anrichte *f;* **2.** *~ de gare* Bahnhofswirtschaft *f;* **3.** *~ gastronomique* Restaurant *m* gehobener Gastronomie; **4.** *~ à desserts* Dessertbüfett *n.*

buffetier *m* Schankwirt *m.*

buglosse *f* Ochsenzunge *f (Raublattgewächs, ähnlich Borretsch)*

bugne *f* in Öl ausgebackener Krapfen *m* (Lyon).

buguez *m* frittiertes Süßgebäck *n* mit Zitronen-, Orangen-, Rumzusatz (Lyonnais).

buisson *m* pyramidenförmig aufgebautes Gericht *n;* ~ **d'écrevisses** Krebsplatte *f.*

bulbe *f* Zwiebelknolle *f.*

bulletin *m* **météorologique** Wetterbericht *m.*

bulot *m* Strandschnecke *f.*

bureau *m* Dienststelle *f,* Arbeitszimmer *n,* Schreibtisch *m;* ~ **de change** Wechselstube *f;* ~ **de tabac** Tabakgeschäft *n.*

burette *f* Kännchen *n.*

butyreux, butyreuse butterartig, buttrig.

buvable trinkbar.

buvette *f* Trinkstube *f,* Schankwirtschaft *f,* Kneipe *f,* kleine Schenke *f.*

buveur *m* Trinker *m;* **buveuse** *f* Trinkerin *f.*

Byrrh bittersüßlicher Apéritif *(Marke).*

C

cabaret *m* **1.** Kneipe *f*, Wirtshaus *n; cabaret m borgne* Spelunke *f*; **2.** Kabarett *n*, Kleinkunstbühne *f*; **3.** drehbare Speisenplatte *f* mit Fächern; Likörtablett *n*; Haselwurz *f*

cabaretier *m* Gastwirt *m*, **cabaretière** *f* Gastwirtin *f*

cabas *m* Einkaufstasche *f*.

cabassol *m* Gericht *n* aus Kaldaunen, Füßen und Kopffleisch vom Lamm, Kalbshaxe und Gemüsen mit Kräuter-Vinaigrette (Cevennen).

cabécou *m* kleiner Schaf- oder Ziegenkäse *m*, 45 % Fett i. Tr.

cabillaud *m* Kabeljau *m;* **~ à la boulangère** ~ mit rohen Kartoffeln umlegt, mit Butter übergossen, im Ofen gebacken, vor dem Garwerden mit Knoblauch und Petersilie bestreut; **~ à la parisienne** ~filets *n pl* in Weißwein und Fischsud pochiert, mit Weißweinsauce nappiert, mit Champignons, Krebsen und Trüffelscheiben garniert; **~ à la sauce estragon** ~ in Stücken gekocht, mit Fischvelouté, Butter, Sahne, gehacktem Estragon.

cabine *f* **téléphonique** Telefonzelle *f*, Fernsprechzelle *f*.

cabri *m* Zicklein *n*.

cabrion *m* Ziegenkäse *m* in Platanenblättern, 45 % Fett i. Tr.

cabus *m* Kohl *m, chou cabus m* Kopfkohl *m,* ,Kappes' *m*.

cacao *m* **1.** Kakao *m,* ~bohne *f*; **2.** Trinkschokolade *f*.

cachat *m* Schaf- od. Ziegenkäse *m*, 45 % Fett i. Tr.

caf' conc' *(Abk. f.)* **café-concert.**

café *m* **1.** Kaffeehaus *n*, Café *n (aber nicht im deutschen Sinn; s. hierzu* ,**salon de thé'**; *da sich in den Großstädten das Leben mehr auf der* ,terrasse' *abspielt, sind die Cafés innen meist eng; das Café serviert in der Regel nur Frühstück und versch. Getränke; kleine Gerichte werden serviert, wenn* ,dégustation' *oder* ,casse-croûte' *angeschrieben ist);* **2.** kaffeebraun; **3.** Kaffee *m;* **~ allongé** mit heißem Wasser gestreckter Espresso; **~ arabe** starker Kaffee, der in Mokkatassen serviert wird; **~ arrosé** Kaffee ,mit Schuss' (Rum, Cognac); **~ au lait** ~ mit heißer Milch; **~ au malt** Malz~; **~ complet** komplettes Kaffeegedeck *n;* **~ -concert** Konzertcafé *n;* **~ -crème** ~ mit Sahne; **~ décaféiné** koffeinfreier ~; **~ diable** ~ mit Cognac; **~ espresso** sehr starker schwarzer ~; **~ filtre** Filter~; **~ liégeois** Eis~; **~ moulu** Filter~; **~ nature** od. **noir** schwarzer ~; **~ turc** türkischer ~; **~ viennois** Wiener ~; **café-brasserie** *m* Gasthaus *n;* **café-chantant** od. **café concert** Konzertcafé *n*, Tingeltangel *n;* **café-restaurant** Gasthaus *n, grain m de ~* Kaffeebohne *f*.

cafetier *m* Schankwirt *m*, Inhaber *m* eines Cafés.

cafetière *f* **1.** Schankwirtin *f*, Inhaberin *f* eines Cafés; **2.** Kaffeekanne *f*; ~ **automatique** Kaffeemaschine *f*.

cage *f* **d'ascenseur** Aufzugsschacht *m*.

cagoule *f* Schneckenragout *n*.

cagouille *f* Weinbergschnecke *f*; ~ **à la vigneronne** ~ in Rotweinsauce mit Schalotten.

caille *f* Wachtel *f*; ~**s** Wachteln *f pl*; ~ **à la Souvaroff** ~ im Schmortopf, mit Trüffeln und Gänseleber; ~ **à la vigneronne** ~ mit Weintrauben und Tresterschnaps; ~ **au foie gras** ~ mit Gänseleberfarce gefüllt; ~ **au riz Richelieu** ~ auf Reis mit Tomaten und Champignons; ~ **aux raisins** ~ mit Weinbeeren; ~ **Café de Paris** ~ gebraten, Gänseleber und gebratene Wachtel in große, ausgehöhlte Kartoffel gefüllt; ~ **lardées** gespickte ~; ~ **sous la cendre** ~ unter der Asche gebraten.

caillé *m* **1.** dicke Milch *f*, Käsebruch *m*; **2.** *m* marinierter Frischkäse *m* (Provence); **3.** *m* Sauermilch *f*; **4.** *(adj.)* geronnen.

caillebotte *f* Quark *m*; ~ **de Parthenay** Ziegenkäse *m*.

cailleteau *m* junge Wachtel *f*.

caillette *f* **1.** gehackte Schweineleber *f* mit Mangold, Kräutern, Zwiebeln, Petersilie und Eiern im Labmagen oder Netz gekocht, kalt oder warm serviert; **2.** ~ **de Cornouailles** Buletten *f pl* aus Wurstmasse.

caion *m* marinierte Schweinelende *f* (Savoyen).

caisse *f* Kasse *f*.

caissier *m* **caissière** *f* Kassierer *m*, Kassiererin *f*.

cake *m* englischer Teekuchen *m*.

caladons *m* Mandel-Honig-Gebäck *n* (Nîmes).

calculer rechnen.

calebasse *f* Flaschenkürbis *m*.

calissons *m pl* **d'Aix** trockene Mandelplätzchen *n pl*.

calmar *m* Tintenfisch *m*.

calvados *m* (ugs. ‚**calva**'), Apfelschnaps *m* aus dem Calvados (Normandie); *wird bei langjähriger Reifung in Eichenfässern aus dem Limousin bernsteinfarben. Die Einheimischen trinken ihn während der Mahlzeit, um die Verdauung zu fördern und Platz zu schaffen für den nächsten Gang (‚le trou normand' = ‚das normannische Loch').*

Cambacérès „nach Art von C." *(Fisch:)* Champignonscheiben, Krebsschwänze, Trüffeln, Weißweinsauce.

cambajou *m* gesalzene Schweinshaxe *f*.

camembert *m* Weichkäse *m* mit Oberflächenschimmel, aus Kuhmilch, 45 % Fett i. Tr.; die beste Qualität ist aus Rohmilch *(au lait cru)*, mit dem Schöpflöffel *(à la louche)* von Hand in 5 Arbeitsgängen angesetzt, auf dem Bauernhof aus eigener Milch hergestellt *(fermier)* und trägt das Gütezeichen VCN *(Véritable Camembert de Normandie).*

47

camomille *f* Kamille *f.*

campagnard bäuerlich, ländlich.

canapé *m* Weißbrotscheibe *f* mit pikantem Belag, Kanapee *n;* **canapés** *m pl* Kanapees *n pl;* **~ à l'alsacienne** ~ mit Butter bestrichen, mit Gänseleberparfait und Trüffelscheibe belegt; **~ à la bernoise** ~ mit gehacktem Schinken in Rahmsauce und Emmentalerscheiben belegt und überbacken; **~ à la bressane** ~ mit gebratenem Schinken, Hühnerleber und Champignons belegt; **~ à la Chasseur** ~ mit Geflügelleber und Champignons belegt, mit Parmesan überkrustet; **~ à la danoise** Schwarzbrotscheiben *f pl* mit Räucherlachs und Heringsfleisch belegt, mit Kaviar garniert; **~ à la française** ~ mit Sardellenbutter bestrichen, mit Sardine belegt, mit Remoulade und Petersilie garniert; **~ à la hollandaise** ~ mit Rührei und Schellfisch belegt; **~ à la printanière** ~ mit Kräuterbutter bestrichen, mit Eischeibe und Kresse garniert; **~ à la strasbourgeoise** ~ in Butter gebraten, mit Apfelscheiben und Gänseleber belegt. **~ au gibier** Röstbrot *n* mit Wildmus, gehackten Champignons und Hartkäse überdeckt, überkrustet; ~ **aux anchois** ~ mit hartgekochtem, gehacktem Ei und Sardellenfilet belegt; **~ de Roquefort** Roquefort Schnittchen *n pl;* **~ du gourmet** Röstbrot *n* mit Gänseleber bestrichen, mit Hühnerbrust und gehackten Trüffeln belegt.

canard *m* Ente *f;* **~ à la fermière** ~ in Weißwein und Demiglace mit Karottenscheiben, weißen Rüben, Sellerie, Zwiebeln, Bohnen und Erbsen geschmort; **~ à la Montmorency** Bratente mit Kirschen und Trüffeln garniert, mit Cognac und Bordeaux-Wein übergossen; **~ à la presse** ~ mit eigenem Saft und Blut, Butter, Rotwein und Cognac angemacht; die Schenkel werden gegrillt, der Rumpf wird ausgepreßt, mit dem Blut und Fleischsaft werden Butter und zerstampfte Gänseleber vermischt, mit Rotwein und Cognac abgeschmeckt; **~ à la provençale** ~stücke *n pl* in Öl angebräunt, in Weißwein mit Tomaten und Knoblauch geschmort, mit Sardellen und Oliven angereichert; **~ à l'orange** ~ mit Fruchtfleisch von Orangen gefüllt, gebraten, mit Orangenscheiben, gehackter Orangenschale und Curaçao überzogen; **~ au sang à la rouennaise** wie ,à la presse', jedoch mit Leber, Zwiebeln und Speck gefüllt; **~ aux navets** ~ ganz , mit Rüben zubereitet; **~ braisé à l'orange** ~ mit Orangenfleisch geschmort; **~ farci à la rouennaise** ~ mit Farce von Entenleber, Speck, Schalotten, Trüffeln und Gewürzen im Ofen gebacken, mit Rouennaiser Sauce serviert; **~ sauvage** Wildente *f.*

canardeau *m* junge Ente *f.*

cancale *f* Auster *f* aus Canacale.

cancaloise, à la ~ mit Austern in Buttersauce.

48

cancoillote _f_ Schmelzkäse _m_, auf der Basis von Dickmilch unter Zusatz von Knoblauch und Wein hergestellt.

cancre _m_ Krabbe _f._

candi kandiert, Kandis-; _sucre m de_ **~** Kandiszucker _m._

caneton _m_ junge Ente _f;_ **~ en cocotte Escoffier** ~ mit frischen Kräutern gefüllt und mit Frühgemüse angerichtet; **~ rouennais** Blutente nach Art von Rouen.

canette _f_ **1.** Bier-, Cidreflasche _f (mit Hebelverschluss);_ **2.** Flasche Bier od. Cidre; **3.** kleine Ente _f;_ **~ aux baies de cassis** ~ mit schwarzen Johannisbeeren (Picardie); **~ rouennaise ‚pays d'Auge'** ~ mit Äpfeln, Calvados, Crème fraîche, Butter, verschiedenen Gemüsen, Pilzen, Cidre, Knoblauch (Normandie).

cannelle _f_ Zimt _m._

canon _m_ Flasche bzw. Glas Wein (ugs.).

cantal _m_ Schnittkäse _m_ bis Hartkäse aus Kuhmilch, strengerdiger Geschmack, selten mild, 45 % Fett i. Tr.

cantalon _m_ kleiner Cantal _m._

cantaloup _m_ runde Melone _f_ mit dunkelorangefarbenem Fruchtfleisch.

cantine _f_ **1.** Kantine _f;_ **2.** (Wein-)Kiste _f._

caoua _m_ Kaffee _m_ (ugs.)

capilotade _f_ **de poulet paysanne** geschmortes Hähnchen _n_ mit herzhafter Würzung.

capoum _m_ Rotbarsch _m._

capoun _m_ Kohlroulade _f,_ gefüllt mit einer Masse aus Eiern, Fleisch, Reis und geriebenem Käse.

câpre _f_ Kaper _f._

caquelon _m_ **à fondue** Fonduepfanne _f._

carafe _f_ Karaffe _f (auch deren Inhalt);_ **~ à décanter** Dekantierkanne, -flasche _f;_ **~ à vin** Wein~.

carafon _m_ Weinkaraffe _f._

caramel _m_ Karamell(-zucker) _m;_ Karamellbonbon _m_ od. _n._

caramélé Karamell-, mit Karamellgeschmack.

caraméliser **1.** karamellisieren, Zucker brennen, mit Zucker süßen, bräunen; **2.** _(Braten:)_ eine braune Kruste bekommen.

caramota _f_ Geißelgarnelen _f pl,_ Shrimps _m pl,_ Hummerkrabben _f pl._

carapace _f (Krebse:)_ Schale _f._

caraque _f_ Schokolade-Creme-Torte _f._

carassin _m_ Karausche _f,_ ‚Bauernkrapfen' _m._

carbonade _f_ über Holzkohle gegrilltes Fleisch _n;_ **~ de bœuf à la flamande** geschmortes Rindfleisch _n_ in einer Sauce aus Bier, Zwiebeln, Speck, Knoblauch, Kräutersträußchen, Gewürzen.

carcasse _f (Geflügel, Krustentiere:)_ Rumpf _m,_ Gerippe _n,_ Knochengerüst _n._

cardamone *f* Kardamom *m* od. *n.*

cardinale, à la ~ *(Fisch:)* Hummer- u. Trüffelscheiben, Kardinalsauce.

cardine *f* Seezunge *f.*

cardon *m* Kardone *f,* spanische od. falsche Artischocke *f,* von der nur die fleischigen Teile der Blätter („cardes') gegessen werden.

cardouille *f* Eberwurz *f* (Languedoc).

carême *m* Fastenzeit *f; observer le carême* die Fastenzeit einhalten.

cargolade *f* gegrillte Weinbergschnecken *f pl* mit Paprikaschoten, in ausgelassener Butter gebraten (Roussillon).

cari od. **cary** *m* Curry *m* od. *n.*

carne *f* (schlechtes) Fleisch *n* (ugs.).

carotte *f* Karotte *f,* gelbe Rübe *f,* Möhre *f,* Mohrrübe *f;* **carottes** *f pl* Karotten *f pl;* ~ **à la paysanne** ~ „Bauernart": vorgekocht, mit Speckwürfeln und glacierten Zwiebelchen gedünstet; ~ **rapées** ~ roh gerieben; ~ **à la Vichy** ~ in Butter, Salz, Wasser, Zucker gedünstet.

caroube *f* Johannisbrot *n.*

carpaccio *m* dünne Speck- od. Rindfleischscheiben *f pl* mit Kräutermarinade.

carpe *f* Karpfen *m; ~* **à l'alsacienne** ~ auf Zwiebeln und Schalotten gekocht, mit Kräutersauce übergossen; ~ **farcie** ~ mit Hechtschaumcreme gefüllt, in Weißwein und Fischfond geschmort, mit Champignons garniert; ~ **à la meurette** ~stücke in Rotwein, mit Karotten, Zwiebeln, Kräutern; mit Tresterschnaps flambiert; ~ **Sainte-Menehould** ~filets mit Champignons in Ei und Weißbrotkrume paniert, gebraten, mit Gurkenscheiben garniert.

carré *adj.* viereckig, quadratisch; *m* **1**. Stück *n,* Würfel *m;* **carrés** *m pl* **de lard** Speckbrocken *m pl,* Speckwürfel *m pl;* **2**. Karree *n,* der unzerteilte untere Rippenstrang des Schweine-, Kalbs-, Hammelviertels oder das Vorderviertel.

carré *m* **d'agneau** Lammrückensteak *n; ~* **à la Beauharnais** ~ gegrillt, vor dem Bräunen in Brösel eingepackt; ~ **à la bonne femme** ~ im Topf in Butter mit Zwiebeln, Brustspeck und gewürfelten Karotten angebräunt, im Ofen fertig gebacken; ~ **à la bordelaise** ~ goldbraun angebraten, mit Steinpilzen im Ofen gebraten; ~ **à la languedocienne** ~ mit Zwiebeln, gewürfeltem Schinken, Knoblauchzehen, gebratenen Steinpilzen.

carré *m* **de Bray** camembertartiger Weichkäse *m; ~ m* **de Chaunay** Ziegenkäse *m,* 45 % Fett i. Tr.; ~ *m* **de l'est** viereckiger Weichkäse *m,* 45 % Fett i. Tr.; ~ *m* **frais** Frischkäse *m* aus Kuhmilch.

carré *m* **de mouton** Lammrückensteak *n;* ~ **Parmentier** ~ mit Kartoffeln.

carré *m* **de porc** Schweinsrippenstück *n;* ~ **fumé** Kasseler Rippenspeer *m;* ~ **à la limousine** gebratener Schweinerücken *m* mit Rotkohl; ~ **salé** ~ gesälztes Schweinerückenstück *n.*

carrelet *m* Gold-, Steinbutt *m,* Scholle *f.*

carte *f* Karte *f, (auch:* Speisekarte *f);* ~ **de crédit** Kredit~; ~ **des mets et des vins** Speisen- und Wein~; *dîner à la carte* nach der Karte, nach Wahl speisen; **carte** *f* **des vins** Wein~; ~ **au dos** od. **au verso** Wein~ auf der Rückseite; ~ **d'identité** Personalausweis *m;* ~ **du jour** Tages~; ~ **illustrée** Ansichts~; ~ **orange** (persönliche) Karte *f* der Pariser Verkehrsbetriebe (RATP) im Verkehrsverbund des Großraums Paris; mit einem *coupon hebdomadaire* oder einem *coupon mensuel* ist sie als Wochen- bzw. Monatskarte nutzbar.

carton *m* **de table** Tischkärtchen *n.*

cartouche *f (Zigaretten:)* Stange *f.*

carvi *m* (Echter) Kümmel *m; fromage m au carvi* Kümmelkäse *m.*

cary od. **cari** *m* Curry *m* od. *f.*

caséine *m* Käsestoff *m.*

cash *(Zahlungsweise:)* bar.

casher koscher.

cassate *f* Cassata *f,* Eis *n* mit kandierten Früchten; ~ **à la Marie Brizard** ~ mit Anisette und Schlagsahne.

casse *f* zerbrochenes Geschirr *n,* Scherben *f pl;* ~**-croûte** *m invar.* **1.** Imbiss *m,* zweites Frühstück *n;* ~**museau** *m* Gebäckstück *n;* ~ **musse** *f* Gebäck *n* aus Frischkäse mit Briocheteig (Touraine); ~ **noisettes** od. **-noix** *m inv.* Nussknacker *m;* ~ **rennaise** Pastete *f* aus Bouillon, Kalbsgekröse, Weißwein. **2.** Stulle *f* (pop.).

casser (zer-)brechen; *(Nuss:)* knacken, aufknacken; ~ *la croûte* eine Kleinigkeit essen.

casserole *f* Schmorpfanne *f,* Kasserole *f,* Tiegel *m;* ~ **à manche** Stielkasserolle *f;* ~ **plate** (flache) Henkelkasserolle *f; veau à la* ~ Kalbsschmorbraten *m.*

casseron *m* Tintenfisch *m.*

cassis *m* **1.** schwarze Johannisbeere *f;* **2.** ~-Fruchtlikör *m.*

cassollette *f* kleine Pfanne *f;* ~ **d'écrevisses** Pfannengericht *n* mit Krebsen; ~ **de langoustines** Krabbenpfännchen *n.*

cassoulet *m* Eintopf *m* aus Bohnenkernen, Gänse- od. Enten- od. Schweinefleisch, Kräutern, Würstchen; ~ **languedocien** ~ mit Schweineschwarten, Speck, roher Knoblauchwurst, Bohnen, Kräutern (Languedoc).

catigot od. **catigou** *m* **d'anguilles** Aalragout *n* mit Tomaten, Rotwein, Zwiebeln, Knoblauch (Camargue).

caudière od. **caudrée** f Fischsuppe f mit Kartoffeln (Flandern).

cause f Grund m, Ursache f.

cave f Keller m, auch: Weinvorrat m; **~ à bière** Bierkeller; **~ à vins** Weinkeller.

caviar m Kaviar m.

caviste m Kellermeister m.

cédrat m Zitronatzitrone m; **cédrats confits** m pl Zitronat n.

célébrer feiern, rühmen.

céleri m Sellerie m; **~ en branches** Staudensellerie; **~ rave** Knollen~; **~ rémoulade** Selleriesalat m mit Remouladensauce.

cendre f Asche f; **sous la ~ 1.** in ~ gegart; **2.** in Blätterteig eingebacken.

cendré m mit feiner Asche umhüllter Weichkäse m aus entrahmter Kuhmilch, 20–30 % Fett i. Tr. (Champagne).

cendrier m Aschenbecher m.

centilitre m Zentiliter m od. n (1/100 Liter; cl).

centime m Centime m (1/100 Franc).

centimètre m Zentimeter m od. n (1/100 Meter).

centre m Zentrum n, Mitte f; **~ commercial** Einkaufszentrum n; **~ des affaires** Geschäftszentrum; **~-ville** Stadtmitte f.

cépage m Rebsorte f.

cèpe m Steinpilz m; **cèpes** Steinpilze m pl; **~ à la française** ~ mit geschmolzenen Tomaten, Kerbel, Estragon, Knoblauch und Petersilie gefüllt, gratiniert; **~ à la marseillaise** ~ halbiert, mit Kerbel, Petersilie, Schalotten und gehackten Eiern belegt, mit Reibbrot und Sardellen garniert, überbacken; **~ Rossini** ~ in Rahm, mit Zwiebeln und Trüffeln gedünstet; **~ sautés à la bordelaise** ~ in Öl gebraten, mit gehackten Schalotten serviert.

cercle m Reif m, Ring m; **~ pour flan** Kuchenring m; **en ~s** (Wein) im Faß.

céréale f Getreideart f; **~s** Getreideflocken f pl, -speise f.

cerf m Hirsch m.

cerfeuil m Kerbel m.

cerise f Kirsche f; **~ aigre** Sauer~; **~ anglaises** Sauer~; **~s méringuées** ~kompott n, mit Baiserteig überbacken.

cerisette f getrocknete Kirsche f, kleine rote Pflaume f, Kirschsaft m.

cerneau m (**-x** m pl) grüne Walnuss f; **vin** m **de cerneaux** junger Roséwein m (der zu der Zeit, wenn die Nüsse grün sind, getrunken wird).

cerner *(Nuss)* entkernen.

cernier *m* Wrackbarsch *m*.

cervelas *m* Zervelatwurst *f;* ~ **de Lyon** Schweinswurst *f,* meist mit Trüffeln und Pistazien verfeinert.

cervelle *f* Hirn *n*.

c'est-à-dire das heißt, das bedeutet, nämlich.

céteaux *m pl* kleine Fische *m pl*.

cévénol aus den Cevennen; **à la cévénole** „nach Cevenner Art" *(Fleisch:)* gespickt, dazu Champignons, glacierte Maronen, Fleischsaft mit Demiglace vermischt.

chabichou *m* Ziegenkäse *m,* 45 % Fett i. Tr. (Poitou).

chabot *m* Groppe *f (großer Seefisch)*.

chai *m* Weinlager *n,* ebenerdiger Weinkeller *m*.

chair *f* Fleisch *n,* Fruchtfleisch *n,* Pulpe *f; chair f à saucisse* Wurstfleisch *n*.

chaise *f* Stuhl *m,* Sitz *m*.

chaleur *f* Wärme *f,* Hitze *f*.

chaleureux, chaleureuse herzlich.

chalumeau *m* Strohhalm *m*.

Chambord „nach Art von C." *(Fisch:)* große Fischklöße mit Trüffeln, ganzen Krebsen, Champignons, gebratenem Fischmilcher, Croûtons, Fleurons und Trüffelscheiben.

chambré *(Wein:)* temperiert *(nicht über 18 °C)*.

chamois *m* Gemse *f*.

chamoure *f* Kürbiskuchen *m* (Lyon)

champignon *m* Pilz *m;* ~ **de Paris** Champignon *m*.

changement *m* **de garniture** Änderung *f* der Beilagen.

changer abändern, wechseln.

chanoine, à la ~ „Domherrenart" *(Fisch:)* Filets mit Garnelensauce gefüllt, Sardellensauce.

chanterelle *f* Eierschwamm *m,* kleiner Pfifferling *m*.

chaource *m* Weich- oder Frischkäse *m* aus Kuhmilch, 50 % Fett i. Tr.

chapelet *m (von Würsten:)* Kranz *m,* Kette *f*.

chapelure *f* abgeriebene Brotkruste *f,* Semmelbrösel *m,* Paniermehl *n*.

chapon *m* Kapaun *m;* ~ **au gros sel** ~ in mehrere Kilo grobes Meersalz eingepackt, im heißen Rohr gebacken, mit Gemüsen garniert; *(Variante:* in Sauce, mit Kapern und Gürkchen); ~ **truffé rôti** ~ getrüffelt.

charbon *m* Kohle *f;* ~ **de bois** Holzkohle.

charbonné *(Speisen:)* angebrannt, verbrannt.

charbonnée *f* Rostbraten *m*.

charbonnier *m* Köhler *m,* Seelachs *m*.

charcuterie *f* **1.** Schweinemetzgerei *f,* Metzgerei *f,* Fleischerei *f;* **2.** *(Fleisch:)* Fleisch- und Wurstwaren *f pl;* ~ **assortie** gemischter Aufschnitt *m; assiette de* ~ *(ein Teller)* kalter Aufschnitt *m*.

charcutière *f* „Wurstmacher-Art": Sauce aus Weißwein, spanischer Sauce, Butter, Zwiebeln, Cornichons.

charentais *m* Ziegenkäse *m*, ca. 55 % Fett i. Tr.

chargouère *f* Strudel *m* mit Pflaumen.

chariot *m* Dessert- oder Käsewagen *m;* ~ **de service** Servierwagen *m.*

charlotte *f* Charlotte *f,* süßes Dessert *n* mit Früchten od. Schokolade; ~ **à la normande** wie ,de pommes', die Äpfel jedoch mit Calvados aromatisiert; ~ **à la parisienne** ~ mit Biskuitstreifen ausgelegt, mit Aprikosenmarmelade bestrichen, mit Fondant glasiert, mit Vanillecreme gefüllt; ~ **royale** Biskuitrolle *f,* mit Kirschkonfitüre und Buttercreme gefüllt, mit Schlagsahne garniert; ~ **russe** likörgetränkte Löffelbiskuits mit Eiscreme.

charlotte *f* **de pommes** Apfelcharlotte *f:* auf dünne, gebutterte Brotscheiben (mit Butter in Zucker und Aprikosenmarmelade gefüllte) gedünstete Apfelscheiben gelegt, mit gebutterter Brotscheibe abgedeckt, gebacken; ~ **méringuées** ~ mit Eischnee.

charolais *m* zylindrisch geformter Käse aus Ziegenmilch *(auch mit Zusatz von Kuhmilch),* 40–45 % Fett i. Tr. (Burgund).

Chartres, à la ~ „nach Art von Chartres" *(Fisch:)* in Fischfond mit Weißwein und Petersilie pochiert; *(Fleischstücke:)* blanchierte Estragonblätter, Schmelzkartoffeln, Kalbsjus.

chartreuse *f* **1.** Chartreuse-Likör *(Marke);* gelber 43 %, grüner 55 % Alk.; **2.** Kartäusergericht *n:* klein geschnittene Gemüse, Fleischfarce, gewürfeltes Wildfleisch, Gänseleber, Speckstreifen in Auflaufform oder kleinen Bechern im Wasserbad gegart; ~ **de légumes** Leipziger Allerlei *n.*

chasseur, 1. Jäger *m;* **2.** *(Hotel:)* Laufbursche *m,* Hotelboy *m; potage m* ~ Wildsuppe *f* mit Pilzen und Madeirawein; *sauce f* ~ Jägersauce *f (zu Wild und gebratenem Rindfleisch:)* Champignonscheiben, Schalotten, Butter, Tomaten, Estragon, Kerbel, Kraftsauce.

chat *m* Katze *f; langues f pl de chat* Katzenzungen *f pl (feines Biskuit).*

châtaigne *f* Esskastanie *f;* ~ **d'eau** Frucht *f* der Paranuss; ~ **du Brésil** Paranuss *f.*

château *m* Schloss *n,* Landhaus *n; (auf Weinetiketten ist die Angabe des damit verbundenen Weingutes zulässig).*

châteaubriand *m* doppeltes Filetsteak (400–500 g) für 2 Personen.

chatteries *f pl* Naschwerk *n,* Süßigkeiten *f pl.*

chaud warm, heiß; *mettre au* ~ warm stellen; *(Kellner:)* „*chaud devant*" – „Vorsicht, ganz Heißes kommt!"

chaud-froid *m* **1.** Gelatinesauce *f* zum Überziehen und Glasieren kalter Gerichte; **2.** Geflügel *n* in Gelee.

chaudé *m* große Torte *f* mit Pflaumen, Zwetschgen oder Mirabellen.

chaudrée *f* Ragout *n* od. Suppe *f* aus kleinen Fischen und Weißwein (Charente).

chauffe-assiettes *m* Tellerwärmer *m*.

chauffe-eau *m* **instantanée** Durchlauferhitzer *m*.

chausson *m* Strudel *m*, Hefeteigtasche *f;* ~ **aux pommes** Apfeltasche *f,* Apfel *m* ‚im Schlafrock‘; ~ **de crabe** ~ mit Krabbenfüllung; ~ **de viande** Blätterteigtäschchen *n,* gefüllt mit Resten von gebratenem Fleisch; ~ **„Lucas-Carton"** ~ mit feiner Füllung aus Schinken, Trüffeln, Champignons, Gänsestopfleber u. a.; ~ **viennois aux prunes** Zwetschenknödel *m*.

chavignol - sancerre *m* kleiner Ziegenkäse *m* ‚fermier‘ (Berry).

chayotte *f* Eierkürbis *m*.

chef *m* Chef *m;* **~-boutonne** *m* gereifter Weichkäse *m* aus Ziegenmilch; ~ **de cuisine** Küchen~; ~ **de garde** *(in der Küchenbrigade)* Verantwortlicher *m* während der Wache, für zusätzliche Arbeiten abwesender Köche; ~ **de partie** *(in der Küchenbrigade)* verantwortlich für eine Küchenabteilung; ~ **de réception** Empfangs~.

chefneye *m* Eiergericht *n* mit Speck (belg.).

cheminée *f* großes Glas *n* Rotwein (argot); *in Paris auch:* halbe Flasche *f* Rotwein.

chemise *f* Hemd *n;* **en ~** in Folie od. Pergament gegart.

chemiser eine Form mit Gelee ausgießen, Eisbombe mit Speiseeis ausstreichen; Chemisieren.

chèque *m* Scheck *m*.

cher, chère teuer, kostspielig; *(Anrede, auch in Briefen:)* *chère Nicole* (meine) liebe Nicole!; *Cher Monsieur Meunier!* Sehr geehrter Herr Meunier!; *faire bonne chère* gut und viel essen; *faire maigre chère* schlecht und wenig essen.

cherry-rocher *m* Kirschlikör *m*.

chercher suchen.

chevaine *m* Döbel *m*, Nerfling *m*, Aland *m (karpfenartiger Fisch)*.

cheval *m* Pferd *n;* **à ~** Gericht *n,* bei dem ein Teil auf einem anderen „reitet" (z. B. *œuf à cheval* Spiegelei auf Beefsteak); *boucherie f chevaline* Pferdemetzgerei *f*.

chèvre *f* **1.** Ziege *f;* **2.** *m* Ziegenkäse *m;* ~ **à feuille** Weichkäse *m* aus Ziegenmilch, in Platanen- od. Kastanienblätter gewickelt.

chevreau *m* Zicklein *n*.

chevrette *f* **1.** kleine Ziege *f;* **2.** Krabbe *f,* Krebs *m* (reg.).

chevreuil *m* **1.** Reh *n*, Rehfleisch *n; cuissot m de chevreuil* Rehkeule *f; selle f de chevreuil* Rehrücken *m; selle f de chevreuil grand veneur* eingelegter Rehrücken, gebraten, mit Sahne, Poivrade und Maronenpüree; **~ aux poivrons** Rehkeule *f* mit Birnenschnitzen, im Ofen gebraten; **~ Romanoff** Rehkeule *f* mit Steinpilzen und Poivrade-Sauce; **2.** Sauce *f* für Wildgerichte: Gemüsefond, Rotwein, Johannisbeeren.

chevreuse, à la ~ *(zu kleinen Fleischstücken:)* Artischockenböden, gefüllt mit pürierten Champignons, mit Trüffelscheiben garniert.

chevrier *m* weiße Bohne *f (Sorte).*

chevrotin *m* Ziegenkäse *m,* 45 % Fett i. Tr. (Savoyen).

chevroton *m* Käse aus Kuh- und Ziegenmilch-Gemisch (Auvergne).

chiche knauserig; **pois ~** *m* Kichererbse *f;* **~ kebab** orientalischer Fleischspieß *m (Hammel, Rind).*

chichi frégi *m* runder Krapfen *m.*

chicon *m* römischer Salat *m* (fam.).

chicorée *f* Zichorie *f,* Endivie *f,* Chicorée *f;* **~ frisée** Winter- od. Bindeendivie *f.*

chiffonade *f* Garnierung *f* mit Salat- und Sauerampferstreifen.

chiffre *m* Zahl *f,* Zeichen *n,* Ziffer *f.*

chinchard *m* Holzmakrele *f,* Stöckerfisch *m.*

chinois **1.** chinesisch; **2.** *m* Spitzsieb *n.*

chinonnaise, à la ~ „nach Art von Chinon" *(Fleisch:)* geschmorte kleine Kohlköpfe, mit Schweinebrät gefüllt, Petersilienkartoffeln.

chipirone *m* kleiner Tintenfisch *m.*

chipolata *f* **1.** Paprikawürstchen *n,* Netzbratwürstchen *n;* **2.** Zwiebelragout *n;* **à la ~** *(Fleisch und Geflügel:)* Paprikawürstchen, gedünstete Maronen, glacierte Zwiebeln und Karotten, gebratene Speckwürfel, Demiglace mit dem eingekochten Fond.

chipoter ohne rechte Lust essen.

chiquer *(Kautabak)* kauen; essen.

chirimoya *f* Cherimoya *f,* Honig-, Zimtapfel *m (exotische Frucht, im Geschmack zwischen Erdbeere und Ananas).*

chocolat *m* **1.** Schokolade *f;* **2.** Trinkschokolade *f;* **tablette** *f* **de ~** Schokoladentafel *f;* **~ glacé** Eis~ *f;* **chocolats** *m pl* **fourrées** od. **pralinés** Pralinen *f pl.*

choesels *m pl* Gericht *n* aus den Bauchspeicheldrüsen von Rindern und Kälbern; *(Variation:)* Hammelbrust und -füße, Rindernieren und Ochsenschwanz (Brüssel).

choisi auserlesen, ausgesucht, ausgewählt; **des plats** *m pl* **choisis** erlesene Gerichte *n pl.*

choisir auswählen; *„Avez-vous-choisi?"* – „Haben Sie gewählt?"

choix *m* (Aus-)Wahl *f;* **au ~** zur gefälligen Auswahl; **de ~** ausgesucht, erstklassig.

cholande *f* **aux pommes** Apfeltorte *f* (Elsass).

chope *f* **1.** Henkelglas *n;* **2.** Schoppen *m* (0,25 l).

chopine *f* 1/2 Liter offener Wein *m.*

chop-suey *m* klein geschnittenes Fleisch und Gemüse, in Sesam-Öl frittiert (chines. Küche).

choquart *m* großer Blätterteigkrapfen *m* mit Apfelschnitzen (Bretagne).

chorlatte *f* Klöße *m pl* aus Mehl, Eiern, Sahne, Kürbisfruchtfleisch, in Kohlblättern goldgelb überbacken.

choron *m* Béarner Sauce *f* mit Tomaten.

chose *f* Ding *n,* Sache *f,* Gegenstand *m; quelque chose* etwas.

chotenn *m* Schweinskopf *m,* mit Wasser und Knoblauch im Ofen gebraten (reg.).

chou *m* **1.** Kohl *m,* Kohlkopf *m,* Kraut *n;* ~ **à la crème** Windbeutel *m* mit Schlagsahne; ~ **blanc** Weißkohl; ~ **chinois** China~; ~ **colza** Feldsalat; ~ **de Bruxelles** Rosenkohl; ~ **farci** Rot- od. Weiß~ mit Hackfleischfüllung; **chou-fleur** Blumen~; ~ **à la cardinale** ~ gekocht, mit Reibekäse bestreut, überbacken; ~ **à la polonaise** ~ pochiert, passiert, im Ofen überbacken; ~ **palmiste** Palmkohl; ~ **frisé** Grünkohl; ~ **de Milan** od. **de Savoie** Wirsing; **~-navet** Steckrübe; **~-rave** Kohlrabi; **chou rouge** Rot~ *(in Frankreich meist als Salat);* ~ **à la limousine** ~ mit Kastanien in Rotwein gedünstet; ~ **en salade** Rotkohlsalat *m* mit Bauchspeck (Elsass); ~ **à l'alsacienne** Rotkohl in Streifen geschnitten, mit Schweinefett, Räucherspeck, Zwiebeln, Essig und Bouillon im Schmortopf gegart; ~ **à la flamande** Rotkohl mit Äpfeln, Zwiebeln, Rotwein; **chou vert** Grünkohl; ~ **au kasseler** ~ mit Kasseler und Würsten; ~ **farci** ~ mit Speck, Fleischfarce, Hackfleisch, Champignons u.a. gefüllt; **2.** luftiges, kugelförmiges Gebäck *n,* meist mit Cremefüllung; **3.** Mohrenkopf *m.*

choucroute *f* Sauerkraut *n;* ~ **alsacienne** *(im Elsass wird eine besondere Kohlart mit Wacholderbeeren eingepökelt, mit Schmalz angesetzt und mit Schweinebauch ca. 4 Stunden köcheln lassen);* ~ **à l'alsacienne** ~ „elsässisch": garniert mit Rauchfleisch, Schinkenknochen, Fleischwurst, Haspel, Frankfurter Würstchen, in Gänseschmalz, Fleischbrühe und Weißwein gegart, mit fest gekochten Salzkartoffeln garniert. Die elsässische Sauerkrautplatte ist so üppig, dass man sie auch im Restaurant ohne Vorspeise (‚direct') serviert; angereichert wird sie auch mit Leberknödeln, Fasanenbrust oder Entenconfit. *(Tip: ein Getränk ohne Säure passt am besten zu Gesäuertem: Bier);* ~ **à la juive** „jüdische Art" ~ mit Rinderbrust und Gänseconfit.

choux *m pl* **au fromage** im Ofen überbackene Käsestücke *n pl.*

chutney *m (vor allem zu kalten Fischgerichten:)* Würzsauce *f* auf der Basis von Gemüsen oder Früchten, Gewürzen, Essig und Zucker.

ciboule *f* Winterlauch *m*, Schnittlauch *m*.

ciboulette *f* Schnittlauch *m*.

cidre *m* Apfelwein *m;* ~ **bouché** moussierender ~, in Flaschen mit Champagnerkorken; ~ **doux** Apfelmost *m*.

cigale *f* **de mer** Heuschrecken- od. Bärenkrebs *m*.

cisailles *f* **à volaille** Geflügelschere *f*.

ciseaux *m pl* Schere *f;* ~ **à poisson** Fisch~; ~ **de volaille** Geflügel-; **une paire de** ~ eine Schere.

ciseler Ziselieren: kleine Einschnitte machen, um schnelleres Durchbraten zu erreichen.

citron *m* Zitrone *f;* ~ **pressé** frisch gepresster Zitronensaft *m*.

citrouille *f* Kürbis *m*.

civelle *f* Glasaal *m*.

civet *m* (*Art*) Ragout *n;* ~ **de lièvre** Hasenpfeffer *m* (in Rotweinsauce, mit Speckstreifen, Zwiebeln und Blut); ~ **de porc** Schweinepfeffer *m* (*entweder pikant mit Rotwein oder mild mit Sahnesauce zubereitet*).

clafoutis *m* tortenähnliche Süßspeise *f* mit Wildkirschen, Obstkuchen *m*.

clair hell, klar.

clairet *m* leichter, heller Rotwein *m* (Bordeaux).

clam *m* große Venusmuschel *f* (*von feinem Geschmack*).

Clamart „nach Art von Clamart" (*Fleisch:*) Tarteletts mit Erbsen gefüllt, flache Macaire-Kartoffeln, Kalbsjus.

claper essen (ugs.).

clapotons *m pl* Hammelfüße *m pl* (Lyon).

claquer du bec Hunger haben (ugs.).

claqueret *m* mit Öl, Essig, Kräutern geschlagener Weißkäse *m* (Lyon).

clarifier (*Flüssigkeit, Zucker:*) klären, Trübstoffe entfernen, Klarifizieren.

clavaire *f* Korallenpilz *m*, Riesenkeulenpilz *m; clavaires f pl* **à la béchamel** Korallenpilze in Scheiben, in Béchamelsauce, mit Schalotten, Muskatnuss, Salz und Pfeffer gewürzt.

clavelade *f* Dornrochen *m* (Südfrankreich).

clayette *f* Kühlfach *n*.

clémentine *f* Clementine *f*, kleine Mandarine *f*.

client *m* **cliente** *f* Kunde *m;* Kundin *f; (im Lokal:)* Gast *m;* ~ **habitué(e)** od. **fidèle** Stamm ~ *m*, ~ (in) *f*.

cloche *f* Glasglocke *f;* ~ **à fromages** Käseglocke *f;* ~ **pour mets** Speisedeckel *m*.

clos *m* Weingut *n*, (eingefriedeter) Weinberg *m; (darf nur auf dem Etikett stehen, wenn die Weine aus solch einem Weingut stammen).*

clou *m* **de girofle** Gewürznelke *f*.

clovisse *f* Teppich- od. Venusmuschel *f*.

cochet *m* Hähnchen *n,* Brathähnchen *n.*

cochon *m* Schwein *n,* Schweinefleisch *n;* **fromage** *m* **de ~** Schwartenmagen *m,* Sülze *f;* **graisse** *f* **du ~** Schweinefett *n;* **~ de lait** (Span-)Ferkel *n.*

cochonnaille *f* Schweinefleisch *n,* Wurstwaren *f pl.*

cocky-leeky *m* Hühnersuppe *f* mit Lauch.

coco *m* Kokosnuss *f; (Getränk:)* Lakritzenwasser *n.*

cocotte *f* **1.** Hühnchen *n,* Täubchen *n;* **2.** (gusseiserner) Schmortopf *m,* Anrichtegeschirr *n;* **à la ~** Schmor-, geschmort; **~ minute®** Schnellkochtopf *m.*

cœur *m* Innere *n,* Herz(-stück) *n,* **~ de Bray** herzförmiger Weichkäse *m* mit weißem Schimmel, 45 % Fett i. Tr.; **~ de filet de bœuf** Filet- od. Mittelstück *n;* **cœurs** *m pl* **de palmier** Palmherzen *n pl,* Palmenmark *n.*

cofidon *m* Rinderschmorbraten *m* (Rouergue).

cognac *m* **1.** Cognac *m;* **2.** Frischkäse *m* mit Kognaczusatz.

coing *m* Quitte *f.*

Cointreau *m (Marke)* Likör *m* aus Orangen, aromatisiert mit Curaçaoschalen.

col *m* Hals *m;* **~ de bouteille** Flaschenhals *m.*

colin *m* **1.** Schellfisch *m,* Seehecht *m,* Kohlfisch *m;* **~ à la Dugleré** ~ in Weißwein gekocht; **~ à la grenobloise** ~ mit Butter, Kapern, Zitrone; **~ à la toulousaine** ~ in Fischsud pochiert, mit Champignons, gedünsteten Zwiebelchen, Oliven und kleinen Fischklößen garniert, mit Weißweinsauce nappiert; **2.** Baumhuhn *n,* Baumwachtel *f.*

collier *m* Halsstück *n* vom Rind.

collation *m* Imbiss *m,* leichte Zwischenmahlzeit *f.*

collationner einen Imbiss nehmen.

coller kleben; *(Wein:)* klären.

collet *m* **de porc** Schweinsbrust *f.*

colonel *m (Spitzname für)* Livarot.

colorant *m* Farbstoff *m;* **~ alimentaire** Lebensmittel~ *(für den Küchen- und Pâtisseriegebrauch).*

colorer färben.

colza *m* Raps *m,* Kohlrübe *f.*

combien wie viel.

comestible **1.** essbar, genießbar; **champignon** *m* **~** Speisepilz *m;* **2.** **~s** *m pl* Nahrungsmittel *n pl,* Esswaren *n pl;* **boutique de ~s** Feinkost-, Lebensmittelgeschäft.

commande *f* Bestellung *f;* **sur ~** auf ~.

commander bestellen.

commencer anfangen, beginnen.

comment (?) wie, auf welche Weise (?).

commerçant *adj. (Straße, Viertel:)* Handels-, Geschäfts-; *(f)* Händler *m,* **~e** ~in *(f); petit commerçant* kleines Einzelhandelsgeschäft *n.*

commis *m* Kochgehilfe *m.*

complémentaire zusätzlich, Zusatz-.

compote *f* Kompott *n*, Mus *n*, Brei *m*.

compotier *m* Kompott-, Obstschale *f*.

compris 1. verstanden; **2.** einbegriffen; **service ~** Bedienungsgeld einbegriffen; **service non ~** ~ nicht einbegriffen; **tout ~** alles einbegriffen.

comptable *m* Buchhalter *m*.

comptant *m* Bargeld *n;* **en ~** gegen bar; **payer ~** bar zahlen.

compte-minutes *m* Kurzzeitmesser.

comptoir *m* Ausschank *m*, Büfett *n*, Theke *f;* **~ des hors-d'œuvre** Vorspeisenbüfett.

comté, gruyère de ~ *m* dem Emmentaler ähnlicher Käse, 45 % Fett i. Tr.

comtesse, à la ~ „auf Gräfin-Art" *(Fleisch:)* mit Trüffeln gespickt, Kalbsklößchen, geschmorter Kopfsalat.

concasser zerkleinern.

concasseur *m* Eissplittermaschine.

concentré 1. durch Kochen eingedickt, konzentriert; *lait m concentré* Kondensmilch *f;* **2.** *m* **~ de tomates** Tomatenmark *n*.

concentrer eindicken.

concerner betreffen, angehen.

concierge *m, f* Portier *m*, ~frau *f*.

concombre *m* Gurke *f*.

Condé, à la ~ pochierte Frucht *f* auf Milchreis, mit Obstsirup überzogen.

condiment *m* Würzmittel *n*, Würze *f*.

confidous *m* Rindsragout *n* in Rotwein, mit Tomatenpüree und Zwiebeln.

confiote *f* Konfitüre *f* (ugs.).

confiserie *f* **1.** Süßwaren *f pl*, Konfekt *n;* **2.** Süßwarengeschäft *n*, Konditorei *f*.

confit 1. eingelegt, eingemacht *fruits m pl confits* kandierte Früchte *f pl;* **2.** *m* eingelegte Gurken u. dgl.; **3.** gesalzenes Enten-, Gänse-, Schweine-, Truthennenfleisch, das nach dem Braten mit eigenem Fett abgedeckt und in Steinkrügen eingelegt wird.

confiture *f* Konfitüre *f,* Marmelade *f,* eingemachtes Obst *n*.

congélateur *m* Gefrierschrank *m*.

congelé *(Nahrung:)* gefroren *viande f ~ e* Gefrierfleisch *n*.

congeler einfrieren.

congolais *m* Feingebäck *n,* pyramidenförmige Kokosmakronen *f pl*.

congre *m* Meeraal *m*.

connaisseur *m* **des vins** Weinkenner *m*.

conque *f* (Meer-)Schnecke *f,* Seemuschel *f,* Trompetenschnecke *f*.

conseillé empfohlen; *prix m* ~ ~ Preis *m.*

consommateur *m* **consommatrice** *f* **1.** Verbraucher(-in) *m (f);* **2.** *(in einem Lokal:)* Gast *m.*

consommation *f* **1.** *(im Gasthaus)* Verzehr *m,* Bestellung *f; auch:* Getränk *n;* **2.** *(auf Speisekarte:)* ~s Getränkepreise *m pl.*

consommé *m* Kraftbrühe *f,* geklärte Bouillon *f;* ~ **à l'alsacienne** ~ mit Sauerkraut und geschnittener Knoblauchwurst; ~ **aux profiterolles** Backerbsensuppe *f;* ~ **aux quenelles de volaille** ~ mit Geflügelklößchen; ~ **Célestine** ~ Geflügelkraftbrühe *f* mit Kräuterpfannkuchen und Flädlesuppe; ~ **chasseur** ~ mit Wild, Pilzen und Portwein; ~ **Colbert** ~ mit pochiertem Ei; ~ **de volaille royale** Geflügelkraftbrühe *f* mit Eierstich ~ **double** doppelte ~; ~ **julienne** od. **brunoise** mit Gemüse; ~ **riche** doppelte ~.

consommer *(im Gasthaus:)* trinken, etwas verzehren.

contenu *m* Inhalt *m,* Gehalt *m.*

contre-filet *m* Lende *f,* flaches Filetstück *n,* Roastbeef *n.*

copieux, copieuse 1. *(Essen:)* reichhaltig, üppig; **2.** *(Trinkgeld:)* großzügig; *boire copieusement* der Flasche zusprechen.

coppa *f* über Kastanienholzfeuer gebratene Wurst und Schinken (Korsika).

coq *m* Haushuhn *n,* Hahn *m;* ~ **de bois** Birkhahn; ~ **au fleurie** in ~ *(fruchtiger Beaujolais);* ~ **d'Inde** Puter *m;* ~ **de marais** Haselhuhn; ~ **au riesling** zerteilter Hahn in Öl, Butter, Riesling, mit Räucherspeck, Kalbsfond, Cognac, Kräutern, Pilzen, Röstbrotwürfeln zubereitet (Elsass); ~ **au vin** ~ in Weinsauce.

coque *f* **1.** Sandmuschel *f;* ~s **à la vodka** Wodka-Muscheln: Zwiebeln, Tomaten, Mandeln, Wodka im gewürzten Sud; **2.** Semmel *f* (mit Engelswurz); **3.** *(Ei, Mandel, Muschel, Nuss:)* Schale *f;* **4. œuf à la ~** weich gekochtes Ei *n.*

coquelet *m* Hähnchen *n;* ~ **à la crème aux ciboulettes** ausgebeintes ~ tranchiert, in Sahne-Schnittlauch-Sauce.

coquetier *m* Eierbecher *m.*

coquillage *m* Muschel *f.*

coquille *f* **1.** Muschel(-schale) *f;* **2.** *(Ei, Mandel, Nuss, Weichtier:)* Schale *f;* **3.** Geflügel- od. Fischragout *n;* **4.** ~ **de beurre** muschelförmiges Stückchen *n* Butter; ~s **Saint-Jacques** Jakobsmuscheln, Pilgermuscheln *f pl;* ~ **à la parisienne** Muschelragout *n* mit Champignons in Weißweinsauce.

coquillettes *f pl (Nudeln)* Hörnchen *n pl;* ~ **vénitiennes** ~ mit frischen grünen Erbsen, Kochschinkenwürfeln, geriebenem Parmesan, Tomatensauce.

corail *m* grünlich schwarzes Mark *n* im Hummerkörper, das nach dem Braten rot wird.

corbeille *f* Korb *m;* ~ **à pain** Brot~; ~ **de fruits** Früchte~.

cordon *m* Band *n;* ~ **bleu** *(blaues Schulterband des Ordens von Saint-Esprit, der nur an bedeutende Persönlichkeiten verliehen wurde; daher fam. für:)* ausgezeichnete(r) Köchin, Koch; für ein ausgezeichnetes Gericht, wie gebratenes Kalbsschnitzel Cordon bleu, gefüllt mit Kochschinken und Käse.

corégone *m* Muräne *f,* Renke *f.*

coriace zäh.

coriandre *m* Koriander *m.*

coriphène *m* großer Tümmler *m,* Delphin *m.*

corne *f* **1.** Horn *n;* **~-de-bélier** *f* Widderhorn *(Kartoffelsorte);* **2.** Teigschaber *m.*

cornet *m* **1.** Hörnchen, Tütchen; ~ **de macédoine** Schinkenröllchen; **2.** ~ **de mer** (trichterförmige) Muschel *f.*

cornichon *m* Gewürzgurke *f,* Pfeffergurke *f.*

cornics *m (Art)* Butterhörnchen *n.*

corniottes *f pl* Teigtaschen *f pl,* gefüllt mit einer Masse aus Weißkäse, Eiern, Sahne, im Ofen goldbraun gebacken (Bordelais).

cornouille *f* Knorpelkirsche *f.*

corossol *m* Zimtapfel *m, auch:* Chirimoya *f.*

correct richtig, fehlerfrei; *prix m correct* korrekter Preis *m.*

corsé **1.** kräftig, reichlich; **2.** *(Wein:)* körperreich, vollmundig; **3.** *(Essen:)* pikant, kräftig gewürzt.

cosse *f (Hülsenfrüchte:)* Hülse *f,* Schote.

côte *f* **1.** *(Salat:)* Rippe *f;* **2.** Kotelett *n;* ~ **d'agneau** Lamm~; **côte de bœuf** Rumpsteak *n;* ~ **marchand de vin** gegrilltes Ochsenrippenstück *n,* mit Rotweinsauce und Gemüsen; ~ **à la limousine** ~ beidseitig gebräunt, mit Zwiebeln und glacierten Maronen im Ofen gegart, mit Kalbsjus serviert; ~ **à l'anversoise** ~ mit Croûtons, Hopfensprossen und gegrillten Speckscheiben garniert; ~ **Montrouge** ~ paniert, mit Champignonpüree garniert; ~ **à la paysanne** ~ gebraten, auf Scheiben von Mohrrüben, Zwiebeln und Sellerie in Butter gedünstet, mit gebratenen Speckwürfeln und Olivenkartoffeln *(olivenförmig geschnitten)* garniert; **côte de porc** Schweinskotelett *n;* ~ **à l'auvergnate** ~ mit Weißkohl; ~ **à la soissonaise** ~ in Butter gebraten, mit weißen Bohnen garniert; ~ **braisée à la moutarde** ~ geschmort, in Senfsauce; ~ **fumée** Kasseler Rippenspeer *m;* **côte de veau** Kalbskotelett *n;* ~ **à l'ardennaise** ~ geschmort, in Schinken-Petersiliesauce; ~ **à l'orléanaise** ~ gebraten, mit Endivienpüree garniert, in Förmchen gefüllt, pochiert, gestürzt, mit Béchamelsauce serviert; ~ **Pojaŕsky** Kalbsfarce und Semmelbrösel in Kotelettform paniert, gebraten; ~ **à la vosgienne** ~ mit Mirabellen und kleinen Zwiebeln.

côté *m* Seite *f; à côté* nebenan, nebenbei.

côtelette *f* Kotelett *n;* **~ d'agneau à la châtelaine** ~ gegrilltes Lammkotelett, dazu Artischockenböden, die mit Zwiebelpüree gefüllt sind, glacierte Maronen und Nusskartoffeln; **~ de saumon Pojarsky** Lachsfarce *f* mit Semmelbröseln in Kotelettform, paniert, in der Pfanne gebraten; **~ en robe de chambre** ~ beidseitig angebraten, in Blätterteig gehüllt gebacken, mit Champignonsauce garniert; **~ Rossini** auf die in Butter gebratenen Lammkoteletts eine in Butter sautierte Scheibe Gänseleberpastete und einige Trüffelscheiben gelegt; **côtelettes** *f pl* **de porc panées** panierte Schweinerippchen *n pl.*

cotriade *f* Fischsuppe *f.*

cou *m* Hals.

couche *f* Lage *f,* Schicht *f,* Belag *m,* Überguß *m;* **~ de graisse** Fett~; *par couches* schichtweise.

coucous *m* Hühnchen *n* (belg.).

coudenat *m* Kochwurst *f* mit hohem Anteil an Kopffleisch vom Schwein.

coudenou *m* Schwartenwurst *f.*

couenne *f* Speckschwarte *f.*

coulemelle *f* Schirmpilz *m.*

couleur *f* Farbe *f;* **~ locale** Lokalkolorit *n.*

coulibiac *m* **de saumon** heiße Pastete *f* aus Lachsfilets, Schalotten, Butter, Champignons, Dillspitzen, Weißwein, Eigelb, Zitrone und Cayennepfeffer.

coulis *m* Püree *n* od. Kraftbrühe *f* aus Geflügel, Wild, Fisch und/od. Krustentieren, Tomaten *(als Grundbrühe für Saucen und Suppen aus reinem Sud ohne Bindemittel);* **~ de fraises** zerstampfte Erdbeeren *f pl;* **~ de tomates** Tomatenpüree *n,* -mark *n.*

coulommiers *m* Weichkäse *m* aus Kuhmilch; hellgelber Teig, Schimmelrinde 46–51 % Fett i. Tr. (Brie).

coup *m* **1.** Schluck *m;* **2.** ‚Schoppen‘ *m;* **prendre un ~** einen trinken od. heben; **~ de feu** *(wenn das Lokal am vollsten ist:)* ‚alles auf dem Feuer‘.

coupage *m (Mischung alkohol. Getränke:)* Verschnitt *m.*

coupe *f* Gefäß *n,* Kelch *m,* Eisbecher *m,* Schale *f;* **~ bretonne** Vanilleeis mit Apfelkompott und Süßkirschen; **~ dijonnaise** Johannisbeereis mit Johannisbeercreme und Schlagsahne; **~ de fruits au kirsch** Obstsalat *m* mit Kirschwasser; **~ glacée** ein Becher Eis; **~-frites** *m* Pommes-frites-Schneider *m;* **~-œufs** Eischneider *m.*

coupelle *f* **à beurre** Butterschälchen *n.*

coupe-œufs *m* Eierteiler *m.*

couper schneiden; **~ en deux** durch~; **~ fin** fein schneiden.

coupe-radis *m* Rettichschneider *m.*

coupe-roquefort *m* Roquefortschneider *m.*

couperet *m* Hackmesser *n*, Schlagbeil *n*.

coupetade *f* Auflauf *m* aus altbackenem Weißbrot und Trockenfrüchten, mit Omelett-Teig getränkt und nach dem Erkalten mit englischer Creme serviert (Lozère).

coupon *m* Abschnitt *m*, Gutschein *m*.

couques *f* gezuckertes, aromatisiertes Brot *n* (Brüssel); Gewürzbrot *n* (Dinant).

cour *f* Hof *m*.

courge *f* Kürbis *m*.

courgette *f* Zucchino *m*; ~s Zucchini *m pl*; ~ au gratin ~ überbacken.

couronne *f* Kranz *m*; ~ de brioche Hefekranz *m*; ~ fressée süßes Zopfbrot *n*.

courraye *f* **1.** Wurst *f* aus Schlachtabfällen (Normandie); **2.** Kohl *m* mit Hackfleischfüllung.

cours *m* Kurs *m*, Richtung *f*; ~ du change *(Geld:)* Wechselkurs *m*.

court kurz.

court-bouillon *m* Sud *m* aus Wasser, Essig, Weißwein, Zwiebeln, Thymian, Gewürznelken u. a. Kräutern *(zum Pochieren von Fisch, Fleisch, Gemüse)*.

couscous *m (nordafrikanisches Gericht:)* Grieß, Sauce mit versch. Gemüsen, Kichererbsen, Hammelragout od. halbe Hähnchen, Rindfleisch; ~ fassi ~ mit Lammfleisch, Zwiebeln, Rosinen; ~ seffa ~ mit junger Ente, Mandeln, Datteln.

cousina *f* Suppe *f* aus gesalzenen Kastanien, Milch, Sahne, Pflaumen od. Apfelscheiben, Brotscheiben (Auvergne).

cousinat *m* Ragout *n* aus gewürfeltem Schinken, Artischockenböden, dicken Bohnen, Karotten, Tomaten und anderen Gemüsen (Baskenland).

cousinette *f* grüne Kräutersuppe *f*.

couteau *m* **1.** Messer *n*; ~ à beurre Butter~; ~ à canneler Zitronen~; ~ à charcuterie Schinken~; ~ à ciseler Ziselier~; ~ à citron Zitronen~; ~ à décorer Zitronendekor~; ~ à désosser Ausbein~; ~ à fileter Filet~; ~ à fromage Käse~; ~ à fruits Obst~; ~ à glace Eis~; ~ à huîtres Austern~, Austernbrecher; ~ à légumes Kartoffelschäler *m*; ~ à œuf Eier~; ~ à pain Brot~; ~ à poisson Fisch~; ~ à trancher Tranchier~; ~ à viande Fleisch~; ~ cannelé Kannelier~; ~-couperet Koch~; ~ de boucherie Boucherie~; ~ de cuisine Küchen~; ~ d'office Office-, Rüstmesser; ~-portionneuse à glace Eisportionierer; ~ pour filets de poissons Fischfilet~; ~-scie Säge~, ~ mit Wellenschliff; **2.** Scheidenmuschel *f*.

coutelas *m* großes Küchenmesser *n*.

coûter kosten.

coûteux, coûteuse kostspielig, teuer.

couvercle *m* Topfdeckel *m*.

couvert *m* Gedeck *n*, ~**s** *m pl* (Ess-)Besteck *n*.

couverture *f* Kuvertüre *f*.

crabe *m* Taschenkrebs *m;* ~ **huître** Austernkrabbe *f*.

cramique *f* krosses, süßes Backwerk *n* (Nord).

crapelet *m* Taschenkrebs *m*.

crapiau *m* Pfannkuchen *m* mit Obst.

craquelin *m* Bauernfladen *m*, Brezel *f*, Kringel *m*.

Crécy mit Karotten oder Möhren (-püree) zubereitet.

crémant *m* Schaumwein *m* mit Flaschengärung und Ursprungsbezeichnung (A.O.C.), *z. B. d'Alsace.*

crème *f* **1.** Rahm *m*, Sahne *f;* **2.** Creme *f*, Süßspeise *f;* **3.** legierte Suppe *f;* **4.** Schmelzkäse *m*, Streichkäse *m;* ~ **aigre** Sauerrahm *m;* ~ **à la bretonne 1.** Rahmsuppe von weißen Bohnen, Zwiebeln und Lauch, mit Champignons garniert; **2.** Püree *n* von Bohnen, Champignons, Lauch, Zwiebeln, mit Butter und Sahne abgerundet; ~ **à la bruxelloise** Brüsseler Rahmsuppe *f* mit Rosenkohl und gerösteten Weißbrotwürfeln; ~ **à la carmelite** Püree *n* von Weißling und Fischvelouté, Béchamelsauce und Rahm, mit Seezungenstreifen garniert; ~ **à la célestine** Geflügelrahmsuppe *f* mit Artischockenpüree und gerösteten Weißbrotwürfeln; ~ **à la financière** Schnepfenrahmsuppe mit Gänseleberpüree und gerösteten Weißbrotwürfeln; ~ **à la gauloise** Rahmsuppe *f* mit Knollensellerie, Maronen und Tomaten, mit Röstbrotwürfeln garniert; ~ **à la parisienne** Püree *n* von Lauch und Kartoffeln, mit Kalbsvelouté, Rahm, gerösteten Weißbrotwürfeln; ~ **à la reine** Hühnerrahmsuppe *f* mit Reis; ~ **à la rouennaise** Linsen- und Entenpüree mit Rahm und gerösteten Weißbrotwürfeln; ~ **à la soissonaise** Rahmsuppe von weißen Bohnen, mit Kerbelblättern garniert; ~ **à la vanille** Vanillecreme; ~ **allemande** Reiscremesuppe *f* nach deutscher Art; ~ **anglaise** ~ aus Eigelb, Puderzucker, Milch, leicht geschlagener Sahne, Apfelsinenschale, Likör *(eine Sauce zu Süßspeisen);* ~ **Argenteuil aux asperges** Spargelcremesuppe *f;* ~ **au beurre** Buttercreme *f;* ~ **au chocolat** Schokoladencreme *f;* ~ **Aurore** Himbeer-Erdbeercremespeise *f;* ~ **aux fines herbes** Kräutercremesuppe *f;* ~ **Bagration** Cremesuppe *f* mit kurz geschnittenen Makkaroni als Einlage; ~ **Beauharnais** Gerstenrahmsuppe mit Krebsschwänzen und Kalbsklößchen; ~ **caramel** Karamellcreme *f;* ~ **chantilly 1.** gesüßte Schlagsahne *f (nach dem Schloss Chantilly, wo die S. angeblich erfunden wurde);* **2.** mit Schlagsahne; ~ **chartreuse** Geflügelrahmsuppe mit Ravioli (mit Spinatpüree und Gänseleberpüree gefüllt); ~ **d'artichauts** Rahmsuppe mit Reis, Artischocken, mit gerösteten Brotwürfeln garniert; ~ **d'avoine** Haferschleim *m;* ~ **de cassis** Likör *m* aus schwarzen Johannisbeeren; ~ **de petits pois** Erbsenpüreesuppe *f;* ~ **de salsifis** Schwarzwurzelpüree *n* mit Rahm und Béchamelsauce vermischt, mit Toast; **de volaille** Geflügelcremesuppe *f;* ~ **d'orge** Gerstenschleimsuppe *f;* ~ **double** extra fetter Rahm; ~ **Dubarry** gebundene Blumenkohlsuppe *f;* ~ **épaisse** dicke Sahne *f;* ~ **fleurette** abgeschöpfter Rahm *m* von frischer, unpasteurisierter Milch; ~ **fouettée** Schlagsahne *f;* ~ **fraîche** dicke saure Sahne *f;* ~ **frangipane** Mandelcreme *f;* ~ **ganache** Tortencreme *f* aus extra fettem Rahm, Blockschokolade, Butter, Milch; ~ **grand veneur** Rahmsuppe *f* vom Fasan, mit Sherry, Cayennepfeffer, Trüffeln, Fasanenfleisch; ~ **moka** Mokkacreme; ~ **Parmentier** Kartoffelsuppe *f;* ~ **pastourelle** Porreecremesuppe *f* mit Kartoffeln, Champignons; ~ **pâtissière** gekochte Eiercreme *f* zum Füllen von Torten und Crèpes; ~ **princesse** Geflügelcremesuppe *f* mit Spargelspitzen und Hühnerfleisch; ~ **renversée** gestürzte Creme *f;* ~ **sabayon** Sabayon *n,* Weinschaumcreme *f;* ~ **Saint-Honoré** Füllcreme (mit Meringemasse); ~ **Sévigné** Geflügelrahmsuppe *f* mit Kopfsalatpüree, Geflügelklößchen; ~ **velours** Nuss-Schokolade-Kaffee-Creme *f.*

crémerie *f* Milch- und Buttergeschäft *n.*

crémet *m* Schlagsahne *f* mit Eischnee und Zucker; ~ **d'Angers** Frischkäse *m,* 40–50 % Fett i. Tr.

crémier *m* Sahnekännchen *n,* Rahmkrug *m.*

crénilabre *m* Lippfisch *m.*

crêpe *f* dünner (Eier-)Pfannkuchen *m;* ~ **à la cévénole** ~ mit Maronenpüree (mit Rum) gefüllt, glasiert; ~ **à la normande** Apfel~; ~ **aux épinards** ~ mit Spinat-Käse-Füllung; ~ **de blé noir** Buchweizen~; ~ **dentelles** *(zu Eis und Kompott:)* kleines Waffelröllchen *n;* ~ **de pommes de terre** Kartoffelpuffer; ~ **des moines** ~ mit Meeresfrüchten gefüllt, überbacken; ~ **fourrée** ~ gefüllt; ~ **landaise** ~ gefüllt mit Bratwurstmasse, Schinken, Steinpilzen; ~ **ménagère** einfache ~; ~ **Parmentier** kleine, dünne Kartoffel~; ~ **soufflée au citron** Schaumomelett *n* mit Zitronencreme; ~ **Suzette** ~ mit Grand-Marnier getränkt, mit Cognac flambiert.

crépiau *m* dünner Pfannkuchen *m.*

crépine *f* Netz *n.*

crépinette *f* Netzbratwürstchen *n;* ~ **de chevreuil Saint Hubert** Bällchen *n* von gehacktem Reh- und Kalbfleisch, Bauchspeck, Gänseleber, Trüffeln; ~ **de volaille** ~ mit Hühner- und Schweinefleisch, Gänseleber, Trüffeln.

cresson *m* Kresse *f;* ~ **d'Inde** Brunnen- od. Kapuziner ~ ~**soupe au** ~ Kressesuppe *f.*

cressonnière *f* mit Kresse zubereiteter Salat.

crête *f* **de coq** Hahnenkamm *m.*

cretons *m pl* Grieben *f pl,* Speckgrieben *f pl.*

creux, creuse ausgehöhlt, hohl; *assiette f creuse* Suppenteller *m;* **huître** *f* **creuse** tiefe Auster *f (z. B. portugiesische);* **viande** *f* **creuse** kärgliche Nahrung *f.*

crevette *f* Garnele *f (als Speise:)* Krabbe *f;* ~ **baltique** Ostseegarnele; ~ **grise** Sandgarnele *f,* Granat, Shrimps; ~ **rose** Grönlandkrabbe, (rosa) Tiefseegarnele, *(bis 12 cm lang).*

croc *m* od. **crochet** *m* Haken *m;* ~ **à viande** Fleischhaken *m;* **avoir les crocs** Hunger haben.

croissant *m* mürbes Butterhörnchen *n.*

cromesquis *m pl* Kroketten *f pl* aus Back- od. Crêpeteig, frittiert; ~ **d'œufs** ~ aus gewürfelten, hart gekochten Eiern, Champignons, Trüffeln, mit Sahne gebunden, in Plätzchenform frittiert.

croquant 1. knusprig; **2.** *m (Fleisch:)* Knorpel *m;* ~ **Villaret** trockener Mandelkuchen *m* (Provence).

croquantes *f pl* Mandel-Krokant-Bonbons *m* od. *n pl.*

croque, à la ~ **au sel** (nur) mit Salz; ~ **en bouche** Krachgebäck *n* aus Windbeutelteig.

croque- madame *f,* ~ **-monsieur** *m* in Butter geröstetes Weißbrot mit Kochschinken od. Hühnerfleisch belegt, mit Käsescheibe abgedeckt, überbacken.

croquembouche *m* kegelförmiges Krokantgebäck *n* aus kleinen, karamellisierten Windbeuteln.

croquet *m* Krokantstück *n;* ~s *m pl* süße Kekse *m pl;* ~ **de Bordeaux** Mandelkekse *m pl.*

croquette *f* **1.** Schokoladeplätzchen *n;* **2.** Krokette *f* aus fein gewürfeltem Fleisch, Fisch, Wild, Geflügel, Gemüsen, Krustentieren u.a.; *(Varianten:)* mit Steinpilzen, Trüffeln, gewürfelten Champignons; mit einer Sauce gebunden, zu Kugeln oder Kegeln geformt und frittiert; ~s Kroketten; ~ **à la bergère** Salpicon von Lammfleisch, Schinken, Moosschwämmen, mit Béchamelsauce gebunden, dazu Kräutersauce; ~ **aux œufs** Salpicon von Champignons mit hart gekochten Eiern, (Trüffeln), Eigelb; ~ **de pommes de terre** Kartoffel~; ~ **de volaille** Salpicon von Huhn, Champignons, Trüffeln, Madeirasauce, feine Mischgemüse.

croquillant knusprig.

crosne *m* Knollenziest *m (kleine weiße Rübe).*

crotte *f* **de chocolat** (Likör-)Praline *f.*

crottin *m* Ziegenkäse *m,* ca. 55 % Fett i. Tr.

croustade *f* **1.** *(Überbackenes:)* knusprige Kruste *f;* **2.** knusprige Pastete *f;* ~ **à la nantaise** ~ gefüllt mit Salpicon von Champignons, weißem Fisch, Tomatensauce; ~ **à la royale** ~ gefüllt mit Salpicon von Champignons, Hahnennieren und -kämmen, Kalbsmilch, Trüffeln, mit Geflügelrahmsauce gebunden; ~ **bressane**

~ mit Hülsenfrüchten, Trüffeln, Champignons, Hühnerbrust, Portwein, Sahne und Béchamelsauce; ~ **jurasienne** Blätterteig~ mit Schinken, Käse, Sahne.

croustance *f* Nahrung *f.*

croustillant knusprig, pikant.

croustille *f* **1.** dünne Bratkartoffel *f*; **2.** Imbiss *m* (fam.).

croustiller knabbern, knuspern.

croûte *f* *(Gebratenes:)* Kruste *f*, Teigmantel *m*; *(Käse und Brot:)* Rinde *f*; ~ **à la normande** Weißbrotscheibe *f* in Eiermilch getaucht und mit Apfelstücken gebraten; ~ **à vol-au-vent** große Blätterteigpastete *f*; ~ **au pot** Kraftbrühe *f* mit Brotkrüstchen; ~ **aux champignons** in Butter gebratene Weißbrotscheibe mit Champignons; ~ **de pain** Brotrinde *f*; ~ **landaise** Gänseleber *f* auf Toast, mit Käsesauce überbacken; ~ **rouge de Hollande** Edamer Käse *m*; ~s **dorées** *f pl* „Arme Ritter" *m pl.*

croûton *m* **1.** geröstete Weißbrotscheibe *f* ohne Kruste; **2.** Kanten *m*, Knust *m*; **3.** Brotrinde *f.*

crouzet *m* Käsekloß *m* (Savoyen).

cru 1. roh, ungekocht, schwer verdaulich, Roh-; *(Wasser:)* hart; **2.** *m (Wein:)* Lage *f*, Gewächs *n*; **vin** *m* **de**

cruchade *f* kleiner Pfannkuchen *m* aus Maismehl.

cruche *f* Krug *m*; ~ **isolante** Isolierkanne *f.*

crudité *f* **1.** schwer verdauliche Speise *f*; **2.** Rohkost *f*; ~s Salate und rohe Gemüse *(Vorspeise).*

crustacés *m pl* Krustentiere *n pl*, Krebse *m pl.*

cube *m* Würfel *m*; **bouillon-~** Brüh-, Suppen-, Fleisch~; **cube** *m* à od. **de glace** Eisstückchen *n.*

cuiller od. **cuillère** *f* Löffel *m*; **à la ~** (Fleisch) mit dem Löffel essen *(weil es so weich/zart ist)*; ~ **à café** Kaffee~; ~ **à dessert** Dessert~, Mokka~; ~ **à glace** Eis~; ~ **à pommes de terre** Kartoffel~; ~ **à pommes noisette** od. **olivettes** Ausstech~; ~ **à sauce** Gourmet~; ~ **à soupe** Ess-, Suppen~; ~ **à thé** Tee~; ~ **à verser** Braten~; ~ **de table** Ess-, Suppen~; ~ **en bois** Koch~, Rühr~.

cuillerée *f* ein Löffelvoll *m.*

cuire backen, braten, kochen, sieden; **faire ~** ankochen, garen; **faire ~ au four** im Ofen braten; ~ **à la vapeur** Dämpfen.

cuisine *f* Kochkunst *f*, Küche *f*; ~ **bourgeoise** bürgerliche ~; ~ **diététique** Diät~; **faire la ~** das Essen zubereiten; ~ **de rinçage** Spül~.

cuisinier *m* Koch *m*; ~ **du personnel** *(in der Küchenbrigade)* verantwortlich für die Zubereitung des Personalessens.

cuisinière *f* **1.** Köchin *f*, **2.** Kochbuch *n.*

cuisiné, plat ~ Fertiggericht *n.*

cuisse *f* *(Geflügel:)* Schlegel *m*, (Ober-)Schenkel *m*,

Keule *f;* ~ **de grenouille** Froschschenkel *m.*

cuisseau *m* Kalbskeule *f.*

cuisson *f* **1.** das Backen, Braten, Garen, Kochen, Sieden; **2.** Back-, Kochzeit *f;* ~ **au bleu** *(Fisch:)* Blaukochen *n;* ~ **au court-bouillon** im Sud gegarter Fisch.

cuissot *m* Wildkeule *f.*

Cuissy, à la ~ *(Geflügel:)* Champignons, Hahnenkämme, Maronen, Trüffeln.

cuistot *m* Koch *m,* Küchenbulle *m* (fam.).

cuit 1. gekocht, gesotten, gebraten, gebacken; ~ **à la broche** am Spieß gebraten; **2.** besoffen (pop.).

cuite *f (Trunkenheit:)* Schwips *m,* Kater *m* (pop.).

cuiter, se ~ sich betrinken, volllaufen lassen.

cuivre *m* Kupfer *n.*

cul *m (Flasche:)* **1.** Boden *m;* **2.** ~ **aux petits pois** Lammgericht *m* mit grünen Erbsen; ~ **de veau clamecyoise** gefüllte Kalbsnuss *f,* mit Gemüsen im Netz gekocht, kalt serviert (Clamecy).

culinaire kulinarisch, zur Küche gehörig, Koch-, Küche-; *art m* **culinaire** Kochkunst *f.*

culotte *f (Rind:)* oberer Teil der Keule, Schwanzstück *n;* ~ **de bœuf aux framboises** Rindfleisch mit Himbeeren; ~ **de bœuf à la Lorraine** ~ mit Weißwein und Demiglace geschmort, mit geschmorten Kohlkugeln und Speckstreifen garniert.

cultivateur, à la ~ fein geschnittenes Gemüse oder Speckwürfel.

culture *f* Kultur *f,* Anbau *m;* ~ *maraîchère* Gemüse~.

cumin *m* Kümmel *m.*

cup *m* **aux pêches** Pfirsichbowle *f.*

curé *m* kleiner Schnittkäse *m,* 200 g (Bretagne).

cure-dent *m* Zahnstocher *m.*

curette *f* **à homard** Hummerspaten *m.*

curry *m* Curry *m* od. *n (indisches Gewürz)*

cuvée *f* **1.** Bottich *m,* Wanne *f,* Zuber *m;* **2.** Art *f,* Herkunft *f, (Wein:)* der Wein aus dem gleichen Weinberg, -garten; *de la même* ~ die aus dem gleichen Fass kommende Weinmenge; *vin m de première* ~ Wein *m* erster Güte, beste Lage einer Weinbaugemeinde; **3.** Verschnitt *m* verschiedener Weine *(vorwiegend Champagne).*

cuvette *f* Schale *f,* Waschbecken *n.*

cuvier *m (Wein:)* Gärkeller *m.*

cynorhodon *m* Hagebutte *f.*

D

dacquois *adj.* aus Dax *(Thermalbad am Adour, Landes).*

dacquoise *f* Kuchen *m* aus dünnen Scheiben von Meringeteig, abwechselnd mit Buttercreme, Mandeln, Nüssen und Mokkabutter gefüllt.

daim *m* Damhirsch *m.*

dame-blanche *f* Vanilleeis *n* mit Mandelcreme.

dame *f* **de vestiaire** Garderobendame *f.*

dans in; *manger dans une assiette* aus einem Teller essen; *boire dans un verre* aus einem Glas trinken.

dariole *f* **1.** kleine runde Form *f;* **2.** Cremetörtchen *n.*

darne *f (Fisch:)* Scheibe *f,* Filet *n.*

dartois *m* **1.** pikant gefüllter Blätterteigkuchen *m;* **2.** „nach Art von Dartois" *(große Fleischstücke:)* geschmorter Sellerie, Karotten, weiße Rüben, Röstkartoffeln.

date *f* Datum *n; (Lebensmittel:) date limite de consommation* Verfallsdatum *n.*

datte *f* Dattel *f;* ~ **de mer** Dattelmuschel *f.*

daube *f* **1.** Schmoren *n;* **2.** marinierter Schmorbraten *m;* **bœuf en** ~ geschmortes Rindfleisch *n* mit Rotwein und Zwiebeln; ~ **à la niçoise** geschmorte, marinierte Rindfleischwürfel mit Steinpilzen in Weinsauce; ~ **à la provençale** Rindfleischgericht *n* in Marinade aus Öl, Rotwein, Gemüsen, Gewürzen; ~ **à la viennoise** Schmorbraten *m* von verschiedenen Fleischsorten; ~ **bourguignonne** gestowtes Rindfleisch; ~ **de congre** Seeaal *m* mit Sauerampfer und Zwiebeln geschmort.

dauphin *m* aromatischer Weichkäse *m,* 56 % Fett i. Tr.

dauphinoise, à la ~ Garnierung *f* mit Kartoffelkroketten.

daurade od. **dorade** *f* Goldbrasse *f,* Meerbrasse *f;* ~ **farcie aux laitues** ~ mit Wurstbrätfüllung.

dé *m* Würfel *m.*

débarrasser räumen; ~ **la table** den Tisch abräumen.

débit *m* Verkauf *m,* Vertrieb *m,* Verkaufsstelle *f;* ~ *m* **de bière** Bierausschank *m;* ~ **de boissons** Getränkeverkauf *m;* ~ **de tabac** Tabakladen *m;* ~ **de vin** Weinhandlung *f.*

débitant *m,* ~ **de boissons** Schankwirt *m;* ~ **de tabac** Tabakwarenhändler *m.*

débiter verkaufen, vertreiben; ~ **de la bière** Bier ausschenken.

déborder *(Flüssigkeit:)* überkochen, -laufen.

déboucher *(Flasche:)* entkorken.

débouchoir *m* Flaschenöffner *m,* Korkenzieher *m.*

debout aufrecht, stehend; *manger* ~ im Stehen essen.

décanter dekantieren.

décapsuleur *m* Flaschenöffner *m.*

décongélation f Auftauen n.

décongeler auftauen.

décorer dekorieren, ein Gericht verzieren.

décortiquer schälen, entrinden.

décortiseur m od. **décortiseuse** f Schälmaschine f.

décrocher *(Kleidungsstück:)* vom Haken abnehmen; ~ **l'écouteur** *(Telefonhörer:)* abnehmen.

défarde crestoise f Ragout n aus Kaldaunen, Lammfüßen, gekocht mit Gemüsen und Kräutern, mit Sauce aus Weißwein, Fleischbrühe und Tomaten im Ofen geschmort (Crest).

défense f Verteidigung f, Verbot n; ~ **d'afficher** Plakate ankleben verboten; ~ **d'entrer** Betreten verboten, Einfahrt verboten; ~ **de fumer** Rauchen verboten.

déglacer *(Bratensaft:)* ablöschen; deglacieren.

dégorger 1. Wässern n, Reinigen n von Fisch- und Fleischteilen sowie Innereien unter fließendem Wasser; **2.** *(Schaumwein:)* durch Rütteln während der Gärung den Hefesatz aus dem Flaschenhals entfernen.

dégraisser 1. Degraissieren n; Fett, Rahm von Brühen, Saucen, Suppen abschöpfen od. mit Filterpapier absaugen; **2.** entfetten; **3.** von rohem Fleisch das Fett abschneiden.

dégustateur m Weinprüfer m.

dégustation f **1.** *(Getränk:)* Probieren n, Kosten n; **2.** Kostprobe f; **3.** Bier-, Weinstube f; ~ **gratuite** *(Getränke:)* kostenloser Probeausschank m, Ausgabe von Gratisproben; ~ **de huîtres** ‚Probieren Sie unsere Austern'; ~ **de vins** Weinprobe f.

déguster 1. genießen; **2.** *(Getränke:)* probieren, verkosten.

déj. *(Abk. f.)* **déjeuner.**

déjeuner 1. frühstücken, zu Mittag essen; **2.** m Frühstück n, Mittagessen n, Frühstücksgedeck n; **petit ~** erstes Frühstück, „Fastenbrechen" n *(besteht meist nur aus Milchkaffee, Croissant, Baguette mit Butter und Marmelade).*

délarder *(Schwein:)* abspicken, Speck entfernen.

délayer verdünnen, verrühren, auflösen, mit Wasser anrühren.

délicat köstlich, lecker, zart, fein, wohlschmeckend; *morceau* m ~ Leckerbissen m.

délice m Wonne f, Genuss m; ~ **de foie de volaille** Hühnerleberpastete f.

délices f pl *(des Lebens)* Genüsse f pl, Köstlichkeiten f pl *(heute werden oft einfache Dinge mit diesem Begriff hochstilisiert);* **délices de sole** Seezungenfilets n pl; ~ **en feuilletage** ~ in Blätterteig; ~ **de saumon royal** Lachs mit Trüffeln, Champignons, Seezungenröllchen garniert; ~ **à la Chartreuse** mit Chartreuse-Likör gefüllte Pralinen f pl.

délicieux, délicieuse delikat, köstlich, lecker, wohl-schmeckend; **à la ~** mit Sahne, holländischer Sauce, geschmolzenen Tomaten.

demande *f* Bitte *f,* Anliegen *n;* **à la ~** od. **sur ~** auf Anfrage / Verlangen.

demander verlangen, wünschen, anfordern.

demi 1. halb; **2.** *m (Bier:)* ein ,Halbes', kleines Glas Bier (0,3 / 0,4 l).

demi-bouteille *f* halbe Flasche *f.*

demi-deuil *m* ,Halbtrauer': sautiertes Hähnchen oder Kalbsbries, garniert mit schwarzen Trüffeln und Geflü-gelrahmsauce.

demi-douzaine *f* halbes Dutzend *n.*

demi-glace *f* verfeinerte braune Grundsauce *f.*

demi-heure *f* halbe Stunde *f.*

demi-portion *f* halbe Portion *f (in manchen Gaststätten kann man ein Gericht halbieren lassen für eine zweite Person).*

demi-sec *(Champagner:)* halbsüß.

demi-sel 1. *(Butter, Käse:)* leicht gesalzen; **2.** gesalzener, ungereifter Frischkäse *m.*

demoiselles *f pl* **de Cherbourg** kleine Hummer *m pl,* in gewürzter Brühe gekocht und darin serviert.

démonter aus der Form nehmen, *(z. B. Pudding:)* stürzen.

dénoyauter *(Obst:)* entkernen, entsteinen.

dénoyauteur *m* **à cerises** Kirschenentsteiner *m;* **~ à olives** Olivenzange *f.*

denrée *f* Ware *f;* **~ s alimentaires** Nahrungsmittel *n pl.*

dent-de-lion *f* Löwenzahn *m* (vgl. **pissenlit**).

denté *m* Zahnbrasse *f.*

dents *f pl* **de lion** Löwenzahnsalat *m* mit Speckstreifen und Röstbrotwürfeln (Lyonnais).

départ *m* Abreise *f,* Weggehen *n.*

département *m* Abteilung *f,* Bereich *m.*

dépense *f* Ausgabe *f,* Aufwand *m.*

dépenser Geld ausgeben.

déplumer *(Geflügel:)* rupfen.

dépôt *m* Aufbewahrungsort *m;* *(Wein:)* Bodensatz *m.*

dépouiller *(z. B. Kaninchen:)* häuten.

derentifleisch *m* geräucherte Rinderrippe *f* (Lothringen).

dérober *(z. B. Kartoffeln:)* schälen.

désaltérant durststillend, erquickend.

désirer wünschen; *désirez-vous quelque chose à boire?* Möchten Sie etwas trinken?

désosser ausbeinen; *(Fleisch:)* von den Knochen lösen.

dessaler 1. entsalzen; **2.** *(Hering:)* wässern; **3.** *(z. B. Schin-ken:)* milder machen.

dessécher *(Gemüse, Obst:)* dörren.

dessert *m* Nachspeise *f,* Dessert *n.*

desservir abdecken, *(Tisch:)* abräumen.

dessication *f (besonders Käse:)* Austrocknung *f.*

dessoûlé nüchtern; *dessoûler* nüchtern werden.

dessous unten, darunter; **~** *m* **de bière** Bierdeckel *m.*

dessus drauf, darauf; **~ de table** Tischdecke, -platte *f.*

detail *m* Einzelheit *f;* **commerce en ~** Einzelhandel *m.*

détremper einweichen; ein-, anrühren.

dévorer verschlingen; fressen (ugs.).

diabétique diabetisch; *m (f)* Diabetiker(-in) *m (f).*

diablotin *m (Art)* feiner Karpfen *m.*

Diane, à la ~ 1. Wildgerichte, mit halbmondförmigen Croûtons garniert; **2. sauce ~** *(zu Wild:)* Pfeffersauce mit Rahm, hart gekochten Eiweißstücken, Trüffeln.

dictionnaire *m* Wörterbuch *n.*

dieppoise, à la ~ „nach Art von Dieppe“: mit Muscheln, Garnelenschwänzen, Weißwein und Fischfond.

diététicien *m (f)* Diätetiker(-in) *m (f).*

diététique diätetisch.

digérer verdauen.

digestible bekömmlich, verdaulich.

digestif *m* **1.** Verdauungsschnaps *m;* **2.** *adj.* der Verdauung förderlich.

dijonnaise, à la ~ „nach Art von Dijon“: mit Wein-Zwiebel-Sauce.

diluer verdünnen.

dinde *f* Truthenne *f,* Pute(r) *f (m);* **~ roi-soleil** ~ mit Blutwurstfarce gefüllt.

dindon *m* Truthahn *m.*

dindonneau *m* junger Truthahn *m,* ‚Baby-Puter‘ *m;* **~ bonhomme normand** ~ gefüllt mit Fleischfarce auf Äpfeln, Champignons und Zwiebeln.

dîner 1. speisen, zu Abend essen; **2.** *m* Diner *n,* Abendessen *n; (in Belgien:)* Mittagessen *n;* **~ aux chandelles** ~ bei Kerzenlicht; *dîner en ville* auswärts essen gehen.

dinette *f* kleine Mahlzeit *f.*

diots *m pl* Würste *f pl* aus Mangold, Kohl, Lauch, Spinat, Schweinsragout, in Öl oder Weißwein mit gehackten Zwiebeln eingelegt (Savoyen).

diplomate, sauce ~ *f* normann. Hummersauce *f* mit Trüffelstreifen und Hummerfleisch; **crème ~** *f* Schokolade-Eier- Creme mit kandierten Früchten und Biskuits, mit Vanillecreme überzogen.

direct direkt.

discrétion *f* Zurückhaltung *f;* **à ~** nach Belieben.

disposer setzen, stellen, legen, einrichten; **~ *autrement*** umstellen; **~ *en cercle*** kreisförmig aufstellen.

dissoluble auflösbar.

distribuer verteilen, aufteilen, abgeben.

distributeur Verteiler *m;* **~ de cigarettes**, **~ de boissons** Zigaretten-, Getränkeautomat *m.*

divers verschieden, -artig.

dodine *f* **de canard** Entenfleischpastete *f.*

dodinette *f* **de caille** Wachtelpastete *f.*

dorade od. **daurade** *f* Goldbrasse *f.*

doré gebräunt, goldbraun gebacken.

dormeur *m* Taschenkrebs *m.*

dos *m* Rücken *m,* Rückseite *f;* ~ *de lapereau farci aux herbes* Hasenrücken *m,* mit Kräutern gefüllt.

double 1. doppelt, besonders gut und stark; **2.** *m* Doppelstück *n;* **~-crème** Doppelrahmkäse *m;* ~ **-express** besonders starker Kaffee *m* (Espresso); **~s** zwei Pfannkuchen, gefüllt mit Herve- od. Maredsous-Käse (Belgien).

douceur *f* **1.** *(Frucht, Honig:)* Süße *f;* **2.** Süßigkeit *f;* **~s** Süßigkeiten *f pl;* **3. ~s** Trinkgelder *n pl* (ugs.).

douille *f* Tülle *f.*

douillons *m pl* **de pommes à la normande** Äpfel *m* in Blätterteig, mit frischer Schlagsahne serviert.

doux *m* **douce** *f* **1.** süß, mild, weich, lieblich, zart, fade; **aigre-doux** süßsauer; **2.** *m* *(Likör:)* Süße *f.*

douzaine *f* Dutzend *n;* **demi-~** halbes Dutzend.

dragée *f* Bonbon *n,* Dragee *f;* **~s** mit Zucker überzogene Mandeln *f pl.*

drap *m* Tischtuch *n.*

dresser *(Speise:)* anrichten, dressieren.

dressoir *m* Besteckkommode *f,* Anrichte *f.*

Dreux *(Stadt in der Île de France);* **1. fromage** *m* **de ~** Weich- od. Schnittkäse *m* aus Kuhmilch; **2. à la ~** *(Fleisch:)* mit Pökelzunge, Speck und Trüffeln gespickt, mit Oliven, Geflügelklößchen, Champignons und Finanzmannssauce garniert.

droit gerade, recht.

Dubarry, à la ~ *(Fleisch:)* mit Käsesauce bedeckter und überbackener Blumenkohl, Schlosskartoffeln.

Dubonnet *m* Weinaperitif mit Chinin und anderen Kräutern *(Marke).*

duchesse *f* Herzogin *f;* **~ Anne** Mandelgebäck; **~s** Schokoladenbonbons; **à la ~** „Herzoginart" **1.** *(Fleisch:)* Herzoginkartoffeln u. Madeira-Sauce; **2.** *(Fisch:)* in Weißwein und Fischfond gedünstet, auf Spargel angerichtet, mit Krebsfleisch und Herzoginkartoffeln garniert; *poire f ~* Birne *f (Sorte).*

Dugléré, sauce *f* **à la ~** *(Fisch:)* Sauce mit Weißwein, Schalotten, Tomaten, Fischfond, Petersilie, Butter.

dur hart; *(Ei:)* hart gekocht; *(Fleisch:)* zäh.

durée *f* Dauer *f;* **~ de la cuisson** Garzeit *f.*

du terroir bodenständig, erdverbunden.

Duxelles, sauce *f* *(Fleischgerichte:)* Weißweinsauce mit frischen Kräutern, Eiern, Demiglace.

E

eau *f* **eaux** *f pl* Wasser *n;* *(Obst:)* Saft *m;* **~ courante** fließendes ~; **~ de Seltz** Mineral-, Selters-, Soda~ *n;* **~ de source** Quell~; **~ de vaisselle** *(zu schwache Suppe:)* dünne Brühe *f;* **~ du robinet** (kaltes) Leitungs~; **~ gazeuse** Mineral~ mit Kohlensäure; **~ glacée** Eis~; **~ minérale** Mineral~; **~ potable** Trink~ ; **~ salée** Salzlösung *f;* **~s d'égout** Ab-, Schmutz~; *à l'* ~ mit Wasser zubereitet; *cuit à l'* in ~ gekocht *eau-de-vie* *f* Branntwein *m,* Schnaps *m.*

écaille *f* Schuppe *f;* *(Auster, Muschel:)* Schale *f.*

ébriété *f* Betrunkenheit *f,* Rausch *m.*

écailler 1. *(Austern:)* öffnen; *(Fisch:)* abschuppen; **2.** Austernhändler *m.*

écaillère *f* **1.** Austernhändlerin *f;* *à l'* ~ „Austernhändlerinart" *(Haarwild:)* gefüllt mit Wildfarce, Geflügelleber, Austern, Räucherspeckwürfeln, mit glacierten Zwiebelchen garniert; **2.** Austernmesser *n.*

écailleur *m* **à poissons** Fischentschupper *m.*

écale *f* *(Nuss, Mandel, Kastanie:)* Schale *f;* *(Erbsen, Bohnen:)* Schote *f.*

écaler *(Eier, Nüsse:)* schälen; *(Erbsen:)* Schale abmachen.

échantillon *m* Muster *n,* Probe *f.*

écarlate scharlachrot; *à l'* ~ gepökelt.

échalote *f* Schalotte *f.*

échaudé *m* Windbeutel *m* (Auvergne).

échine *f* **de porc** Schweinekamm, -nacken *m.*

échinée *f* Rückenstück *n* vom Schwein.

éclair *m* *(Brandteiggebäck:)* Liebesknochen *m.*

économe sparsam.

écorce *f* Rinde *f;* *(Obst, bes. Zitrusfrüchte:)* Schale *f.*

écossais *m* **1.** schottisch; **2.** *m* Mixgetränk *n* aus Cola und Whisky.

écosser aushülsen, auspellen, entbohnen.

écrémer abrahmen.

écrevisse *f* Flusskrebs *m;* **écrevisses** *f pl* Flusskrebse *m pl;* **~ à la crème** ~ flambiert, mit Sahnesauce; **~ à la nage** ~ in Wein-Kräuter-Sud gekocht; **~ à la provençale** ~ mit Sauce aus Karotten, Kräutern, Tomaten, Zwiebeln und Wein.

écume *f* Schaum *m.*

écumoir *m* Schaumlöffel *m;* **~ à friture** Fritturkelle *f.*

edelzwicker *m* elsässischer Weißwein *m* *(ein Verschnitt aus verschiedenen Edeltrauben).*

édulcurant *m* Süßstoff *m.*

effacer wegwischen.

effiler *(Bohnen:)* die Fäden abziehen.

effriter zerbröckeln, zerkrümeln.

églantier *m* Hagebutte *f.*

églefin od. **aiglefin** *m* Schellfisch *m.*

égouttoir *m* Abtropfbrett *m,* *(Theke:)* Abtropfplatte *f.*

égrainage od. **égrènement** *m* Aus-, Entkernen *n.*

égréner *(Gurken, Trauben:)* entkernen.

eierküchas *m* süße Pfannkuchen *m pl* mit Marmeladefüllung (Elsass).

élément *m* Element *n,* Bestandteil *m,* Grundstoff *m.*

élevage *m* **d'huîtres** Austernpark *m.*

elzekaria *f* baskische Suppe *f* mit Bohnen, Knoblauch, Kohl und Zwiebeln.

emballer einwickeln.

embeurré *m* **de chou** gekochter Kohlkopf *m,* mit viel Butter vermengt.

embrocher aufspießen, auf den Fleischspieß stecken.

émietter bröckeln, zerkrümeln.

émincé *m* Blätterragout *n,* Scheibenfleisch *n;* ~ **de pommes de terre aux champignons** Kartoffeln *f pl* mit Champignons im Ofen gratiniert; ~ **de veau au Pinot** Kalbsgeschnetzeltes *n* in Weißwein-Sahne-Sauce.

émincer *(Speck, Zwiebeln:)* in dünne Streifen schneiden.

émissole *f* Glatt-, Hundshai *m.*

emmental *m* Emmentaler Käse *m,* 45 % Tett i. Tr.

empereur, à l' ~ „auf Kaiserart" *(Fleisch:)* gebratene Tomatenhälften mit Rindermark belegt, Spargelspitzen, Kartoffeln und Trüffelsauce.

empester stinken, *(die Luft:)* verpesten.

empiffrer sich vollfressen (pop.).

emploi *m* Benutzung *f,* Gebrauch *m, auch:* Arbeitsplatz *m; mode d'~* Gebrauchsanleitung *f.*

en in, nach, zu, auf; *bière en bouteille* Flaschenbier *n.*

encas *m* Zwischenmahlzeit *f.*

enchaud *m* Terrine *f* mit Schweinsfilet und -haxen (Périgord).

encocher einschneiden.

encornet *m* gemeiner Kalmar *m,* Tintenfisch *m.*

endive *f* Chicorée *f;* **chicorée ~** Endivie *f;* ~ **au jambon** ~ in Schinken gewickelt, mit Käse überbacken.

en face (de) gegenüber.

engloutir hinunterschlingen.

enivrement *m* Berauschen *n,* Rausch *m.*

entailler einschneiden.

entamer *(Brot, Braten:)* anschneiden; *(Flasche Wein, Zigarettenschachtel:)* anbrechen; *(Frucht, Brötchen:)* anbeißen; *(Gespräch:)* anknüpfen; *(Projekt, Arbeit:)* in Arbeit nehmen.

entier, entière ganz, ungeteilt.

entonnoir *m* Trichter *m*.

entre zwischen; **~ deux vins** angetrunken.

entrecôte *f* Entrecôte *f*, Rippenstück *n*; **~ à la bordelaise** ~ gebraten, mit Ochsenmarkscheiben belegt, mit Sauce bordelaise begossen; **à l'os à la bordelaise** ~ gegrillt, mit Ochsenmarkscheiben belegt, Rotweinsauce; **~ Bercy** ~ mit Bercybutter (aus Ochsenmark, Wein, Zitrone, Schalotten, Salz, Pfeffer, Petersilie); **~ double Henri IV** ~ auf Artischockenböden mit Sauce béarnaise; **~ minute** ganz durchgebraten; **~ Mirabeau** ~ gegrillt, mit Sardellenbutter, Sardellenstreifen, entkernten Oliven.

entrée *f* **1.** Eingang *m*, Eintritt *m*, *(Fahrzeuge:)* Einfahrt *f*; **~ interdite** ~ verboten; **~ libre** ~ frei; **2.** Fahrkarte *f*, Eintrittskarte *f*; **3.** Vorgericht *n*, *(in der Menüordnung hinter Hors-d'œuvre, Suppe und Fisch an 3. Stelle; bei umfänglichen Menüs können auch mehrere unterschiedliche Entrées geboten werden; „entrées mixtes" enthalten eine Platte mit variantenreichen Zwischengerichten.).*

entremetier *m (in der Küchenbrigade:)* Verantwortlicher für Gemüse, Suppen und Eierspeisen; Gemüsekoch *m*.

entremets *m* (süßes) Zwischengericht, nach dem Käse und vor dem Dessert.

enveloppe *f* Hülle *f*, Umhüllung *f; (Brief:)* Umschlag *m*.

environ ungefähr, etwa, zirka.

épais, épaisse 1. *(Brotschnitte, Schicht etc.:)* dick; *(Suppe etc.)* dick, dicht, zäh; *(Flüssigkeiten:)* dick(-flüssig), zäh; *(Öl:)* fett; *(Sahne:)* steif; *vin m* **épais** schwerer Wein *m* (reg.); **2.** *m* Dicke *f*; **~ du prin** Bauchlappen *m*.

épaule *f* Schulter *f*; **~ braisée aux haricots** ~ geschmort, mit weißen Bohnen; **~ à la bretonne** ~ gebraten, mit weißen Bohnen; **~ de porc rôtie** Schopfbraten *m*.

épépiner *(Apfel:)* entkernen.

éperlan *m* Stint *m (Fisch der Küstengewässer).*

épi *m (Getreide:)* Ähre *f*; **~ de maïs** Maiskolben *m*.

épice *f* Gewürz *n*, Würze *f; pain d'~* Lebkuchen *m*.

épicé (scharf) gewürzt, scharf, *(auch Preis:)* gepfeffert.

épicer würzen.

épicerie *f* Lebensmittel-, Feinkostgeschäft *n*.

épigramme *f* (oberes) Lammkotelett *n*.

épinard *m* Spinat *m*; **~ à la comtesse** Spinatpüree *n* mit dickem Rahm und hart gekochten Eiern vermischt; **~ à la crème** Rahmspinat; **~ à la niçoise** Blattspinat blanchiert, mit Knoblauch gedünstet, mit Eiern vermischt, auf Backplatte mit Bröseln bestreut, gratiniert; **~ en branches** Blatt~ ; **~ en soufflé** Spinatauflauf *m*.

épinoche *f* Stichling *m*; Dornfisch *m*.

éplucher *(Obst, Kartoffel:)* schälen; *(Kartoffel auch:)* pellen; *(Nuss:)* knacken; *(Krebs:)* aufbrechen.

éplucheur *m* Schälmaschine *f; ~ pour les asperges* Spargelschäler *m.*

épluchures *f pl* **1.** *(Kartoffeln, Obst:)* Schalen *f pl;* **2.** (Küchen-)Abfälle *m pl.*

Époisses *(Dorf in Burgund); m* pikanter *(mit Tresterschnaps während der Reifung abgeriebener)* Weichkäse *m* aus Kuhmilch, mit Rotschmiere, 45 % Fett i. Tr.

éponge *f* Schwamm *m; ~ à l'orange* mit Orangensirup getränkter Kuchen *m; serviette-~ f* Frotteehandtuch *n.*

épuisé aufgebraucht, ausverkauft.

équeuter *(Obst:)* entstielen.

équille *f* Sandaal *m (Küstenfisch).*

érable *m* Ahorn *m; sirop d'~* Ahornsirup *m.*

ériphie *f* Krabbe *m.*

escabèche *f* verschiedene Fische, mit Courtbouillon übergossen, kalt serviert, *à l'~* Sardellen-/Sardinenkonserven *f pl.*

escalope *f* Schnitzel *n; ~ à la maréchal ~* paniert, gebraten, mit Trüffeln und Spargelspitzen; **~ à la milanaise** *~* gebacken, mit Spaghetti und Parmesan; **~ à la normande** *~* vom Kalb, in heller Sauce; **~ à la savoyarde** *~* in Rahmsauce; **~ à la viennoise** Wiener *~;* **~ Brillat-Savarin** *~* mit Cognac flambiert; **~ de foie gras** *~* von Gänseleberscheiben; **~ de porc** Schweine~; **~ de saumon frais** Lachsscheibe *f;* **escalope de veau** Kalbsschnitzel; **~ au cordon bleu** Cordon bleu *n,* zwei flache **~s,** dazwischen Scheiben von Kochschinken und Emmentaler, in Mehl, Ei, Semmelbröseln gewendet, in Butter gebraten; **~ Montholon** *~* gebraten, mit Schinkenscheiben belegt, mit Trüffelscheiben und Champignonköpfen in Geflügelrahmsauce serviert; **~ panée** paniertes *~*.

escaloper *(Fleisch, Fisch, Gemüse:)* schräg in feine Scheiben schneiden.

escargot *m* (Weinberg-)Schnecke *f; ~s* Schnecken *f pl; ~ à la bourguignonne ~* mit Fond, Burgunderbutter und Knoblauch in die Schalen gefüllt, verschlossen, im Ofen gebacken; **~ à la chablisienne** *~* mit Schneckenbutter u. Chablis; **~ à la mode de l'abbaye** *~* vorgekocht, mit Zwiebeln angebraten, gewürzt, bemehlt, mit Rahm aufgefüllt, gar gekocht, mit Eigelb gebunden; **~ à la vigneronne** in Wein-Zwiebel-Sauce **~ ardéchois** *~* gebraten, mit Sauce aus Speck, Orangenschale, Sardellen, Kräutern, Walnüssen; **~ de Bourgogne** Weinberg~.

escarole od. **scarole** *f* Winterendivie *f.*

escavèche *f* frittierter Fisch *m,* in Marinade (Belgien).

espace *m* **1.** Raum *m,* Lebensraum, Zeitraum *m;* **2.** Fläche *f; ~ (non-) fumeurs* (Nicht-)Raucherbereich *m; ~ publicitaire* Werbefläche *f, (TV:)* Werbezeit *f;*

~ vert Grünfläche *f.*

espadon *m* Schwertfisch *m.*

espagnol *adj.* spanisch; *à l'espagnole* „auf spanische Art": mit Tomatenmark, Paprikaschoten und Zwiebelringen.

espèce *f* Art *f,* Sorte *f,* Qualität *f;* **~s** Bargeld *n;* **paiement en ~** Barzahlung *f.*

esprit *m* Geist *m,* Gemüt *n;* **~-de-vin** Weingeist *m.*

esprot *m* Sprotte *f.*

esquimau *m* Eis *n* am Stiel *(mit Schokoladenüberzug).*

essayer probieren, prüfen, versuchen.

essence *f* Auszug *m,* Extrakt *m,* Würzkonzentrat *n.*

essuie-mains *m invar.* Handtuch *n.*

essuie-verres *m invar.* Glastuch *n.*

essuyer abtrocknen.

estaminet *m* Ausschank *m,* Schankwirtschaft *f.*

estofinado *m* gekochter Stockfisch *m,* mit Kartoffeln vermischt, mit Eischeiben und Petersilie belegt, in Nussöl überbacken.

estomac *m* Magen *m.*

estouffade *f* Rindsragout *n,* in Rotwein geschmort.

estragon *m* Estragon *m.*

esturgeon *m* Stör *m;* **~ à la bordelaise** ~ in Weinsauce mit Kräutern und Pilzen; **~ à la grecque** ~ *(kalt serviert:)* ~schnitzel in Fond aus Essig, Öl, Fenchel, Weißwein, Orangenschalen gekocht, nach Erkalten mit Petersilie bestreut; *œufs m pl d~* Kaviar *m.*

établir aufstellen, errichten; **~ une quittance** eine Quittung ausstellen.

établissement *m* Geschäft *n,* Unternehmen *n,* Betrieb *m.*

étage *m* Etage *f,* Stockwerk *n;* **~ du dessus** obere ~.

étagère *f* Regal *n,* Gestell *n;* **~ à bouteilles** Flaschen~; **~ à épices** Gewürz~; **~ à verres** Gläser~.

étain *m* Zinn *n.*

étalage *m* Schaufenster *n,* Schaukasten *m,* *(Waren:)* Auslage *f.*

étaler ausstellen, ausbreiten, auslegen; *(Creme:)* verteilen *m,* verstreichen; *(Teig:)* ausrollen; *étaler du beurre sur le pain* Butter auf das Brot streichen.

étamine *f* Sieb-, Passiertuch *n.*

étanche dicht; **~ à l'eau** wasserdicht.

étancher la soif den Durst löschen.

état *m* Beruf *m,* Beschaffenheit *f,* Staat *m,* Stand *m,* Stimmung *f,* Lage *f,* Zustand *m.*

été *m* Sommer *m;* **en ~** im ~.

éteindre *(Beleuchtung:)* ausschalten, abschalten; ausknipsen (fam.); *(Heizung:)* ausmachen; *(Radio, TV:)* ausschalten.

étendre ausdehnen, ausbreiten, ausstrecken; **~ du beurre**

79

sur le pain Butter aufs Brot streichen; *(Flüssigkeit:)* strecken, verdünnen.

éternuer niesen.

étiquette *f* Etikett *n,* Preisschild *n.*

étoile od. **anémone** *f* **de mer** od. **actinie** *f* Seestern *m (reg. in Omeletts od. frittiert).*

étouffant schwül, stickig; *(Hitze:)* drückend.

étouffée *f* gedämpft, gedünstet, geschmort; *pommes f pl à l'~* Dampfkartoffeln *f pl; viande à l'~* Schmorfleisch *n; (auch Kurzform für:)* Rindsragout *n.*

étourneau *m* Star *m.*

étranger, **étrangère** ausländisch, *m (f)* Ausländer(-in).

être sein, existieren

étrille *f* Sandkrabbe *f,* winziger Felsenkrebs *m.*

étroit eng, schmal.

étuvée, *cuire à l~* dünsten; *~ f de veau* Kalbshaxe *f.*

étuver dämpfen, dünsten, darren, schmoren, trocknen.

évaporer, s'~ verdampfen.

éventail *m* Fächer *m;* Angebot *n,* Auswahl *f,* Skala *f.*

évier *m* Geschirrspüle *f,* Spülbecken *n.*

exact richtig, pünktlich, zuverlässig.

excellent ausgezeichnet, vorzüglich.

excelsior *m* sahniger, wenig gereifter Frischkäse *m* aus angereicherter Kuhmilch, 72 % Fett i. Tr.

explorateur *m* milder, sahniger Weichkäse, 75 % Fett i. Tr.

express *m* Espresso *m.*

exprimer ausdrücken; *(Saft:)* auspressen.

exquis köstlich, ausgewählt, wohlschmeckend.

extérieur außen, äußerlich.

extincteur *m* Feuerlöscher *m.*

extra 1. besonders, sehr, Sonder-; **2.** ausgezeichnet, feinst; **3.** *m* Zugabe *f.*

extracteur *m* **de jus** *m* Entsafter.

extrait *m* Auszug *m.*

extraordinaire außergewöhnlich, außerordentlich.

F

facile leicht.

façon *f* Art *f*.

facture *f* Rechnung *f*.

fade *(Speise, Getränk:)* fad, geschmacklos, ohne Geschmack.

fagot *m* Bulette *f* aus feinen Leberstreifen und fettem Fleisch, im Netz in Schweinefett gekocht (Charente).

faible schwach, gering.

faïence *f* Steingut *n*.

faim *f* Hunger *m; ~* **faim de loup** Heißhunger *m; j'ai faim* ich habe Hunger, ich bin hungrig.

faire machen; *(Brot:)* backen; *(Speisen:)* zubereiten; *se faire (Käse:)* reifen, *(Wein:)* ablagern, besser werden; *rien à faire* nichts zu machen; *quel temps fait-il?* wie ist das Wetter? *il fait beau / mauvais temps* es ist schönes/schlechtes Wetter; *il fait du brouillard* es ist neblig; *il fait du soleil* die Sonne scheint; *(Rechnung:) combien ça fait?* was macht das? *il fait bon ici* hier ist es angenehm; *~* **à manger** das Essen bereiten; *~* **attention** aufpassen; *~* **bombance** schlemmen; **faire cuire** ankochen, *(veranlassen, dass etwas kocht:)* kochen; *~* **gras** Fleisch essen; *~* **la queue** Schlange stehen; *~* **les commissions** einkaufen gehen; *~* **maigre** kein Fleisch essen; *~* **ripaille** schlemmen; *~* **rôtir / frire / sauter** braten; *~* **rissoler / dorer** bräunen; *~* **ses besoins** sein Bedürfnis verrichten, austreten; *~* **un excellent déjeuner** ausgezeichnet essen; *~* **tremper** einweichen; *fait à la main* handgemacht.

faisan *m* Fasan *m; ~* **à la cocotte** mit Geflügelleberfüllung geschmort; *~* **à l'alsacienne** ~ auf Sauerkraut mit Speck und Würsten; *~* **en barbouille** ~ in Weinsauce mit Speck, Trüffeln, Zwiebeln und Armagnac; *~* **en consommé** Kraftbrühe mit Fasanenfleisch; *~* **Souvaroff** ~ gebraten, mit Gänseleber und Trüffeln in Madeira gebacken.

faisandé *(bes. Wild:)* abgehangen.

faisander *(Fleisch:)* einen Stich bekommen; *(Wild:)* abhängen, ablagern, damit es einen ‚haut-goût‘ bekommt.

faitout *m* (schwerer) Kochtopf *m, (f. Fleisch:)* Schüssel *f*.

falette *f* Rollbraten *m* aus Hammel- od. Lammbrust, Füllsel aus Brot, Spinat, Mangold, Butter, Knoblauch, Zwiebeln, Kräutern, Wurstbrät, Sellerie, Karotten, Tomaten, Schinken und frischen weißen Bohnen; mit Weißwein und Hühnerbrühe übergossen, gewürzt, im Ofen gebraten (Auvergne).

fallette *f* gefüllte Kalbsbrust *f* (Rouergue).

falnes normandes *f pl* Zimtkekse *m pl*.

faluche *f* flaches, rundes Brot *n (heiß serviert).*

falue *f* länglicher Pfannkuchen *m.*

fameux, fameuse berühmt, ausgezeichnet.

fanchonnettes *f pl* **bordelaises** gefüllte Bonbons *m* od. *n pl.*

far *m (süß:)* mit Creme oder Rosinen und Backpflaumen gefüllter Kuchen *m; (salzig:)* mit Speck, Kohl, Steckrüben.

farandole *f* Gemüse- od. Obst-Allerlei *n.*

farce *f* Füllsel *n.*

farci gefüllt; *m* ~ **poitevin** Krautwickel *m* mit Eiern, Knoblauch, Kopfsalat, Kräutern, Sauerampfer, Schweinebrust, Speck (Poitou); ~**s niçois** *m pl* Auberginen, Tomaten, Zucchini, Zwiebeln mit Füllung aus ihrem eigenen Fruchtfleisch, Eiern, Hackfleisch, im Ofen gebacken (Nizza).

farcidure *f* **1.** Klöße *m pl* aus Weizenmehl, Eiern, gehackten Kräutern, in Bouillon gebraten (Limousin); **2.** Kohlblatt *n,* gefüllt mit Mischung aus Buchweizenmehl, Rüben, Sauerampfer.

farcir *(Geflügel, Speise:)* vor dem Garen füllen.

farçon od. **farcement** *m* **1.** im Ofen überbackene Süßspeise *f* aus Butter, Eiern, Kartoffeln, Likör, Pflaumen, Speck, Zucker (Savoyen); **2.** großer Fladen *m* aus Wurstmasse, Eiern, Mehl, Sauerampfer, Weißwein, gehackten Zwiebeln (Auvergne); ~ **du Grévisaudan** gebackenes Hackfleisch *n* (Isère).

farée *f* **charentaise** mit Speck gefüllter Krautkopf *m.*

farigoule od. **farigoulette** *f* Thymian *m (provençal.).*

farine *f* Mehl *n;* ~ **blanche Weizen~;** ~ **d'avoine** Hafer~; ~ **de blé** Weizen~; ~ **de lin** Leinschrot *m* od. *n;* ~ **de maïs** Mais~; ~ **d'orge** Gersten~; ~ **de pommes de terre** Kartoffel~; ~ **de riz** Reis~; ~ **de seigle** Roggen~.

fariner in Mehl wenden.

farinette *f* Omelett *n,* mit etwas Mehl angemacht, mit Hackfleisch, Pilzen, Kräutern und roh geriebenen Kartoffeln (Auvergne).

farineux, farineuse 1. *(Früchte, Nahrungsmittel:)* mehlartig; *(Kartoffeln)* mehlig; *(Brotkruste:)* mit Mehl bestäubt; **2.** *m* Mehlspeise *f,* stärkehaltiges Gemüse *n.*

farsc'h *m (Art)* Plumpudding *m* (Bretagne).

faude *f* Tellergericht *n* mit Kalb- und Hammelfleisch (Auvergne).

faux-filet *m* falsches Filet *n,* Lendenstück *n* vom Rind.

faverolles *f pl* Krapfen *m pl.*

favori, favorite bevorzugt, Lieblings-.

favouille *f pl* kleiner, grüner Taschenkrebs *m.*

fayot *m* getrocknete weiße Bohne *f* (fam.).

féchum *m* gefüllter Kohl *m* (reg.).

fécule *f* Stärke *f,* Stärkemehl *n;* ~ **de maïs** Mais~; ~ **de pommes de terre** Kartoffel~.

femme *f* Frau *f.*

fenêtre *f* Fenster *n.*

fenouil *m* Fenchel *m.*

féouse *f (lothringisch für:)* Quiche lorraine.

féra *f* (Blau-)Felchen *m.*

ferchuse *f* Kuttelngericht mit Kartoffeln, Rotwein, Speck, Zwiebeln.

ferme *(Fleisch, Früchte:)* fest; *boire* ~ fest trinken.

ferme *f* Bauernhof *m.*

fermé *(Tür, Geschäft:)* geschlossen; *(Club:)* exklusiv.

fermenter gären, vergären; *(Teig:)* aufgehen, säuern; *(Getränke:)* arbeiten.

fermer schließen; *(Licht:)* ausmachen, abschalten; *(Elektrogeräte:)* ausschalten; *(Geschäft, Restaurant, Theater, Museum etc.:)* schließen, geschlossen haben; *(Dose, Glas etc.:) se fermer (bien, mal)* (gut, schlecht *od.* nicht richtig) schließen; *Fermez la porte, s.v.p.* Bitte die Tür schließen!

fermeture *f* **1.** Verschluss; **2.** Schließung; **heure** *f* **de** ~ Geschäftsschluss; ~ **des guichets** Schalterschluss; ~ **des magasins** Ladenschluss; ~ **annuelle** Betriebsferien; ~ **hebdomadaire** wöchentlicher Ruhetag.

festin *m (Bankett:)* Festmahl *n; (Essen:)* Festschmaus *m.*

fête *f* Fest *n,* Festlichkeit *f;* Feier *f;* ~ **de famille** Familien~; ~ **de la bière** Bier~; ~ **de la moisson** Erntedank~; ~ **des vendanges** Wein~; ~ **foraine** Jahrmarkt *m;* ~ **nationale** Nationalfeiertag *m;* ~ **populaire** Volksfest *n; repas m de* ~ Festessen *n; jour m de* ~ Feiertag *m; faire la* ~ *à qn* jm. festlich bewirten.

fêter feiern, festlich begehen.

feu *m* Feuer *n;* ~ **de bois** Holzkohlenfeuer *n.*

feuille *f* **1.** Folie *f;* ~ **d'aluminium** Alufolie *f;* **2.** Tranchiermesser *n;* **3.** Blatt *n, (Papier:)* Bogen *m;* ~ **de Dreux** Kuhmilchkäse *m* mit Schimmelrinde; ~ **de laurier** Lorbeerblatt; ~ **de robe** *(Zigarre:)* Deckblatt *n;* ~ **de vigne** Weinblatt *n.*

feuilleté *m* Blätterteig *m;* ~ **d'asperges** Spargel in ~; ~ **de brochet** Hechtpastete *f;* ~ **aux fruits frais** ~-törtchen *n* mit frischen Früchten; ~ **à la saucisse** Würstchen *n* in ~.

fève *f* dicke Bohne *f,* Puffbohne *f,* Saubohne *f.*

févettes *f pl* kleine weiße Bohnenkerne *m pl;* ~ **sautées** ~ geschmort mit Speck und Zwiebeln.

ficeler ficelieren: Fleischstück mit Bindfaden umschnüren.

ficelle *f* **1.** Schnur *f,* Bindfaden *m;* **2.** dünnes Stangenweißbrot *n;* ~ **de Calais** od. ~ **normande** od. **picarde** dünner Eierkuchen *m* mit Schinken, Käse, Champignons in Béchamelsauce gerollt, im Ofen überbacken.

fiche *f* Zettel *m,* Marke *f;* Stöpsel *m; (elektr.)* Stecker *m.*

fichu schlécht, erbärmlich, jämmerlich (fam.); ~ *m* **de bœuf à la vapeur** Tafelspitz *m* in Dampf gegart.

fiélas *m* Seeaal *m* (provenzalisch).

figue *f* Feige *f,* ~ **de barbarie** Kaktusfeige *f.*

filet *m* Filet *n,* Lendenbraten *m;* ~ **d'anchois** Sardellen~; ~ **de barbue en gelée** Glattbutt~ in Aspik; **filet de bœuf** Rindsfilet *n;* ~ **à l'ancienne** ~ gebraten, mit Champignons und glacierten Zwiebeln garniert; ~ **à la bisontine** ~ gebraten, mit Blumenkohl und geschmorten Salatblättern gefüllte Krustaden; ~ **à la capucine** ~ mit gefüllten, kleinen Kohlköpfen und gefüllten Champignons; ~ **Limousin** ~ gespickt, in Madeirasauce; ~ **Montmorency** ~ gebraten, mit Mischgemüse gefüllte Artischockenböden, Spargelspitzen; ~ **Richelieu** ~ gebraten, mit gefüllten Champignonköpfen, geschmortem Kopfsalat, Schlosskartoffeln, Tomaten; ~ **Saint-Florentin** ~ gebraten, mit geschmorten Steinpilzen; ~ ~ **sarladaise** ~ gebraten, mit Gänseleber, Kartoffeln, Trüffeln; ~ **Wellington** ~ mit Leber und Pilzen gefüllter Blätterteig; **filet de brochet à la crème** Hecht~ in Sahnesauce; **filet de canard au poivre vert** Enten~s in grüner Pfeffersauce; **filet de chevreuil chasseur** mariniertes Reh~ mit Speck umwickelt, in Weinsauce mit Pilzen; **filet de hareng** Herings~; **filet de maquereaux** Makrelen~s in Weißweinsauce, mit Austern, Krabben, Muscheln; **filet de merlan à la Orly** Merlan~ im Teigmantel; **filet mignon de bœuf** Filetspitze *f,* Rinderlendchen *n;* **filet de porc** Schweinelende; ~ **à la française** ~ in dünne Speckscheiben und blanchiertes Weißkohlblatt gewickelt und in Demiglace mit Weißwein gedünstet; ~ **à la lyonnaise** ~ gebraten, mit gebräunten Zwiebelscheiben und flüssiger Glace bedeckt; ~ **aux quetsches** ~ gebraten, mit Zwetschgen (Elsass); ~ **Soubise** ~ gebraten, mit Zwiebelpüree; **filet de sole** Seezungen~; ~ **à la parisienne** ~ in Weißweinsauce; ~ **bonne femme** ~ mit Champignons und Weinsauce; **filet de turbot trouvillaise** Steinbutt~s mit Garnelenschwänzen und Muscheln.

fileter *(einen Fisch:)* entgräten; zu Filets schneiden.

fille Tochter *f;* ~ **de cuisine** Küchenmädchen *n;* ~ **de salle** Saaltochter, Serviererin *f;* ~ **de service** Dienstmädchen *n.*

fils *m* Sohn *m.*

filtre *m* Filter *m; cigarette f à bout de* ~ ~zigarette *f.*

fin fein, auserlesen, dünn, zart; *le ~ du ~* das Allerfeinste.

financière *f* **1.** Sauce *f* mit Madeira und Trüffeln; **2.** *(Garnierung:)* Hahnenkämme, Champignons, Kalbfleischklößchen, Oliven, Trüffeln.

financiers *m pl* Mandelgebäck *n.*

fin-de-siècle *m* Doppelrahmfrischkäse *m* aus Kuhmilch, mit Schimmelrinde, 72 % Fett i. Tr.

fine *f* Branntwein *m* allerbester, feinster Qualität, Edelbrand *m,* bester Cognac; **~ champagne** feinster ~ *m;* ein Glas Cognac; **~ maison** markenloser ~.

fines-de-Belon *f pl* flache Austern *f pl* mit weißem Fleisch *(höchste Qualität).*

fines-de-claires *f pl* Austern *f pl* mit grauem Fleisch *(aus Mastpark).*

fines herbes *f pl* gehackte feine Kräuter *n pl;* z.B. Bibernelle, Estragon, Kerbel, Petersilie, Schnittlauch.

fini fertig, beendet, erledigt.

fixe fest, bestimmt; *prix m fixe* Festpreis m.

fiouse *m* Brotteig *m* mit Eiern, Öl, Rahm, Räucherspeck, Zwiebeln (Lothringen).

flacon *m* kleine Flasche *f,* Fläschchen *n;* **~ à épices** Gewürzglas n.

flageolet *m* grüne dicke Bohne *f (Art).*

flambeau *m* **d'Alsace** *(preisgünstiger)* elsässischer Weißwein *m.*

flambé flambiert; **flambées** *f pl* flambierte Speisen *f pl.*

flamber flambieren, abflämmen *(mit Alkohol).*

flamboyant *(Speise:)* brennend serviert.

flamiche *f* **1.** *(auch: ‚flamique des poireaux')* Porreepastete *f* mit gedünstetem Lauch, Sahne, Schinkenwürfeln (Picardie); **2.** Käsekuchen *m* (Dinant).

flammakuëche *m* Brotteigkuchen *m* mit Quark, Rahm, Speck, Zwiebeln (Elsass).

flammeri od. **flamri** *m* **1.** Grießkuchen *m* mit Rosinen und kandierten Früchten; **2.** Süßspeise *f,* Pudding *m* aus Grieß, Reis, roter Grütze, Kartoffelmehl, Weißwein, Eiern; **~ à la purée de cassis** ~ mit Püree von schwarzen Johannisbeeren überzogen.

flamusse *f* **1.** flacher Quarkkuchen *m;* **2.** Omelett *n* mit Obst.

flan *m* **1.** Pudding *m* aus Milch, Eiern, Mehl; **2.** flacher (Obst-)Kuchen *m,* Fladen *m;* **~ au fromage** Käsetorte *f;* **~ aux abricots** Aprikosen~; **~ aux cerises** Kirschen~; **~ de Pâques** Ostertorte *f;* **~ de poires tourangeau** Blätterteig *m* mit in Zucker gekochten Birnen und einer Creme aus Eigelb, Mehl, Milch, Sahne, Zucker, im Ofen überbacken; *auch* Variationen mit Krebsen, Krabben, Hummer und passenden Saucen *(als warme oder kalte Zwischengerichte).*

flanchet *m (Fleischerei:)* Seitenstück *n;* **~ de veau** Kalbsbruststück in Scheiben.

flaunes *f pl* Kohlpasteten *f pl* mit Schafkäse (Languedoc).

flet *m* Flunder *f.*

flétan *m* Heilbutt *m;* **~ à la dieppoise** ~ in Champignon- und Muschelfond, mit Weißwein pochiert, mit Garnelen garniert.

fleuron *m* Blätterteighalbmond *m (zum Verzieren).*

fleur *f* Blume *f;* ~ **de muscade** Muskatblüte *f;* **fleurs d'oranger** *f pl* Orangenblüten *f pl;* **fleurs pralinées** kandierte Blumen *(zum Garnieren).*

flocons *m pl* **d'avoine** Haferflocken *f pl.*

flognard *m* süßer Eierkuchen *m* (Charente).

florentine, à la *(Eier, Fisch, Fleisch:)* auf Blattspinat, mit Mornaysauce nappiert, mit Parmesan überbacken.

flûte *f* **1.** Flöte *f;* **2.** längliches Brot *n;* **3.** Sektkelch *m.*

foie *m* Leber *f;* **foie gras** Stopfleber *f;* ~ **de canard aux raisins de Smyrne** Entenleberscheiben *f pl,* in Armagnac getränkt, in Butter gedünstet, in Sauce mit hellen, in Sauternes eingeweichten Rosinen serviert; ~ **à la gelée de Xérès** *(Pastete:)* eine ganze Gänse~ mit Farce aus Geflügel~ und Schweinefleisch umhüllt, in Sherrygelee garniert; ~ **à la périgourdine** Gänse~ mit Trüffelscheiben besteckt, in Weinbrand mariniert, in Speckscheibe eingewickelt, geschmort; ~ **vigneronne** ~ in Weißwein mit Trauben; **foie d'oie chaud aux reinettes** Gänse~ mit Reinetten, Butter, Kalbsfond, Trüffelsaft; **foie de veau** Kalbs~; ~ **à l'anglaise** ~ gegrillt, mit mageren Speckstreifen; **foie de volaille** Geflügel~.

foire *f* Messe *f,* Ausstellung *f,* Jahrmarkt *m; faire la* ~ einen draufmachen, eine Sause machen (fam.).

folle *f* Salat *m* aus grünen Bohnen, Gänseleber, Krusten- und Schalentieren.

foncer mit Speck od. Teig auslegen.

fond *m* Grundlage *f,* Fond *m,* Grundsauce *f,* Bouillon *f,* Jus *f* od. *m;* ~ **blanc** weiße Grundsauce *f (durch Kochen von Geflügelteilen und -knochen, sowie ungebräunten Gemüsen hergestellt);* ~ **bordelais** mit Burgunder angemachter ~; ~ **brun clair** od. ~ **d'artichauts** ~ Artischockenboden *m;* ~ **de veau** braune Grundsauce *(aus Kalbsknochen, Kalbshaxe und angebratenen Gemüsen);* ~ **de cuisine** Fleisch- od. Hühnerbrühe *f* nach Hausmacherart; ~ **lié** gebundene Grundsauce.

fondant *m* **1.** Schmelzglasur *f (kann mit Likör, Kaffee, Schokolade aromatisiert werden);* **2.** Schmelzkrustel *f:* dickes Püree in Ei und Bröseln paniert, frittiert; **3.** Zuckerwerk *n;* **4.** Butter *f* (ugs.); **5.** *adj. (Speise:)* auf der Zunge zergehend.

fondu geschmolzen, flüssig; *(Butter:)* aufgeweicht; *m* ~ **au raisin** Schmelzkäse *m* mit *(nicht genießbarer)* künstlicher Traubenkernrinde.

fondue *f* **1.** Rührei *n* mit Käse; **2.** Fondue *f* od. *n;* ~ **alsacienne** in der Pfanne ausgebackene Käseküchlein *n pl;* ~ **bourguignonne** Fleisch~; ~ **de fromage** Käse~; ~ **de tomate** geschmolzene Tomaten.

Fontainebleau *m* ungesalzener rahmiger Frischkäse *m.*

forestière, à la ~ „Försterinart" *(Fleisch,Wild:)* gebratene Speckstreifen, Parmentierkartoffeln, Demiglace.

forêt-noire *f* Schwarzwälder Kirschtorte *f.*

formidable adj. gewaltig, toll (fam.); *f (Biermaß:)* 1/2; *(im Norden:)* 1 Liter *m* od. *n.*

formule *f* Methode *f,* Lösung *f; (Restaurant:)* Kurzmenü *n:* Hauptgericht und Vorspeise <u>oder</u> Nachtisch.

fort *adj.* fest, kräftig, *(auch Währung:)* stark; *(Stimme, Musik:)* laut; *(Regen:)* heftig; *(Fieber:)* hoch, stark; *(Licht:)* grell, stark; *(Geruch, Geschmack, Wein:)* stark; *(Käse, Senf:)* scharf.

fou, *(vor stummem* **h fol) folle** verrückt, närrisch, wild; enorm, riesig, super (fam.); *salade f folle* toller (ausgefallener) Salat *m.*

fouace *f* **1.** kranzförmiges Hefegebäck *n* mit Cognac und Safran (Auvergne); **2.** gebackene Bauerngalette *f* aus Weizenmehl (Touraine); **~ de gratillons salés** Törtchen *n* mit ausgebratenen Speck- und Schinkenstreifen.

fouet *m* Schnee-, Schlagbesen *m.*

fouetter mit dem Schneebesen schlagen.

fougasse *f* mit Eiglasur überzogenes, rechteckiges, mürbes Weißbrot *n.*

fougasette *f* Gebäck *n* in Brotform, mit Orangenblüten und Zitrone unter der Asche gebraten (Provence).

four *m* (Back-)Ofen *m; Bratröhre f; ~ à rôtir* Backofen; **au ~** im ~ gebacken / gebraten; **petits ~s** Teegebäck *n.*

fourchette *f* Gabel *f; ~ à écrevisses* Krebs~; **~ à escargots** Schnecken~; **~ à gâteau** Kuchen~; **~ à homard** Hummer~; **~ à huîtres** Austern~; **~ à poisson** Fisch~; **~ à saucisse** Wurst~; **~ à servir** Vorlege~; *déjeuner m à fourchette* Gabelfrühstück *n.*

fourme *f* halb fester Schnittkäse *m* aus Kuhmilch; **~ d'Ambert** (AOC) Blauschimmelkäse *m* aus Kuhmilch, geschmeidig, nussartiger Geschmack, 45 – 50 % Fett i. Tr.

fourneau *m* Ofen *m,* (Koch-)Herd *m.*

fournée, *f* **de la dernière ~** neu gebacken.

fourré *(Speise:)* gefüllt.

foyer *m* Herd *m,* Feuerstelle *f,* Haushalt *m; (Ofen:)* Rost *m.*

foyot *m* Béarner Sauce *f* mit Fleischglasur.

frai *m* Fischrogen *m.*

frais, fraîche adj. frisch; **'harengs frais** *m pl* grüne Heringe *m pl;* **pain** *m* **frais** frischbackenes Brot *n.*

frais *m* Frische *f,* frische, kühle Luft *f; mettre la bouteille de vin au frais* die Flasche Wein kühl stellen; *garder au frais* kühl aufbewahren; *m pl* Gebühren, Kosten, Spesen *f pl; ~ de déplacement* Reisekosten *pl,* Reisespesen *pl; ~ d'hébergement et d'accueil* Bewirtungskosten *pl.*

fraise *adj.* erdbeerfarben; *f* **1.** Gekröse *n;* **fraise de veau** Kalbsgekröse; **~ à l'hongroise** ~ mit Paprika; **~ à l'indienne** ~ mit Curry; **2.** Erdbeere *f;* **~ de bois** Wald~; **~ cristallisée** kandierte ~; **~ Romanoff** ~ in Portwein, mit Schlagsahne.

framboise *f* Himbeere *f;* *(Branntwein:)* Himbeergeist *m.*

française, à la ~ „Französische Art" **1.** *(Fleisch:)* Tarteletts mit versch. Gemüsen gefüllt, Spargelspitzen, geschmorter Kopfsalat, Blumenkohlröschen, mit holl. Sauce nappiert, mit Demiglace; **2.** Blattspinat *m* in Anna-Kartoffeln.

Francfort, saucisse *f* **de ~** Frankfurter Würstchen *n.*

francillon *m* Salat *m* aus Muscheln, heißem Essig, Trüffeln, in Chablis marinierten Kartoffeln.

frangipane *f* Mandelcreme *f.*

frappé *(Getränk:)* eisgekühlt.

frapper schlagen; mit Eis kühlen; **~ le champagne** den Champagner kalt stellen, kühlen.

frélater fälschen, panschen, strecken, verfälschen; **vins** *m pl* **frélatés** gepanschte Weine *m pl.*

fressure *f* Gekröse *n,* Innereien *f pl;* **~ d'agneau** Ragout *m* aus Kalbs~ mit Pilzen; **~ de porc vendéenne** in Schmalz gebratene Schweine~, mit Brot und Zwiebeln kalt serviert.

fretin *m* kleine *(wertlose)* Fische *m pl;* Fischgericht *n.*

friand *adj.* *(Feinschmecker:)* naschhaft, leckermäulig, **être ~ de qc** *(Speise:)* etwas für sein Leben gern essen; *m* Blätterteigpastete *f,* *(meist)* mit Wurstmasse gefüllt; **~ de Bergerac** süßer Kartoffelkuchen *m;* **~ de Saint-Flour** Fleischkuchen *m;* **~ savoyard** kleiner Käsekuchen mit Béchamel und Schinken.

friandises *f pl* süße Desserts *n pl.*

fric *m* *(Geld:)* Kies *m,* Pinkepinke *f;* Moneten *f pl.*

fricadelle *f* Frikadelle *f,* dt. Beefsteak *n;* **~ de bœuf** Rindfleischkrokette *f;* **~ de veau smitane** Kalbfleisch~ mit Zwiebelsauce.

fricandeau *m* **fricandeaux** *m pl* **1.** gespickter Braten *m* aus der Kalbsnuss; **2.** Landpastete *f.*

fricassée *f* Frikassee *n;* **~ poitevine** Hühner~.

fricassin *m* Kalbsgekröse *n,* mit Rahm angemacht.

frichti *m* (*v .dt.* ‚Frühstück') einfaches, deftiges Gericht *n.*

fricot *m* **1.** Ragout *m* (ugs.); **2.** frugales Mahl *n.*

frigidaire ® *m* Kühlschrank *m.*

frigo *m* Kühlschrank *m* (fam.).

fringale *f* Esslust *f,* Heißhunger *m.*

frire backen, braten; **poêle** *f* **à frire** Bratpfanne *f.*

frisé gekräuselt; **chicorée** *f* **~e** Winterendivie *f;* **chou ~** Grün- od. Krauskohl *m.*

frit gebacken, gebraten, frittiert; *(pommes) frites* *f pl* Pommes frites *f pl,* Fritten *f pl; poissons* *m pl frits* Bratfische *m pl.*

friterie *f* Pommes-frites-Kiosk *m.*

friteuse *f* Fritteuse *f,* Pommes-frites-Topf *m.*

fritot *m* Ausgebackenes *n; en* ~ im Backteig.

frittons *m pl* Fleischreste *m pl* mit Kopffleisch, Nieren und Herz von Schwein und Gans, in Fett gekocht (Südwestfrankreich).

friture *f* **1.** *(in der Pfanne od. in schwimmendem Fett:)* Backen *n,* Braten *n;* **2.** Frittiertes *n;* **3.** Back-, Bratenfett *n,* Schmelzbutter *f;* **4.** gebratene, in der Pfanne ausgebackene Fische *m pl,* Bratfische *n pl.*

friturier *m* Inhaber *m* eines Pommes-frites-Standes.

frivolités *f pl* zierliche Vorspeisehäppchen *n pl.*

frivolles *f pl* Krapfen *m.*

froid kalt, kühl; *viandes* *f pl froides* kalter Aufschnitt *m.*

fromage *m* **1.** Käse *m;* ~ **affiné** gereifter ~; ~ **à la crème** Rahm~; ~ **à la pie** Frisch~; ~ **à pâte dure** Hart~; ~ **à pâte molle** Weich~; ~ **aux herbes** Kräuter~; ~ **blanc** Frisch~ *m,* Quark *m;* ~ **blanc fermier** Hütten~; ~ **de** od. **au foin** in Heu gereifter Weich~; ~ **de Gruyère** Schweizer~; ~ **de montagne** Berg~; ~ **d'ici** ~ aus dieser Gegend; ~ **dit ‚du pays'** handwerklich hergestellter ~ vom Land; ~ **double-crème** Doppelrahm~; ~ **fermenté** gereifter ~ ; ~ **fermier** od. **de ferme** Bauernhof~; ~ **fondu** Schmelz~; ~ **frais** Frisch~; ~ **persillé** Blauschimmel~; **plateau à** ~ Käseplatte *f;* **2.** Sülze *f;* ~ **d'Italie** Leberkäse *m;* ~ **de porc** Schwartenmagen *m,* Schweinskopfsülze *f;* ~ **de tête** Presskopf *m,* Schweinskopfsülze *f.*

fromagée *f* Ziegenkäse *m,* Ziegenkäsesorten *f pl.*

fromager *m* **fromagère** *f* Käsehändler *m,* -in *f.*

froment *m* Weizen *m.*

frometon *m* Käse *m* (pop.)

fropain des mages *m* Schnittkäse *m,* 56 % Fett i. Tr.

frottée *f* Speckkuchen *m* (Lothringen).

frotter (ab-)reiben, frottieren.

fructose *f* Fruchtzucker *m.*

fruit *m* Frucht *f;* **fruits** Obst *n;* ~ **à noyau** Stein~; ~ **à pépins** Kern~; ~ **confits** kandierte Früchte; ~ **cuits** Backobst; ~ **de mer** ‚Meeresfrüchte', essbare Krusten- und Schalentiere; ~ **de passion** Passionsblume, -frucht; ~ **des champs** Feld~; ~ **de table** Tafel~; ~ **Melba** Früchte auf Vanilleeis mit Johannisbeergelee; ~ **rafraîchis** Obstsalat *m;* ~ **secs** /**séchés** Back-, Dörr-, Trockenobst; ~ **tropicaux** tropische Früchte; *cueillette* *f des* ~ Obsternte *f; jus* *m de* ~ Obstsaft *m; tarte* *f aux fruits* Obsttorte *f.*

fruité mit Fruchtgeschmack; *(Wein:)* fruchtig.

fumé geräuchert, Räucher-; *lard* *m* ~ geräucherter Speck *m; saumon* *m* ~ Räucherlachs *m.*

fumée *f* Rauch *m;* ~ **du tabac** Tabak~ *m.*

fumer **1.** rauchen; *défense* *f* *de fumer* Rauchen verboten; **2.** räuchern, in den Rauch hängen *(landwirtschaftlich:)* düngen, misten; **3.** *(Kamin, Herd:)* rauchen, qualmen.

fumet *m* **1.** Wild, ~bret *n;* **2.** Bratenduft *m;* **3.** *(Wein:)* Blume *f;* ~ **de champignons** Champignonessenz *f;* ~ **de poisson** reduzierter Fischfond *m.*

fumoir *m* Rauchsalon *m; (für Lebensmittel:)* Räucherkammer *f.*

fusil *m* **1.** Gewehr *n,* Flinte *f; (im Hotel, Restaurant:)* *coup* *m* *de* ~ gesalzene Rechnung *f,* Nepp *m;* **2.** Kehle *f,* Magen *m* (arg.); **3.** ~ **à aiguiser** Wetzstahl *m.*

futaille *f* Fass *f,* Gebinde *n.*

G

gâche *f* Hefegebäck *n* (Vendée).

galabart *m* große Wurst *f* aus Schweinskopf, Brot, Herz, Lunge (Südwestfrankreich).

galactose *f* Milchzucker *m*.

galantine *f* Fleischsülze *f*, Galantine *f*, gesülzte Rollpastete *f*: gewürfeltes Fleisch mit feiner Farce aus Geflügelleber, Kräutern, Pistazien, Schweinefleisch, Zunge, in Kalbsfond in einer Form gekocht, nach Erkalten gestürzt, mit Kirschen und Pistazien dekoriert, mit Chaudfroidsauce übergossen.

galathée *f* krebsähnliches Krustentier *n*.

galerie *f* **marchande** Einkaufspassage *f*, Ladengalerie *f*.

galette *f* Fladen *m*, runder, flacher (Blätterteig-)Kuchen *m*, (*auch gesalzen*); **~ appenzelloise** Käse-Blechkuchen; **~ charolaise** ~ mit Mandeln und kandierten Früchten; **~ des Rois** Dreikönigskuchen; **~ lyonnaise** Kartoffelkuchen; **~ pérougienne** Hefekuchen mit Himbeeren und Sahne; **~ strasbourgeoise** Eierkuchen.

galichoux *m* Mandelgebäck *n* mit Pistazien (Montpellier).

galicien *m* Tortenbiskuit *n*, mit Pistaziencreme gefüllt, grün glasiert, mit gehackten Pistazien bestreut.

galimafrée *f* **1.** Geflügelragout *n*; **2.** schlechtes Essen *n*.

galopiaux *m pl* kleine Pfannkuchen *m pl* (Nord).

galopin *m* Pfannküchlein *n* mit Milch und Eiern.

gamba *f* (*span. Bez. f.*) Hummerkrabbe *f*, Garnele *f*.

gamelle *f* Essgeschirr *n*, Kochgeschirr *n*.

gamme *f* Reihe *f*, Skala *f*; (*Waren:*) Sortiment *n*.

ganache *f* Buttercreme *f* mit Schokolade und Crème fraîche (*aromatisiert mit Kaffee, Gewürzen od. Früchten; zum Füllen von Torten und Bonbons*).

ganga *m* (*spanisch*), dem Rebhuhn ähnlicher Vogel *m*.

ganse *f* **à l'huile** in Öl gebackener Zopfkuchen *m*.

gaperon *m* Käse *m* aus entrahmter Kuhmilch, mit Pfeffer und Knoblauchbröckchen gewürzt, 40 % Fett i. Tr.

garbure *f* Gemüseeintopf *m*, Gemüsesuppe *f*; **~ béarnaise** Gemüsesuppe mit Bauchspeck, Bohnen, Brotscheiben, Gänseconfit, Gruyère, Kohl, Möhren, weißen Rüben (Béarn); **~ à la lyonnaise** Gemüseeintopf mit grünen Bohnen, Gänseschmalz, Kohl, Rüben, gesalzenem Schweinefleisch; **~ paysanne** Gemüseeintopf mit Speck und Enten- od. Gänseconfit in kleinen Stücken.

garçon *m* Junge *m*, Diener *m*; **~ de café** Kellner *m*.

garde *f* Aufsicht *f*, Beaufsichtigung *f*; (*Lebensmittel:*) Dauer-; **~manger 1.** (*in der Küchenbrigade:*) zuständig für die Überwachung der ‚kalten Küche‘, Kühlräume, Zuschneiden und Verarbeiten von Fisch und Fleisch,

Herstellen von Galantinen, Terrinen usw.; **2.** Fliegenschrank *m*, Speisekammer *f.*

garder aufbewahren, hüten, schützen.

gardon *m* Plötze *f*, Rotauge *n (Karpfenfisch); donner un chabot pour un gardon* mit der Wurst nach der Speckseite werfen.

gare *f* Bahnhof *m.*

garenne *f* Kaninchengehege *n*; *lapin m de ~* Wildkaninchen *n.*

gargote *f (miese)* Speisewirtschaft *f*, Spelunke *f.*

gargouillau *m* Süßspeise *f* aus Eierkuchenteig und Birnen.

garni garniert; mit (Fleisch- od./und Gemüse-)Beilage.

garnir garnieren: ein Gericht/eine Platte geschmackvoll herrichten, mit Zutaten drapieren.

garniture *f* Beilage *f*, Einlage *f*, Garnitur *f*; ~ **à l'alsacienne** ~ mit Schinken, Würsten und Sauerkraut; ~ **à la dieppoise** ~ mit Muscheln und Krabben in Weißweinsauce; ~ **à la normande** ~ mit Champignons, versch. Meerestieren, Trüffeln; ~ **de légumes** Gemüsebeilagen *f pl.*

gaspacho *m* **1.** kalt servierte spanische Gemüsesuppe *f* aus rohen Gemüsen (Gurkenscheiben, Paprika, Zwiebeln, Tomaten), die in Öl mit Knoblauch kalt mazeriert und mit Brotwürfeln serviert werden; **2.** Kaltschale *f.*

gastronome *m (f)* Gastronom *m*, Feinschmecker(-in) *m (f).*

gastronomie *f* Gastronomie *f*, feine Küche *f*, Kochkunst *f*; *à la gastronome* „Gastronomenart": **1.** Gefülltes, in der Pfanne gebratenes Geflügel oder Kalbsbries, mit ganz kleinen, pochierten Trüffeln, glacierten Maronen und Morcheln in Butter, Hahnenkämmen und Geflügelnieren; **2.** Zubereitung *f* aus gewürfelten und in Butter gebratenen Kartoffeln, in Fleischglace gewälzt, mit Trüffeln garniert.

gâteau *m* **gâteaux** *m pl* Kuchen *m*; ~ **aux cerises** Kirsch~; ~ **aux oignons** Zwiebelkuchen mit Speck („Zewelwai"); ~ **breton** Rum~; ~ bretonischer Apfel~; ~ **de foie de porc** Schweineleberterrine; ~ **de pommes de terre** Kartoffelpudding mit Eiern und Käse; ~ **de riz** süßer Reisauflauf; ~ **de Savoie** Biskuittorte; ~ **de semoule** Grießauflauf *m*; ~ **de Trouville** ~ mit Äpfeln und Sahne; ~ **feuilleté** Blätterteig ~; ~ **génevois** Sandtorte; ~ **glacé au cassis et framboises fraîches** Eistorte mit Cassislikör und Himbeeren; ~ **maison** ~ nach Art des Hauses; ~ **méringuée aux amandes** Baiser-Mandeltorte; ~ **moka** Mokkatorte; ~ **nantais** Mandelplätzchen; ~ **sablés fins** feines Sandgebäck; ~ **saintongeois** Mandel~; ~ **wattieu** Hefegebäck *n* (Flandern); **gâteaux secs** *m pl* Teegebäck *n.*

gauche links; *à* ~ nach links; *main f* ~ linke Hand *f.*

gaude *f* mit Rahm angemachter Buchweizen- od. Maisbrei *m.*

gaufre *f* Waffel *f.*

gaufrette *f* Eiswaffel *f,* kleine Waffel *f.*

gaufrier *m* Waffelautomat *m,* Waffeleisen *n.*

gaulois gallisch; *à la gauloise* „auf gallische Art": mit Hahnenkämmen und -nieren *(jedoch nicht zu Fischgerichten!),* Champignons, Trüffelscheiben, Bratensaft, mit Weißwein abgelöscht: zu kleinen Gerichten oder Tortelettes mit Zusatz von Salpicon aus Trüffeln und Champignons, mit einer Madeirasauce gebunden.

Gautier, à la ~ *(Fisch:)* Austern, Champignons, Fischklößchen und -velouté.

gaver überfüttern, vollstopfen; *se gaver* sich überfressen.

gayette *f* frisches Schweinsleberwürstchen *n* (Provence).

gaz *m* Gas *n; ~* **carbonique** Kohlensäure *f.*

gazeux, gazeuse *(Getränk:)* kohlensäurehaltig, mit Kohlensäure versetzt; *eaux f pl gazeuses* Brause *f,* Selterswasser *n.*

gazpacho *m* **1.** kalte spanische Gemüsesuppe *f* (Brot, Öl, Essig, Knoblauch, Gurkenscheiben, Zwiebeln u. a.); **2.** Kaltschale *f.*

géant riesig, kolossal.

gelée *f* **1.** Frost *m;* **2.** Aspik *m* od. *n,* Gallerte *f,* Gelee *m* od. *n,* Sülze *f,* eingemachter Fruchtsaft *m.*

geline *f* **de Tours en pot-au-feu** blanchiertes Haselhuhn *n* mit Garnitur aus Gemüse, Kalbszunge, Kräutern, Markknochen (Touraine).

gelinotte *f* od. **poule** *f* **des coudriers** Haselhuhn *n,* junges Masthuhn *n.*

gendarme *m* **1.** *(Wurst:)* Landjäger *m;* **2.** Bückling *m,* geräucherter Salzhering *m.*

génépi *m* **1.** Beifuß *m,* <u>nur</u> *sg (aus den Alpen und Pyrenäen);* **2.** Kräuterlikör *m (aus dieser Beifußart).*

général *adj.* allgemein, gemeinsam; *en général adv.* im Allgemeinen.

genièvre *m* Wacholderschnaps *m.*

genoise *f* Tortenbiskuit *m* od. *n.*

gens *m pl* Leute *pl,* Personen *f pl; (unbestimmt:)* man; *~* **de service** Bedienungspersonal *n; jeunes ~* junge *~.*

gentiane *f* Enzian *m.*

gentil, gentille freundlich, nett, liebenswürdig.

gérant *m* **(~ d'affaires)** Geschäftsführer *m* (-in) *f.*

germe *f* Keim *m; ~s* **de soja** Sojabohnenkeime *m pl (als Gemüse od. Salat).*

germiny *m* Suppe *f* mit Eigelb, Sahne, Sauerampfer.

germon *m* weißer Thunfisch *m.*

géromé *m* Weichkäse *m* aus Kuhmilch, mit Rotschmiere, 45–50 % Fett i. Tr. (vgl. *Munster).*

gésier *m* Kaumagen *m;* **~s de canards confits** eingelegte Entenmägen *m pl.*

gewurztraminer *m* (AOC) Gewürztraminer *m (Weißwein aus dem Elsass).*

gex *m* Blauschimmelkäse *m* aus Kuhmilch, 45 % Fett i. Tr.

gfillter söymage *m* gefüllter Schweinemagen *m (elsäss.).*

gibassier *m* Hefeteigkuchen *m* mit Anis und Orangenwasser; Weihnachtskuchen *m* (Provence).

gibelotte *f (bes. Kaninchen-, Wild-)*Frikassee *n,* Ragout *n.*

gibier *m* Wild *n;* **~ à poil** Haarwild *n.*

gigorit *m* Schweinskopfragout *n,* in Blut und Rotwein gekocht (Südwestfrankreich).

gigot *m* Keule *f,* Schenkel *m,* Schlegel *m;* **~ d'agneau** Lamm~; **~ de chevreuil** Reh~ ; **gigot de mouton** Hammel~; **~ brayaude** ~ in Weißwein, mit Kräutern, Speckstreifen und Zwiebeln langsam gekocht, mit roten Bohnen und Maronen serviert (Auvergne); **gigot de porc** Schweinekeule *f,* frischer Schweineschinken *m.*

gigue *f* Keule *f;* **~ de chamois** Gemsenkeule; **~ de chevreuil** Rehkeule.

gimblette *f* trockener, kleiner Kuchen *m* in Kranzform, Teegebäck *n.*

gin *m* Gin *m,* Genever *m.*

gingembre *m* Ingwer *m.*

ginglard od. **ginguet** *m* säuerlicher Wein *m,* „Rachenputzer" *m* (fam.).

giraumon *m* Turbankürbis *m (wird auch roh gegessen, meist aber gekocht, wie der Riesenkürbis; Herkunft: Antillen, wo er wesentlicher Bestandteil von Ragouts und einer Ratatouille, genannt **giraumonade,** ist.*

girelle *f* Meerjunker *m (Lippfischart).*

girofle, *m* **clou de ~** Gewürznelke *f.*

girolle *f* Eierschwamm *m,* Pfifferling *m.*

gîte *m (Fleisch vom Rind:)* Nuss *f.*

givré bereift, eisig, geeist, vereist.

givrée *f* **d'ananas, citron** Ananas-, Zitroneneis, in der Fruchtschale geeist.

givrer 1. mit Zuckerüberzug garnieren; **2.** Eiswürfel *m pl* in ein leeres Glas geben und schnell drehen bis die Innenwand dicht beschlagen ist, bevor ein Cocktail oder Obstschnaps eingegossen wird; **3.** Givrieren *n:* eine Speise *f* mit geraspeltem und gezuckertem Eis bedecken; *auch:* Speiseeis *n* in die ausgehöhlte Fruchtschale von Orangen od. Zitronen füllen und geeist servieren.

glaçage *m* Glasieren *n,* Glasur *f,* Zuckerguss *m.*

glace *f* **1.** Glas *n;* **2.** Spiegel *m;* **3.** (Eiweiß-, Fleischsaft-, Zucker-)Glasur *f;* Zuckerguss *m;* **4.** Gefrorenes *n;* **5.** Eis *n,* Speiseeis *n;* **~ à la fraise** Erdbeer~; **~ à la**

framboise Himbeer~; **~ au chocolat** Schokolade~; **~ au citron** Zitronen~; **~ de viande** Fleischextrakt *m;* **~ panachée** gemischtes ~; **~ plombière** Sahne-Mandel-~; **~ pralinée** Eis mit Krokantsplittern; *deux glaces f pl* zwei Portionen Eis; *mettre à la glace* auf Eis legen.

glacé eisig, eiskalt; *eau f glacée* Eiswasser *n; chocolat m glacé* Eisschokolade *f; eau f glacée* Eiswasser *n; bombe f glacée* Eisbombe *f.*

glacer glasieren, überglänzen, mit Zuckerguss überziehen *(Flüssigkeit:)* gefrieren od. erstarren lassen; **~ du champagne** Champagner aufs Eis legen; *(Fisch, Fleisch, Wild:)* mit Glace bestreichen und mit dem eigenen Fett übergießen; *(Gerichte:)* mit Buttersauce od. geriebenem Käse überdecken; *(Süßspeisen:)* mit Zuckerglasur überziehen; *(kalte Gerichte:)* mit Gelee überziehen.

glacier *m* **1.** Eiskonditor *m;* Eisverkäufer *m;* **2.** Eisdiele *f.*

glacière *f* Eisschrank *m;* **~ portative** Kühltasche *f.*

glaçon *m* **1.** Eisbonbon *m* od. *n;* **2.** Eisklumpen *m,* Eiswürfel *m;* Stück *n* Eis.

glane *f* Zwiebel- od. Knoblauchstrang *m.*

glanis *m* Waller *m,* Wels *m.*

gnocchi *m pl* Gnocchi *m pl,* kleine Klöße *m pl;* **~ à l'alsacienne** ~ mit Kartoffeln ("Grumbeerknepfle"); **~ à l'italienne** Grießklöße mit Tomatensauce.

gobelet *m* Becher *m;* **~ à mesure** Messbecher *m;* **~ d'étain** Zinn~; **~ en carton** Papp~.

gobe-mouches *m* Fliegenschnäpper *m (Vogel).*

gober *(Austern:)* schlürfen; *(rohes Ei:)* austrinken.

gobie *m* Meergrundel *f (kleiner Fisch).*

godailler schlemmen, fressen und saufen (fam.).

godard, à la ~ Bezeichnung für klassische Zubereitung *f* großer Schlachtfleischstücke, von Geflügel oder Kalbsbries: Löffelklößchen *n pl* von Kalbfleisch, vermischt mit gehackten Champignons und Trüffeln, Geflügelklößen mit Trüffel und Pökelzunge dekoriert mit Hahnenkämmen und glacierten Scheiben von Lamm- oder Kalbsbries, dazu Godardsauce; *sauce f Godard* Mirepoix in Butterschmalz angeröstet, mit Champagner reduziert, mit Weißwein abgelöscht, mit Demiglace und Champignonfond nochmals reduziert und durchs Sieb gestrichen.

godiveau *m* **1.** feine Farce *f* aus Eiern, Kalbsnuss, Nierenfett, Sülze; **2.** Fleischklößchen *n.*

gogo, à ~ *adv.* so viel man will, nach Herzenslust.

gogues *m* Blutwurst *f* mit Spinat, Zwiebeln, Rübenblättern, Salatblättern, gewürfeltem Speck und Crème fraîche, in Schweinedarm gefüllt, in Salzwasser gekocht; nach Erkalten in dicke Scheiben geschnitten, die man in Butter oder Schmalz goldbraun brät (Anjou).

goinfre *adj.* gefräßig, verfressen.

goinfre *m* Vielfraß *m*, Fresssack *m*.

goinfrer, se ~ schmarotzen, sich durchfressen, drauflos fressen.

goinfrerie *f* Gefräßigkeit *f*, Fresserei *f*.

gomme *f* Gummi *m* od. *n, auch* Radiergummi *m* od. *n*.

gomme *f* **à mâcher** *(wörtliche Übersetzung von engl. chewing gum)* Kaugummi *m* od. *n*.

gomme *f* **arabique** Gummiarabikum *m* od. *n*, Akaziengummi *m* od. *n*.

goret *m* Spanferkel *n, (auch fig.:)* Ferkel *n*.

gouère *f* in Pastetenform im Ofen ausgebackener Teig *m* aus Eiern, Kartoffelpüree, Mehl, Quark (Bourbonnais); ~ **au cirage** Pflaumentorte *f* (Bourbonnais).

gouéron *m* Süßspeise *f* mit Äpfeln, Eiern und Ziegenkäse (Berry).

gougelhof *m* Napfkuchen (Elsass).

gougenioche *f* Geflügel-Eier-Strudel *m* (Vendée).

gougère *f* (kugelförmiges) Käsegebäck *n* aus Brandteig, mit Ei-Käsepaste gefüllt (Burgund); ~ **de Bar-sur-Seine** Kuchen *m* aus Eiern und Gruyère.

goujon *m* **1.** Gründling *m (kleiner Flussfisch);* ~**s en cassemache** ~e, in Mehl gewendet, schwimmend ausgebacken, in Sauce aus Knoblauch, Lorbeerblatt, Petersilie, Pfeffer, Salz, Thymian, Zwiebeln eingelegt; **2.** Zapfen, Streifen; ~ **de sole** frittierte Seezungenstreifen.

goujonette *f* winziger Süßwasserfisch *m*.

goulache od. **goulasch** *m* Gulasch *m* od. *n;* ~ **à la féta** ~ mit Fetakäse; ~ **à l'hongroise** ungarisches ~.

goulée *f* großer Schluck od. Bissen *m;* Mundvoll *m*.

goulot *m* Flaschenhals *m; boire au goulot* aus der Flasche trinken.

goulu *adj.* gefräßig, gierig; *m* verfressener Mensch *m*.

goulûment *adv.* gierig.

gourgane *f* grüne Saubohne *f (für Suppen und regionale Spezialitäten der Provinz Québec)*.

gourmand *adj.* gefräßig, schlemmerisch; *gourmand de sucreries* gern naschen; *m* Schlemmer *m*, starker Esser *m;* Leckermaul *m*.

gourmandise *f* Esslust *f,* Schlemmerei *f*, Naschhaftigkeit *f*.

gourmandises *f pl* Leckerbissen *m pl*.

gourmet *m* Feinschmecker *m*, (Wein-)Kenner *m*.

gournay *m* **affiné** Weichkäse *m* aus Kuhmilch, mit weißer Schimmelrinde, 45 % Fett i. Tr.; **gournay frais** leicht gereifter Frischkäse *m* aus Kuhmilch, 45 % Fett i. Tr.

gousse *f (Hülsenfrüchte, Vanille:)* Hülse *f,* Schote *f;* ~ *d'ail* Knoblauchzehe *f*.

goût *m* Geruch *m,* Geschmack *m; agréable au ~* schmackhaft; *de bon ~* schmackhaft; *avoir bon ~* gut schmecken; *avoir mauvais ~* schlecht schmecken; *avoir un ~ amer* bitter schmecken; *avoir un mauvais ~* schlecht schmecken; *à mon ~* nach meinem Geschmack; *n'avoir pas de ~* nach nichts schmecken; *je n'ai ~ à rien* ich habe auf gar nichts Appetit; *juger au ~* abschmecken; *~ particulier* Beigeschmack *m; plaire au ~* (gut) schmecken; *qui a bon ~* wohlschmeckend; *qui a le ~ fin* feinschmeckerisch; *relever le ~* etwas pikanter machen; *sans ~* fade, nach nichts schmeckend.

goûter 1. (etwas) kosten, probieren, schmecken; **2.** *m* Butterbrot *n;* **3.** *m* Nachmittagsimbiss *m,* Vesper *f (besonders für Kinder);* **4.** einen Imbiss einnehmen.

goutte *f* **1.** Tropfen *m,* Schluck *m;* **2.** ein Schnäpschen *n,* Schlückchen *n,* Fläschchen *n* Schnaps (pop.); **3.** Schuss *m (von einem anderen Getränk).*

goyave *f* Guavenbirne *f.*

goyère *f* Kastanientorte *f* (Nord).

gozettes *f* Apfelkuchen *m* (Belgien).

grain *m* **1.** Korn *n,* Beere *f;* **2.** *(Kaffee:)* Bohne *f.*

graine *f* Samen *m,* Samenkorn *n; ~ de lin* Leinsamen *m; ~ de moutarde* Senfkorn *n.*

graisse *f* Fett *n,* Speck *m,* Schmalz *n; ~ à frire* Backfett *n; ~ alimentaire* Speisefett *n;* **couche de ~** Fettschicht *f; ~ de coco* Kokosfett *n; ~ fondue* Schmalz *n; ~ d'oie* Gänsefett *n; ~ de porc* Schweine~ *n; ~ végétale* Pflanzenfett *n; ~s animales f pl* tierische Fette *n pl.*

graisser 1. einfetten, -ölen, schmalzen; **2.** *(Wein:)* zäh, ölig werden.

graisseron *m* grobe Landpastete *f* aus Schweinefleisch.

graisseux, graisseuse *adj. (Kleidung, Papier etc.:)* Fett-, fettig, fetthaltig; mit Fettflecken; *couche f graisseuse* Fettschicht *f.*

grammont *m* Gericht *n,* überwiegend aus Hummer und Langusten, die nach dem Kochen abgekühlt und mit glacierten Trüffelscheiben dekoriert werden; *auch:* klassisches Gericht *n* mit pochierter Poularde.

grand groß; *~ buveur* großer Trinker *m; ~ choix* große Auswahl *f; ~ cru* berühmter, großer Wein *m; ~ fumeur* starker Raucher *m;* **Grand Marnier** *m (Marke:)* Likör aus exotischen Orangen, die in Cognac oder anderem Alkohol mazerieren; *~ ordinaire m* Schankwein, etwas besser als „vin ordinaire"; *~-route* Landstraße *f; ~-rue f* Hauptstraße *f; ~ veneur n* „Oberjägermeisterart" *(Wild:)* Pfeffersauce mit Essig, Gemüsen, Johannisbeergelee, Sahne, Wildextrakt.

grande *f* groß; **Grande Chartreuse** *f (Marke)* grüner *(55 % Alk.)* od. gelber *(40 % Alk.)* Kräuterlikör *m;*

~ cigale od. **cigale de mer** f Heuschreckenkrebs m *(sehr feine Languste);* **~ marmite** f extra starke Kraftbrühe f; **~ surface** Verbrauchermarkt m.

grand-mère, à la ~ „Großmuttersart" **1.** *(Fisch:)* gebraten, mit glacierten Zwiebeln, Petersilie, Olivenkartoffeln; **2.** *(Geflügel:)* mit Farce von Brotkrumen, Geflügelleber, Petersilie, Speck, mit Olivenkartoffeln, Speckwürfeln und glacierten Zwiebeln serviert.

granité adj. körnig; m püriertes Wassereis n mit Fruchtsirup; Fruchteispunsch m.

granuler zu Körnern zermahlen; **granulé** gekörnt, körnig.

grapiau m dünner Kartoffelpfannkuchen m (Morvais).

grappe f Traube f; **~ de raisin** Weintraube f; **en ~** gebündelt; **grappes** f pl **d'oignons** Zwiebelbündel n pl.

grappillage m *(Weinlese:)* Nachlese f.

grappiller *(Früchte:)* hier und da pflücken; *(im Weinberg:)* Nachlese halten; schummeln, Schmu machen (fam.).

gras, grasse adj. **1.** fett, fettig; **2.** *(Wein:)* ölig, zäh; **3.** *(Nahrung:)* fetthaltig; *corps m gras* Fette f pl, fette Öle n pl; *matières f pl grasses* Fett(-gehalt) **4.** m *(Fleisch:)* das Fette, die fetten Teile; *faire gras* Fleisch essen.

gras-double m **1.** Pansen m *(äußere Hülle des Ochsenmagens);* **2.** Fettrand m; **3.** **gras-doubles** m pl Kaldaunen f pl, Kutteln f pl; **~ de bœuf à la bourgeoise** Rinder~ mit Zwiebelchen und geschmorten jungen Karotten; **~ dauphinoise** aus Fettdarm bereitetes ~gericht, u. a. mit Schinken; **~ à la lyonnaise** Rindermagen mit viel Zwiebeln in der Pfanne gebraten, mit Essig u. Petersilie gewürzt.

grataron m **d'Arèches** Ziegenkäse m aus Rohmilch *(Almkäse),* 45 % Fett i. Tr. (Savoie).

gratin m **1.** Auflauf m, Überbackenes n; **2.** Kruste f *(die beim Backen od. Braten entsteht);* **~ de cabillaud** Kabeljaukotelett mit Kartoffelscheiben, Kräutern und Speckwürfeln, abwechselnd geschichtet, im Backofen gegart; **~ dauphinois** ~ mit rohen Kartoffeln, dicker Sahne, Gruyère, abwechselnd geschichtet, im Ofen gebacken; **~ de fraises „catalane"** Erdbeergratin in Orangensaft und Banyuls *(Wein);* **~ de nonats** überbackene, ganz kleine Mittelmeerfische; **~ de pâtes** Nudeln f pl mit geriebenem Käse überbacken; *au ~* überbacken.

gratiné gratiniert, überbacken, überkrustet.

gratinée, soupe ~ f mit Käse überbackene Zwiebelsuppe f (ugs.).

gratte-beurre m Butterroller m.

gratte-cul m inv. Hagebutte f.

gratter (weg-)kratzen, abschaben.

gratton m Pastete f; **~s 1.** Scheibchen n pl von gebratenem Schweinebauch; **2.** grobe Schweinepastete mit gehacktem, fettem Schweinefleisch und Kutteln (Auvergne); **3.** fettes und mageres Schweinefleisch *n* gewürfelt (Bordelais).

gratuit *adj.* kostenlos, gratis, Frei-; *échantillon m gratuit* Gratisprobe *f, entrée f gratuite* freier Eintritt *m.*

gratuité *m* Unentgeltlichkeit *f.*

gratuitement *adv.* kostenlos, unentgeltlich, umsonst; *(Eintritt:)* frei.

gravettes *f pl* Austern *f pl* (reg.).

gré *m* Geschmack *m; à votre gré* nach (Ihrem) Belieben.

grec, grecque griechisch; *à la grecque* „griechische Art" **1.** *(Fleisch, Geflügel:)* körnig gekochter Reis mit grünen Erbsen und Pfefferschoten vermischt, Tomatensauce; **2.** *(Gemüse:)* Ölmarinade mit Weißwein und Knoblauch, kalt serviert *(meist zu Vorspeisen).*

grenache *m* **1.** süße Traube *f;* **2.** Süßwein *m.*

grenade *f* Granatapfel *m.*

grenadier *m* **1.** Granatapfelbaum *m;* **2.** Grenadierfisch *m.*

grenadille *f* Passionsblume *f,* Passionsfrucht *f.*

grenadin *m* schmales, gespicktes und paniertes Schnitzel *n (auf Toast).*

grenadine *f* Sirup *m* von Granatäpfeln *(in Cocktails).*

grenouille *f* Frosch *m;* **cuisses de ~** Froschschenkel *m pl.*

grès *m* Steingut *n.*

gressin *m* dünne, knusprige Weißbrotstange *f (meist als Appetithäppchen serviert; eine Spezialität aus Turin, ital. grissino).*

greubons *m pl* Rückstände *m pl* von ausgebratenem Speck oder die knusprigen Reste beim Auslassen von Flomen; *auch:* Grieben *f pl.* (Schweiz).

grève *f* Streik *m.*

gribiche *f (Kalbskopf, kalte Fischgerichte:)* Sauce *f* aus Cornichons, gehackten, hart gekochten Eiern, Kapern, Gartenkräutern, Mayonnaise.

griblette *f* gegrillte Fleischstückchen *n pl* im Speckmantel.

grignons *m* Brotkrüstchen *n pl,* Bruchzwieback *m; ~s* Olivenpresskuchen *m pl.*

gril *m* Grill *m,* (Brat-)Rost *m.*

grillade *f* gegrilltes Stück *n* Fleisch, Rostbraten *m; ~s* Gegrilltes *n; ~ des mariniers de Condrieu* Rindskoteletts und gehackte Zwiebeln schichtweise in der Pfanne gebraten, mit Sauce aus Essig, Öl, Knoblauch, Petersilie, Sardellen; *à la ~* vom Rost.

grillardin *m* Grillkoch *m.*

grille *f* **1.** *(Fenster, Tür, Schalter:)* Gitter *n;* **2.** Rost *m,* Abtropfgitter *n; ~ -pain* Toaster *m; ~ de viande inv.* Pfannengrill *m,* Grillpfanne *f,* kleiner Grill *m.*

grillé gegrillt, geröstet, Grill-; *~ aux sarments* auf Weinrebenglut ~; *pain ~* Toastbrot *n.*

griotte *f* **1.** Sauer-, Weichselkirsche *f;* **2.** Kirschpraline *f.*

gris *adj.* **1.** grau; **2.** angetrunken; *être* ~ blau, betrunken sein; **3.** *m* Roséwein *m (Jura);* **4.** ~ **de Lille** pikanter Weichkäse *m* mit Rotschmiere, 45 % Fett i. Tr.; **5.** ~ *m* **pommelier** Apfelschimmel *m.*

griser betrunken machen, berauschen; *se* ~ sich betrinken.

griserie *f* Rausch *m,* Schwips *m* (fam.).

griset *m* Grauhai *m (Fisch).*

Grisons Graubünden (Schweiz), **viande** *f* **des** ~ Bündner-fleisch *n.*

grive *f* Krammetsvogel *m,* Wacholderdrossel *f;* ~ **à l'al-sacienne** ~ geschmort, mit Champignonköpfen und glacierten Zwiebeln garniert, mit Kalbsjus übergossen; ~ **à la liégeoise** ~ im Schmortopf gebraten, mit gerösteten Brotwürfeln und Wacholderbeeren garniert.

grog *m* Grog *m,* Punsch *m (alkoholisches Heißgetränk; ursprünglich nur ein mit Wasser gestrecktes Glas Rum; benannt nach dem englischen Admiral Edward Vernon, dessen Spitzname wegen seiner Vorliebe für Kleidung aus Grogram – ein grober Kleiderstoff – Old Grog war; er verordnete 1776 seinen Matrosen, den Rum nur noch mit Wasser verdünnt zu trinken.)*

grondin *m* Knurrhahn *m (Seefisch);* ~**s à la provençale** ~filets *n pl* auf Zwiebelscheiben, mit Weißwein, Reis und Auberginenwürfeln.

gros, grosse dick, grob, groß; **au gros sel** mit grobem Salz; **grosse pièce** *f* Haupt-, Fleischgang *m.*

groseille *f* Johannisbeere *f;* ~ **blanche** weiße ~; ~ **noire** schwarze ~; ~ **rouge** rote ~; ~ **à maquereau** Stachel-beere.

grosseur *f* Größe *f,* Dicke *f,* Stärke *f,* Umfang *m; prix selon* ~ Preis nach Größe.

gros-tout *m* Hackfleischpastete *f.*

grouse *f* (schottisches) Moorschneehuhn *n.*

gruau *m* Grütze *f,* Grützbrei *m; pain de* ~ feinstes Weißbrot *n.*

grumeau *m* **grumeaux** *m pl* Klumpen *m,* Klümpchen *n,* Klößchen *n; faire des grumeaux* Klümpchen machen, zu Klümpchen gerinnen.

grumeler *v. refl.* **se** ~ klumpen, Klumpen bilden.

grumeleux, grumeleuse *(Sauce, Brei, Flüssigkeit, Teig:)* klumpig; *(Frucht:)* grießig.

gruyère *m* ‚Greyerzer', Schweizer Käse *m (in Frankreich Bez. für alle großformatigen Hartkäse).*

guenille *f (Art)* Krapfen *m* (Auvergne).

guéridon *m* kleiner, runder Tisch *m (meist mit einem Bein).*

guichet *m (Post, Bank, Bahnhof:)* Schalter *m; (Schwimm-bad, Kino, Theater:)* Kasse *f; (in einer Tür:)* Schlitz *m,*

Klappe *f,* kleine Öffnung *f,* Guckfenster *n;* ~ *m* **automatique** *(Bank:)* Geldautomat *m.*

guigne *f* Herzkirsche *f.*

guignette *f* **1.** Mondstrandschnecke *f* (reg.); **2.** Waldschnepfe *f* (reg.).

guignolet *m* (**d'Anjou**) Kirschlikör *m (aus – in Alkohol mazerierten – Herzkirschen).*

guinguette *f (im Grünen:)* Ausflugslokal *n,* Gartenwirtschaft *f,* Vorstadtkneipe *f, (volkstümliches)* Vergnügungslokal *n.*

guitare *f* Sandhai *m.*

gustatif, gustative Geschmacks-; *sensation f gustative* Geschmacksempfinden *n.*

gustation *f* Abschmecken *n,* Kostprobe *f.*

gymnètre (faulx) *m* Mittelmeerfisch *m,* dem Kabeljau verwandt.

H

habillage *m (von Speisen:)* Fertigmachen *n*, Zurichten *n*.

habiter wohnen.

habitué *m* Stammgast *m; **table** f **des habitués** Stammtisch *m*.

'**hache-légumes** *m invar*. Wiegemesser *n*.

'**haché** gehackt, zerhackt, durch den Fleischwolf gedreht; **viande ~e** f Gehacktes *n*, Hackfleisch *n*, Mett *n*.

'**hachette de ménage** f Küchenbeil *n*.

'**hache-viande** *m invar*. Fleischwolf *m*, Hackmaschine f.

'**hachis** *m* Hackfleisch *n*, -braten *m*, Gehacktes *n*; **~ Parmentier** gekochtes ~ mit Brotkrumen, Gewürzen, Zwiebeln abwechselnd mit Kartoffelpüree in Form geschichtet und überbacken.

'**hachua** *m* baskischer Eintopf *m*; **~ d'Espelette** Schinkenragout *n* mit Pfefferschoten und Zwiebeln; **~ de Sare** Rindfleisch und gehackte Zwiebeln in Fett knusprig gebraten, mit Rotwein aufgegossen, mit Knoblauch und Kräutern gewürzt *(zu gekochten Kartoffeln)*.

'**haddock** *m* geräucherter Schellfisch *m*.

'**hall** *m* Halle f, Eingangshalle f; **~ de la gare** Bahnhofs~.

'**halle** f Markthalle f; **~ marée** Fischmarkt *m; **~ aux vins** Weinmarkt *m*.

'**halles** f pl überdachter, innerstädtischer Markt; **les Halles** *(früher:)* die Pariser Großmarkthallen, *(heute:)* ein Laden- und Freizeitzentrum *n*.

'**hamburger** *m* Hamburger *m*, Hacksteak *n*.

'**hampe** f Stiel *m*, Schaft *m*, *(Hirsch:)* Brust f; *(Rind:)* Wamme f; *(Art)* Steak *n*.

'**hanap** *m* Humpen *m*.

'**hanche** f Hüfte f, Lende f.

'**hareng** *m* Hering *m; **~ baltique** Ostsee~; **~ blanc** Fett~; **~ frais** grüner ~; **~ frit** Brat~; **~ fumé** Bückling *m*; **~ kipper** Kipper *m (gepökelter, kaltgeräucherter, auseinandergeklappter Hering, ohne Innereien); **~ mariné** Bismarck~; **~ roulé** Rollmops *m; **~ salé** Salz~; **~ vierge** Matjes ~.

'**harengère** f Fischverkäuferin f; lautes, marktschreierisches Weib *n* (fam., pej.).

'**harenguet** *m* Sprotte f.

'**haricot** *m* Bohne f; **~ beurre** Wachs~; **~ blanc** weiße ~; **~ mungo** Mungo~, grüne Soja~, Linsen~; **~ praliné de Soissons** Konfekt *m* mit gebrannten Mandeln; **haricots** *m pl* Bohnen f p; **~ à rames** Stangen~; **haricots blancs** weiße Bohnen; **~ à la bretonne** weiße ~n mit Sauce aus Knoblauch, Schalotten, Tomaten, Zwiebeln; **~ à la provençale** vorgekochte ~, mit Knoblauch,

102

gehackten Sardellenfilets und Tomatenstücken gedünstet; ~ **en salade** Salat von ~, lauwarm serviert; ~ **d'Espagne** Feuerbohnen; ~ **jaunes** Wachs~; '**haricots de mouton** Hammelragout *n* mit Karotten, weißen Rüben und Zwiebeln; ~ **verts** grüne Schnitt-, Brechbohnen; ~ **à la normande** ~ mit Crème fraîche; ~ **mange-tout au beurre** Wachs~ in Butter gebraten; ~ **moutonnes** in Würfel geschnittene Hammelbrust; **haricots verts** grüne ~; ~ **à la française** grüne ~ mit Kopfsalatstreifen; ~ **à la normande** grüne Schnitt~ mit Crème fraîche; ~ **à la tourangelle** ~ Brech~ mit Crème fraîche; ~ **verts à la tourangelle** grüne ~ in Rahmsauce mit Knoblauch und Petersilie gedünstet.

'**harissa** *f* aus Afrika stammende scharfe Würzpaste *f* aus Piment, Knoblauch, Tomatenfleisch und Öl.

'**hâtelet** *m* kleiner Spieß *m* zum Braten von kleinen Fleischstücken oder Innereien.

'**hâtelle** od. **hâtelette** *f* kleines gebratenes Fleischstück *m* auf einem Spießchen.

'**hâtif, hâtive** vorzeitig, frühreif, Früh-; *pommes de terre f pl hâtives* Frühkartoffeln *f pl.*

'**hausse** *f* Erhöhung *f,* Preiserhöhung *f,* Steigerung *f,* Preissteigerung *f.*

'**haut** hoch, groß.

'**haut-goût** *m* Geruch und Geschmack, die sich bei gut abgehangenem Wild entwickeln.

'**haute saison** *f (Fremdenverkehr:)* Hochsaison *f.*

hebdomadaire wöchentlich.

hélice *f* Schnirkelschnecke *f.*

hémon *m* Muschel *f (Art).*

Hennessy *m* Cognac *m (Marke),* Weinbrand *n.*

Henri IV *(König von Frankreich u. Navarra, 1553–1610);* **à la ~ 1.** *(Garnierung zu Tournedos:)* Artischockenböden, Béarner Sauce, gefüllte gebratene Kartoffeln; **2.** klare Hühnerkraftbrühe mit Gemüse, Huhn, Kerbel; **3. salade ~** gewürfelte Artischockenböden und gekochte Kartoffeln mit Essig-Öl-Zwiebel-Marinade.

herbe *f* Gras *n,* Kraut *n;* **~s** *f pl* Gemüse *n,* Kräuter *n pl;* **fines ~** feine Kräuter; ~ **aromatiques** Gewürz~; ~ **potagères** Küchen~; ~ **de Provence** provenzalische Kräutermischung *(Basilikum, Fenchel, getrockneter Majoran, Rosmarin, Thymian).*

herboristerie *f* Kräuterhandlung *f.*

'**hérisson** *m* **de fraises** Erdbeer-Sahnetorte *f.*

hermétique *adj.* luft- und wasserdicht.

heure *f* Stunde *f; demi-heure f* halbe Stunde *f; une heure f et demie* eineinhalb Stunden *f pl; quart d'heure m* Viertelstunde *f; heures f pl d'ouverture* Geschäftsstunden *f pl,* Ladenöffnungszeiten *f pl; quelle heure est-il?* Wie viel Uhr ist es?

heure *f* **de fermeture** Betriebsschluss *m,* Sperrzeit *f.*

heure *f* **d'été** Sommerzeit *f.*

heure *f* **de repas** Essenszeit *f.*

heure *f* **d'hiver** Winterzeit *f.*

hier gestern.

'hochepot *m* ‚Hotschpotsch' *m,* **1.** kräftiges Ragout *n* mit verschiedenen Fleischsorten, Speck, Karotten, Rüben od. Kastanien, Kartoffeln, Lauch, Kohl (Flandern).

hogue vosgien *m* kugelförmiger Kuchen aus Roggenmehl, mit Zwetschgen (Lothringen).

'hollandais holländisch; *sauce f ~e* Grundsauce: Pfeffer, Salz, Eigelb, Weißwein, Butter und Zitronensaft.

'homard *m* Hummer *m; ~* **à l'américainse** od. **armoricaine** ~ mit Knoblauch, Kräutern, Muscadet, Tomaten, Zwiebeln; **~ en demoiselles de Cherbourg** ~ in Weißweinsud; **~ Newburg** ~ zerlegt, mit Cognac, Madeira, Sahne, Sherry, mit Trüffelscheiben garniert; **~ poché vivant** frisch gekochter ~; **~ Thermidor** ~ in Weinsauce, gratiniert.

homme *m* Mensch *m,* Mann *m; ~ d'affaires* Geschäfts~.

hors außer, ausgenommen, bis auf.

hors de außerhalb; *hors d'ici* draußen, hinaus..., heraus...; *hors de saison* außer der Zeit, unzeitgemäß; *hors de prix* übermäßig teuer.

'hors-d'œuvre *m invar. (Küche:)* Hors-d'œuvre *n* Vorspeise *f (im weitesten Sinne); ~ variés* verschiedene Vorspeisen.

'hors saison außerhalb der Saison.

hot dog *m* Frankfurter Würstchen *n* in Weißbrot.

hôte *m* Gastgeber *m,* Hausherr *m,* Wirt *m; table d'~* Stammtisch *m.*

hôtellerie *f* Hotel- und Gaststättengewerbe *n.*

hôtesse *f* Hausherrin *f,* Wirtin *f.*

'hotu *m* Saibling *m,* Rotforelle *f.*

'houblon *m* Hopfen.

h. s. *(Abk. f.)* **1. hors saison** außerhalb der Saison; **2. hors de service** außer Dienst.

'huche *f* Brotschrank *m.*

huguenot hugenottisch; *œufs m pl à la huguenote* Eier *n pl* in Hammelfleischbrühe.

huile *f* Öl *n; ~* **alimentaire** Speise~; **~ comestible** Speise~; **~ d'amandes amères** Bittermandel~; **~ d'arachide** Erdnuss~; **~ de coco** Kokos~; **~ de colza** Raps~; **~ de germes de blé** Weizenkeim~; **~ de noix** Nuss~; **~ d'œillette** Mohn~; **~ d'olive** Oliven~; **~ de soja** Soja~; **~ de tournesol** Sonnenblumen~; **~ végétale** Pflanzenöl.

huilé ölgetränkt; *salade f trop ~e* mit zu viel Öl ange- machter Salat.

huilier *m* Menage *f,* Gewürzständer *m,* Öl- und Essig- flasche *f.*

huître *f* Auster *f; ~* **portugaise** Felsen~, **~s** *pl* **Mornay** Austern *f pl.*

humide feucht.

'hure *f* (Schweins-)Kopfsülze *f,* Presskopf *m; ~* **d'an- guille picarde** Aalsülze *f,* mit hart gekochten Eiern, Gewürzen, Karotten, Kräutern, Lauch, Pfefferschoten, Schalotten; **~ de jambon** Schinkensülze; **~ de saumon** Lachssülze; **~ à la parisienne** Schweine- od. Kalbszun- ge in Gelee; **~ rouge** große Wurst *f* aus Schweinskopf- fleisch, Schwarten, Rindfleischfarce, Gelee (Elsass); **~ de sanglier** Wildschweinkopf *m;* **~ de saumon aux écrevisses** Kopfteil *m* vom Lachs, mit Krebsen.

hussarde „Husarenart": mit Zwiebelpüree gefüllte Auber- ginen / Kartoffeln.

hydne *m* Stoppelpilz *m,* Stachelschwamm *m.*

hydromel *m* Met *m (mit Gewürzen aromatisiertes alko- holisches Getränk aus Honigsaft, Wasser und Malz).*

hysope *f* Ysop *m,* Eisenkraut *n (südeuropäische Ge- würzpflanze).*

I

icaque *f* Ikakopflaume od. Goldpflaume *f*, wächst in Mittelamerika und den Antillen, Schale goldbraun, rot oder gelb, Fruchtfleisch herbsüß; *(bevorzugt für Konfitüren verwendet)*.

iceberg *m* Eisberg *m,* Eisbergsalat *m.*

ici hier.

ignifuge feuerfest.

île *f* **flottante** Dessert *n* aus Biskuit, in Maraschino / Kirschwasser getränkt, mit Marmelade, Rosinen, Mandelsplittern bedeckt, Schlagsahnehaube mit Pistazien und Korinthen dekoriert, vor dem Servieren mit englischer Creme umgossen, auf der sie „wie eine Insel treibt".

illumination *f (von Bauwerken:)* Beleuchtung *f,* Illumination *f.*

illustré *(Buch:)* bebildert; *affiche f illustrée* Bildplakat *n.*

îlot *m* Häuserblock *m.*

image *f* Bild *n.*

imbibé getränkt; vollgesoffen (pop.).

imbiber *(mit etwas)* durchtränken.

imbuvabl ungenießbar.

immangeable *(Getränk:)* ungenießbar, untrinkbar.

impasse *f* Sackgasse *f*

impayable köstlich, unbezahlbar.

impératrice, à l'~ „Kaiserinart" *(Geflügel:)* Würfel von Kalbshirn, Hühnerpüree, Lammmilcher, gedünstete Zwiebelchen in Geflügelrahmsauce.

impérial kaiserlich; *pâté ~ m* Frühlingsrolle *f.*

impériale *f* **1.** Pflaumensorte *f;* **2.** große Flasche *f* (ca. 4 l) für Bordeauxweine und Schnäpse.

important wichtig.

impossible nicht möglich, ausgeschlossen.

impôt *m* Steuer *f,* Abgabe *f.*

imprimé gedruckt.

imprimé *m* Vordruck *m, (Post:)* Drucksache *f.*

inappétence *f* Appetitlosigkeit *f.*

inclusif, inclusive einschließlich.

inconnu *m* lachsartiger Fisch *m* aus den Gewässern Nordkanadas *(wird wegen der abgelegenen Fanggründe nur tiefgefroren angeboten).*

indiquer zeigen, weisen; *indiquer un bon restaurant (pas trop cher)* ein gutes (nicht zu teures) Restaurant nennen.

inciser einschneiden.

indigeste unverdaulich.

indigestion *f* Magenverstimmung *f*, Verdauungsstörung *f*.

infante, à l'~ „Infantiart" *(große Fleischstücke:)* gegrillte Champignons, Madeirasauce, Makkaroni in Butter geschwenkt, gefüllte Tomaten, Strohkartoffeln und Trüffelscheiben.

infusion *f* Auszug *m* aus Kräutern oder Gewürzen, Aufguss *m*, (Kräuter-)Tee *m;* ~ **de camomille** Kamillentee; ~ **de menthe** Pfefferminztee.

ingrédient *m* Bestandteil *m*, Zutat *f*.

inodore geruchlos, ohne Geruch.

insipide fad, ohne Geschmack.

instantané Instant-; *(pulvrige Substanzen oder Brühwürfel zur schnellen Zubereitung von Getränken, Suppen u. a. durch Aufgießen mit heißem Wasser oder heißer Milch); café m instantané* Instantkaffee *m*.

intercaler zwischenschieben, einfügen, einreihen.

interdire verbieten, untersagen.

interdit verboten; *il est interdit de fumer* Rauchen verboten; *passage interdit* Durchgang, Durchfahrt verboten.

intérieur innen, innerlich, *m* das Innere.

intestins *m pl* Eingeweide *f pl*.

intime innig, heimisch.

intimement *adv. (Teig, Zutaten etc:)* innig; *mélanger intimement le beurre, le sucre, les œufs* die Butter mit dem Zucker, den Eiern etc. gut, innig vermischen.

intoxication *f* **alimentaire** Nahrungsmittelvergiftung *f*.

invitation *f* Einladung *f*.

invité eingeladen.

invité *m* Gast *m*, Eingeladene(r) *f (m)*.

inviter einladen; ~ **qn à dîner** jm. zum Abendessen ~.

isard *m (Verwandter der)* Gemse *f (Bezeichnung in den Pyrenäen)*.

italienne, à l'~ mit Makkaroni, Tomatensauce, geriebenem Käse; *sauce* ~ Weinsauce mit Champignons, Schalotten und gehacktem Kochschinken.

ive od. **ivette** *f* Günsel *m, (Art)* Schnittlauch *m*.

ivre betrunken.

ivresse *f* Betrunkenheit *f*, Trunkenheit *f*, Rausch *m; ivresse f totale* Vollrausch *m; légère ivresse f* Schwips *m*.

ivrogne *adj.* trunksüchtig.

ivrogne *m* Trinker *m*, Trunkenbold *m*.

ivrognerie *f* Trunksucht *f*.

ivrognesse *f* Betrunkene *f*, Säuferin *f*.

Izarra *m* gelber *(süßer)* und grüner *(alkoholreicher)* Kräuterlikör *m* auf Armagnacbasis, mit Akazienhonigzusatz (Baskenland).

J

jalousie *f* Marzipankuchen *m*.

jamais *(positiver Sinn:)* jemals, *à jamais* für immer; *(negativer Sinn:)* niemals!; **ne ... jamais** nie, niemals.

jambon *m* Schinken *m;* ~ **à l'alsacienne** Schweine~ in der Pfanne im Ofen gebraten od. in Madeira und Weißwein gedünstet; ~ **à l'os** Knochen~; ~ **au cidre** ~ mit Cidre; ~ **aux œufs** ~ mit Spiegeleiern; ~ **blanc** od. **cuit** od. **de Paris** gekochter ~, Koch~; ~ **braisé à la lie de vin** in Rotwein geschmorter, ganzer ~ mit Knoblauch und Zwiebeln (Burgund); ~ **cru** roher ~; ~ **d'Auvergne** Roh~ aus der Auvergne; ~ **de Bayonne** milder Räucher~; ~ **de campagne** Land~; ~ **de montagne** Berg~; ~ **de Parme** Parma~; ~ **de sanglier** Wildschwein~; ~ **des Grisons** Bündner Fleisch *n;* ~ **de volaille** gefüllte Hühnerkeule *f;* ~ **d'ours** Bären~; ~ **droz** Räucher~ (Jura); ~ **du Morvan** luftgetrockneter ~; ~ **d'York** gekochter ~; ~ **frais** Schweinskeule *f;* ~ **fumé** geräucherter ~; ~ **persillé** in Weißwein bereitete Schinkensülze mit Petersilie (Burgund); ~ **roulé** Roll~; ~ **saumoné** Lachs~.

jambonneau *m* **1.** Schweinshaxe *f;* **2.** Muschel *f (Art)*.

jambonnet *m* ausgebeinte Schweinshaxe *f,* mit gewürztem Schweinehack und Schinken gefüllt, luftgetrocknet.

jambuse *f* Rosenapfel *m*.

jardin *m* Garten *m;* ~ *m* **d'hiver** Winter~ *m;* ~ **maraîcher** od. **potager** Gemüse~ *m*.

jardiner gärtnern, im Garten arbeiten.

jardinière Gärtnerin *f, à la ~* „Gärtnerinart": Blumenkohl, Bohnenkerne, Erbsen, Karotten, weiße Rüben, holländische Sauce.

jarre *f* großer Tonkrug *m* mit weiter Öffnung *(zum Aufbewahren von Öl und Eingepökeltem)*.

jarret *m* Haxe *f*.

jatte *f* Schale *f*.

jattée *f* Schale voll *f*.

jaune *adj.* gelb; *m* ~ **d'œuf** Eigelb *n*.

Jean-doré amiral *m* Peterfisch *m* mit Spinat.

jésuite *m* Truthahn (reg.).

jésus *m* mit Anis gewürzte Räucherwurst *f*.

jet *m* Wurf *m;* Schößling *m,* Trieb *m;* ~**s de bambou** Bambussprossen *f pl;* ~ **de houblon** Hopfentriebe *m pl (wie Spargel zubereitet)*.

jeter wegschütten, -werfen.

jeton *m* Spielmarke *f,* Zahlmarke *f,* Automatenmünze *f*.

jeu *m* **d'ustensiles en bois** Kochlöffelgarnitur *f*.

jeune jung.

jeûne *m* Fasten *n*, Fastenzeit *f; auch:* Diät *f*.

jeeûner fasten, darben, Hunger haben.

joindre aneinanderfügen, zusammenstellen, hinzufügen.

Joinville, à la ~ *(Fisch:)* Sauce *f* aus gewürfelten Champignons, Eigelb, Garnelen, püriertem Krebsfleisch, Sahne, Trüffeln.

jonchée *f* **niortaise** Frischkäse *m* aus Ziegenmilch, 45 % Fett i. Tr. (Poitou, Vendée).

joubarbe *f* Hauswurz *m* *(ähnlich Artischocken).*

joue *f* Backe *f*, Wange *f*.

jouée *f* Schinkenpastete *f*.

judru *m* trockene Wurst *f* mit in Tresterschnaps eingelegtem Füllsel.

jour *m* Tag *m;* **~ d'abat** Schlacht~ *m;* **~ de repos hebdomadaire** *(Café, Restaurant:)* wöchentlicher Ruhe~; **huit jours** *m pl* acht Tage; **quinze jours** *m pl* vierzehn Tage; **tous les jours** täglich, jeden ~; **l'autre ~** kürzlich, neulich; **bonjour!** Guten Tag!

journal *m* Zeitung *f*, Zeitschrift *f*.

juive, à la ~ Artischocken *f pl*, gefüllt mit Bröseln, Minze und Knoblauch; in Öl gebacken.

jujube *f* Brustbeere *f*, rote Dattel *f* *(Steinfrucht mit sehr süßem Fruchtfleisch).*

julienne *f* in feine Streifen geschnittene Beilagen und Einlagen (Gemüse, Trüffel, Fleisch, Orangen- und Zitronenschalen).

jumeau, jumelle *adj.* **jumeaux** *m pl (Kinder:)* Zwillings-; *(Betten, Häuser:)* Doppel-;

jumeau *m* **1.** Zwilling *m f;* **2.** Schulterstück *n* vom Rind.

jungfrauenkiechlas *m* Krapfen *m* mit Orangenblütenwasser, Mandeln, Kirschwasser (Elsass).

jus *m* **1.** Saft *m;* **~ de pommes** Apfel~; **~ d'orange** Orangen~; **~ de pamplemousse** Grapefruit~; **~ de raisin** Trauben~; **~ de tomates** Tomaten~; **2.** Brühe *f*, entfetteter Bratensaft; Fleischsaft, der beim Erkalten geliert; **~ de veau lié** gebundener Kalbs~; **3.** Kaffee *m* (fam.), **~ de chaussette** Blümchenkaffee *m* (pop.).

jussière *f* Garnitur *f* für kleine Fleischstücke: gefüllte Zwiebeln, geschmorte Salatblätter, Schlosskartoffeln, *auch* glasierte Karotten.

juste gerecht, genau, richtig; **juste en face** genau gegenüber.

juteux, -se saftig.

K

kaki *m* Kakifeige *f.*

kaleréi *m* Presssack *m* (Elsass, Lothringen).

kaffeekrantz *m* Kaffeekuchen *m* (Elsass).

kasher koscher.

kawa *m* Kaffee *n* (ugs.)

kebab *m (türk., griech.)* Bratspieß *m* mit z. B. Hammelfleisch, Nieren, Garnelen, Kalbfleisch, großen Zwiebeln, Paprika, Tomaten.

kéfir od. **képhir** *m* Kefir *m (nur sg.).*

keftédes *f pl* Hammel- od. Rindshackfrikadellen *f pl.*

kig ha farz *m (breton. Variante von)* Couscous *m* od. *n.*

kiosque *m* Kiosk *m.*

kipper *m* Räucherhering *m.*

kir *m* Aperitif *m* aus Cassis-Likör und trockenem Weißwein od. Sekt.

kirsch *m* Kirschwasser *n (Schnaps).*

kiwano *m (auch: concombre m à cornes od. melon m à cornes)* Kiwano eine kürbisartige exotische Frucht, Geschmack zwischen Gurke und Melone, wird frisch verzehrt oder zu Saft verarbeitet.

kiwi *m* Kiwi *f (Frucht).*

knellele *n* Klößchen *n (elsässisch).*

knepfle *m pl* Grieß- oder Kartoffelnocken *f pl,* Klöße *m pl* (Elsass).

knoten *m* Gebäck *n* mit Malzzucker (Brügge).

kongelhopf *m* od. **Kouglof** *m,* Kugelhopf *m* traditioneller elsässischer Topfkuchen *m* mit Rosinen und Mandeln.

kouign amann *f* bretonischer Butterkuchen *m.*

kroepoek *m* knusprige Fladen *m pl* aus Tapiokamehl, exotischen Gewürzen, gestoßenen Garnelen, frittiert *(indonesisch, chinesisch).*

kummel *m* Kümmel *m* (Schnaps).

kumquat *m* säuerlich herbe, kleine Mandarine *f (frisch oder eingelegt).*

L

là *adv.* da, dort, dorthin.

label *m* Warenzeichen *n*, Gütezeichen *n*, Garantie-marke *f*; Nahrungsmittel *n* mit einem Gütezeichen *(sous label)* sind für den Verbraucher eine Garantie für Ursprung, Aufzucht und Produktionsweisen *(z. B. Cha-rolaisrinder, Bauernhofgeflügel aus Loué)*. Das rote Label wird vom Staat für verschiedene Produkte ver-geben, z. B. Hühner aus Freilandaufzucht, Kartoffeln von Fontenay, Wachteln aus der Vendée.

label *m* **de garantie** Garantiezeichen *n*, Gütesiegel *n*.

label *m* **vert** Umweltzeichen *n*.

labre *m* Lippfisch *m*.

laccaire *f* Lackpilz *m;* ~ **améthyste** Amethystbläuling *m (ganz kleine Waldpilze)*.

lactaire *m* Milchling *m*, Reizker *m* (Pilz).

là-dessous darunter.

là-dessus darauf.

laisser lassen; ~ *faire* geschehen ~; ~ *infuser* ziehen ~.

lait *m* Milch *f;* ~ **bourru** frisch gemolkene, kuhwarme ~; ~ **caillé** Dick~; ~ **concentré** Dosen~, Kondens~; ~ **de beurre** Butter~; ~ **de brebis** Schaf~; ~ **de chèvre** Zie-gen~; ~ **de coco** Kokos~; ~ **de vache** Kuh~; ~ **écrémé** Mager~; ~ **en bouteille** Flaschen~; ~ **en poudre** Trockenmilch, Milchpulver *n;* ~ **entier** Voll~; ~ **non écrémé** Voll~; ~ **ribot** fast flüssiger Joghurt, Butter-milch (Bretagne); ~ **stérilisé** sterilisierte ~; ~ **UHT** H-Milch.

laitage *m* Milchspeisen *f pl*, Milchprodukt *n*.

laitance *f* Fischmilch *f; poisson à* ~ Milchner *m*.

laiterie *f* Milchgeschäft *n*, Molkerei *f*.

laitier *adj.* Milch- *f; beurre m laitier* Molkereibutter *f; produits m laitiers* Molkereiprodukte *n pl*.

laitier *m* **laitière** *f* Milchhändler *m*, Milchhändlerin *f;* Milchmann *m*, Milchfrau *f*.

laitue *f* Kopfsalat *m*, grüner Salat *m;* ~ **romaine** römi-scher Salat *m*, Sommerendivie *f;* ~**s braisées** ~herzen in Fleischsaft und Speck geschmort.

lamballe *f* gebundene Suppe *f* aus Püree von frischen Erbsen und Tapiokaconsommé.

lame *f* Messer-, Rasierklinge *f*.

lamie *f* (gemeiner) Heringshai *m*.

lampe *f* Lampe *f.*

lampée *f* kräftiger Schluck *m*.

lamper gierig trinken; hinunterkippen, saufen (pop.).

lamproie *f* Lamprete *f*, Neunauge *n (Fisch)*.

lancer werfen.

lançon *m* Sandaal *m.*

langouste *f* Languste *f,* Stachelkrebs *m;* ~ **en civet au banyuls** ~ in Öl angebraten, mit Wein *(Banyuls),* Schalotten, Schinkenwürfeln, Tomaten, Zwiebeln garniert (Roussillon).

langoustine *f* Kaisergranat *m,* Tiefseehummer *m,* große Krabbe *f.*

langue *f* Zunge *f;* ~ **à l'écarlate** gepökelte Ochsen~; **langue de bœuf** Ochsen~; ~ **à la casserole** geschmorte Ochsen~; ~ **à la fondue d'oignons** Ochsen~ auf Zwiebelmus; **langue de chat** ‚Katzenzunge' *f,* Löffelbiskuit *m* od. *n;* ~**s d'avocat** kleine Seezungen (reg.).

languedocienne, à la ~ „nach Art des Languedoc" *(Fleisch, Geflügel:)* Auberginenscheiben in Öl gebacken, geschmolzene Tomatenstücke, Knoblauch, Petersilie, gebratene Steinpilze.

languier *m* geräucherte Schweinezunge *f.*

lapereau *m* junges Wildkaninchen *n.*

lapin *m* Kaninchen *n,* Karnickel *n;* ~ **à la bourgeoise** ~ in Stücken angebraten, bemehlt, mit Fond und Weißwein geschmort, angebräunte Zwiebelchen und Speckwürfel, geschmorte Mohrrüben; ~ **à la dijonnaise** ~ gebraten, mit Senfsauce; ~ **à la flamande** ~teile mariniert, mit Pflaumen und Zwiebeln geschmort; ~ **à l'artésienne** ~ mit Füllsel aus Hammelfüßen, in Biersauce gebraten (Artois); ~ **au père Douillet** in Butter und Speckwürfeln angeröstete ~stücke, mit Weißwein und Bouillon gekocht, Madeirasauce; ~ **aux pruneaux** ~ragout gebeizt, mit Backpflaumen; ~ **chasseur** ~ in Weinsauce mit Pilzen;~ **domestique** Haus~; **de chou** Wild~; ~ **de garenne** Wild~; ~ **domestique** Haus~; ~ **en gibolette** ~-Frikassee; ~ **farci à la sariette** ~ gefüllt, mit Innereien, Reis und Zwiebeln;

lard *m* (Schinken-)Speck *m;* **au** ~ mit ~ zubereitet; ~ **fumé** Räucher~; ~ **maigre** durchwachsener ~; ~ **nantais** Leber, Lunge, Milz, Schwarten, geschnitten gekocht, mit Schweinekoteletts belegt, im Ofen gebraten (Nantes); *barder de* ~ spicken.

lardage *m* **1.** Spicken *n;* **2.** Speckstreifen *m* zum ~.

lardé gespickt.

larder lardieren, spicken: mageres Fleisch mit Speckstreifen *(inwendig)* marmorieren.

lardoire *f* Spicknadel *f.*

lardon *m* Speckstreifen *m,* ausgelassener Speckwürfel *m.*

large breit, weit.

laurier *m* Lorbeer *m.*

lavaret *m* Blaufelchen *m,* Renke *f,* Schnäpel *m.*

laver waschen, ab-, auswaschen; verwaschen; *laver à grande eau* gründlich reinigen, spülen; *laver la salade* den

Salat abspülen; *laver la vaisselle* spülen, das Geschirr abwaschen; *machine f à laver* Waschmaschine f.

laverie f Wäscherei f, Waschsalon m.

lavette f Abwaschlappen m, Scheuerlappen m.

laveur m (Auf-)wäscher m, Spüler m.

laveuse f (Auf-)wäscherin f, Spülerin f; Waschfrau f.

lave-vaisselle m invar. Geschirrspülmaschine f.

lavignon m Pfeffermuschel f.

léger, légère leicht; *(Speise:)* leicht verdaulich; ~ m **d'Affinois** Weichkäse m mit weißer Schimmelrinde, 25 % Fett i. Tr. *(Marke).*

légume m Gemüse n; **légumes** m pl Gemüse n pl, Beilagen f pl *(in Frankreich werden légumes zum Hauptgericht serviert; dazu zählen jedoch nicht nur Gemüse wie Bohnen, Erbsen, Spargel, sondern auch Beilagen wie Reis, Nudeln und Kartoffeln);* ~ **à la grecque** ~ mariniert in Hühnerbrühe, Knoblauch, Öl, Thymian, Weißwein; ~ **secs** Hülsenfrüchte f pl; ~ **verts** Frisch~.

légumier m Gemüseschüssel f.

légumier, légumière adj. Gemüse-.

légumineuse f Hülsenfrucht f.

légumineux, -euse Hülsen-.

lentille f Linse f.

lépiote f Schirmling m, Schirmpilz m.

lettre f Brief m, Buchstabe m, Mitteilung f, Schreiben n.

levain m Hefestück n, Hefeteig m, *(Brot:)* Sauerteig m; **sans ~** *(Brot:)* ungesäuert.

lever heben; *(Teig:)* aufgehen.

levraut m Häschen n.

levroux m Ziegenkäse m, mit Holzkohlepulver bestreut.

levure f **1.** Hefepilz m; **2.** Hefe f; ~ **de bière** Bier~; ~ **fraîche** Press~; ~ **en poudre** od. **alsacienne** Backpulver; ~ **sèche** Trocken~.

lewerknepfle m Leberknödel m (Elsass).

lézard m Eidechsenfisch m.

liaison f das zum Binden verwendete Präparat n.

libre frei; ~ **service** m Selbstbedienung f.

liche f Dornhai m.

lie f (Bier-, Wein-)Hefe f.

lié gebunden, gedickt, legiert.

liégeois adj. aus, von Lüttich; **café** m ~ Eiskaffee m.

lier *(Suppen, Saucen:)* binden, legieren.

Lierse Vlaaikens m pl Pflaumentarteletts n pl (Belgien).

lieu m **jaune** Pollack m, heller Seelachs m.

lièvre m Hase m; ~ **à la Duchambais** ~ in Sauce aus Essig, Pfeffer, Sahne, Schalotten gebraten (Bourbonnais); ~ **à la royale** ~ mit Gänseleber und Trüffeln gefüllt, in Wein geschmort; ~ **en cabessol** ~ mit Speck und Knoblauch gespickt, in Wein und Armagnac gebraten (Périgord); ~ **en civet** ~nragout mit Champignons, Speck, Rotwein, Weißbrotscheiben; ~ **farci à la Diane** mit Pilzen und Kaninchenfleisch gefüllter Feld~;

limace *f* Acker-, Schnirkelschnecke *f (reg.)*.

limande *f* Kliesche *f (Fisch);* ~**-sole** Rotzunge *f (Plattfisch)*.

limandelle *f (Art)* Seezunge *f.*

limon *m* Limone *f.*

limonade *f* Limonade *f,* ~ **sèche** Brausepulver *n.*

limonadier *m* **limonadière** *f* Getränkekleinhändler *m,* -in *f; (ursprünglich Limonadenverkäufer, der selbst Limonade herstellte und auch Branntwein destillierte); auch:* Schankwirt *m,* -in *f.*

limousine, à la ~ mit Kohl und Maronen.

linge *m* **de table** Tischwäsche *f.*

lingue *f* Lengfisch *f.*

liquéfier verflüssigen.

liqueur *f* Flüssigkeit *f,* Likör *m;* **vin de ~** Dessertwein *m;* ~**s** Spirituosen *f pl.*

liquide *adj.* flüssig; *(Geld:)* bar; *m* Flüssigkeit *f,* Getränk *n; (Geld:)* Bargeld *n.*

lisse *adj.* glatt; *m* Zuckerguss.

litre *m* Liter *m* od. *n.*

litron *m (bes. Wein:)* Liter (pop.).

littorine *f* Strandschnecke *f.*

livarot *m* würzig pikanter Rotschmierekäse *m,* 40–45 % Fett i. Tr.

livèche *f* Liebstöckel *m* od. *n.*

livre *f* Pfund *n;* Buch *m.*

loche *f* Bartgrundel *f;* Steinbeißer *m (Flussfische).*

long, longue lang; *(Sauce, Suppe:)* dünn.

longe *f* Lendenbraten *m,* Lendenstück *n;* **longe de veau** Kalbsnierenbraten *m;* ~ **à la bruxelloise** ~ gespickt, gebraten, mit gedünstetem Chicorée, Rosenkohl und Schlosskartoffeln garniert, Bratsatz mit Madeira versetzt; ~ **à la Côte d'Azur** ~ gebraten, mit püriertem Spinat, Strohkartoffeln, Tomaten gefüllt, garniert mit gefüllten Artischockenböden, (Bohnen und Spargelspitzen); ~ **à la française** ~ gebraten, mit Anna-Kartoffeln, Rahmspinat und Madeirasauce; **longe de chevreuil** Rehrückenbraten; **longe de porc** Schweinelendenbraten.

longeole *f* mit Anis gewürzte Bauernwurst *f* (Savoyen).

longuet *m* langes, dünnes, wenig gesalzenes Weißbrot *n.*

lonzo *m (Art)* Rohschinken *m,* aus ausgebeintem Schinken, mazeriert und getrocknet (Korsika).

looch *m* Hustensaft *m.*

lorette f Salat m aus Feldsalat, Rüben, Sellerie.

lorraine m großer (6 kg) Münster-Käse m, wenig gereift; **à la ~** „Lothringer Art" *(Geflügel, Fleisch:)* geschmorte Rotkrautbällchen, Kartoffelklöße, Sauerkraut.

lotte f (Aal-)Quappe f *(Fisch); ~* **de mer** Seeteufel m *(Fisch).*

loubine f Seebarsch m, Meeräsche f (reg.).

louche f Suppenkelle f, Schöpflöffel m; **~ à jus** Saucenlöffel m; **à la ~** ‚mit der Schöpfkelle' *(für handwerklich hergestellte Weichkäse).*

lou fassun m Kohlroulade f (Provence).

Louis XIV. *(französischer König, 1643–1715);* **à la ~** „nach Art Ludwigs XIV.": Artischockenböden mit pürierten Champignons gefüllt, Anna-Kartoffeln, Trüffelscheiben, Teufelssauce.

lou-ken-kas m stark gepfefferte Wurst f (Baskenland).

loukinkas f pl kleine Knoblauchwürste f pl (Baskenland).

lou magret m das Magere n (reg.)

loup m **de mer** Wolfsbarsch m, Seewolf m; **~ braisé au ricard** ~ mit Ricard getränkt, in Fischfond mit Weißwein gedünstet.

lou pastis m stark eingekochtes Gericht n aus Rind- und Schweinefleisch, geschichtet, in Wein (Provence).

lourd schwer; *(Speise:)* schwer verdaulich.

lubrifier einfetten, -ölen.

lucullus m sahniger Weichkäse m aus Kuhmilch, 75 % Fett i. Tr.

lumas m Schneckenragout n.

lumière f Licht n; Lampe f, Leuchte f.

luxe m Luxus m.

luxembourgeois m Makrone f, gefüllt mit Buttercreme.

lychée f asiatische Frucht f mit aromatischem, weißem Fruchtfleisch.

lyonnaise, à la ~ „auf Lyoner Art" *(Fleisch:)* in einer Sauce aus Knoblauch, Schalotten, Weißwein, Zwiebeln, Schmelzkartoffeln.

M

macaron *m* Makrone *f;* ~ **alsacien** Anisbrot *n;* ~ **de Boulay** Gebäck *n* aus Mandeln, Mehl, kandiertem Zucker.

macaronade *f* Makkaroni *pl* in Bratensaft, mit Käse überbacken.

macaroni *m pl* Makkaroni *pl;* ~ **à l'alsacienne** ~ mit Sauce aus Schinkenwürfeln, Hühnerfleisch, geriebenem Käse, Tomaten; ~ **à la milanaise** ~ mit Champignons, geriebenem Käse, Madeira, Schinken; ~ **à la napolitaine** ~ mit Tomaten und Parmesan. ~ **à l'italienne** ~ mit Butter, Käse, Salz vermischt; ~ **au gratin** überbackener ~auflauf; ~ **au jus** ~ mit Champignons und Fleischsaft;

macédoine *f* **de fruits** Obstsalat *m;* ~ **de légumes** gemischtes Gemüse, in weißer Sauce mit Eigelb und Rahm gebunden.

macéré *(Speise:)* mazeriert, eingelegt, mit aromatischer Flüssigkeit getränkt.

mâche *f* Feldsalat *m,* Rapunzel *f.*

machine *f* Maschine *f;* ~ **á café** Kaffee~; ~ **à couper le pain** Brot~; ~ **á couper la viande** Aufschnitt~; ~ **á découper** Allesschneider; ~ **à fouetter** Rühr~; ~ **à laver la vaisselle** Geschirrspül~.

macis *m* Muskatblüte *f.*

maconnais *m* Weichkäse *m* aus Ziegenmilch, 40–45 % Fett i. Tr.

macre *m* Wassernuss *f.*

macreuse *f* mageres Schulterstück *n* vom Rind.

mactre *m (Verwandte der)* Venusmuschel *f.*

madère *m* Madeira(-wein) *m.*

madeleine *f* Sandplätzchen *n,* muschelförmiges Sandgebäck *n;* **à la ~** *(Geflügel, Fleisch:)* mit Bohnenpüree gefüllte Tarteletts od. mit Zwiebelpüree gefüllte Artischockenböden.

madrilène *f (kalt servierte)* Fleischbrühe *f.*

magnum *m* **1.** angereicherter Frischkäse *m* aus Kuhmilch, mit dreifachem Sahnegehalt, 75 % Fett i. Tr.; **2.** große Champagner-, Weinflasche *f* (1,5 l – 2 l).

magret *m* Entenfilet *n,* Entenbrust *f (innen noch blutig).*

maigre 1. *(Fleisch:)* schier, mager; *(Käse:)* mager; **2.** ~ *m* mageres Fleisch *n,* fleischloses Essen *n; faire ~* fleischlos essen; *jour ~* Fasten-, Fischtag *m;* **3.** Umberfisch *m.*

maigrir abnehmen, abmagern.

maingaux *m* Schlagsahnespezialität *(zu frischen Früchten serviert).*

maintenant jetzt.

Maintenon *(Marquise de Maintenon, Mätresse, später zweite Gemahlin Ludwigs XIV.); à la ~* **1.** *(Fisch:)* pochierte Austern, normannische Sauce; **2.** *(Kalbssteaks:)* gefüllt od. bedeckt mit Champignonscheiben, mit Béchamel gebunden, mit Trüffelscheiben und Zwiebelpüree garniert.

mairie *f* Bürgermeisterei *f,* Rathaus *n.*

mais aber, doch, jedoch.

maïs *m* Mais *m; épi m de ~* Maiskolben *m.*

maison *f* **1.** Haus *n; à la ~* nach Art des Hauses; *cuisine ~* Hausmannskost *f;* **2.** *adj.* hausgemacht.

maître *m* Herr *m,* Meister *m; ~ d'hôtel* Oberkellner *m; à la ~* „Haushofmeisterart": *(gegrilltes Fleisch:)* Kräuterbutter, Kresse, Pommes frites.

mal *adv.* übel, schlecht, unvollkommen; *~ cuit (Kuchen:)* teigig; *n* Übel *n,* Leiden *n,* Schmerz *m; ~ au ventre* Leibschmerzen *m pl; ~ de tête* Kopfweh *n; avoir ~ aux cheveux* einen Kater haben.

malade krank.

malarmat *m* Knurrhahn *m (Seefisch).*

maltaise *f* holländ. Sauce mit Blutorangensaft.

malt *m* Malz *n; bière de ~* Malzbier *n.*

malté, lait ~ mit Malzextrakt angereicherte Milch *f.*

mamirolle *f* Schnittkäse *m (ähnlich Limburger).*

manchon *m* **1.** Blätterteiggebäck *n;* **2.** kleines Biskuitgebäck *n (petit four),* mit Pralin-Buttercreme gefüllt, mit Paste aus grünen Mandeln überzogen.

mandarin *m* Alkohol *m* aus Mandarinen und bitteren Kräutern, mit Curaçao und Eiswürfeln serviert.

mandarine *f* Mandarine *f.*

mangeable essbar, genießbar.

mangeoire *f* (Tier-),Fressnapf' *m;* Fresslokal *n* (pop.).

manger essen; *~ de tout* alles essen; *m* Essen *n.*

mangerie *f* Fresserei (fam.).

mange-tout *m pl* oder *adj* **1. haricots** *m ~* fadenlose grüne Bohnen; **2. pois** *m ~* Zuckererbsen.

mangeur *m* Esser *m; gros ~* starker ~; **petit ~** mäßiger ~.

mangue *f* Mangofrucht *f.*

maniaque *f* Topflappen *m.*

manière et mode *f* Art und Weise *f.*

manouls *m* Hammelkuttelngericht *n,* mit Karotten, Knoblauch, Lorbeerblatt, Petersilie, Pfeffer, Salz, Thymian, Tomaten, Weißwein, Zwiebeln (Rouergue).

manqué *m* klassischer Pariser Kuchen *m,* mit Nüssen, Rosinen, Mandeln, kandierten Früchten, Anis, Likör; mit Buttercreme od. Konfitüre garniert.

maquée *f* Quark *m* (Belgien).

maquereau *m* Makrele *f; ~ aigre-doux ~* süßsauer; *~ à la bourgeoise ~* mit Fischfarce gefüllt, mit Kräutern vermischt, in Butter gebraten, in Rahmsauce mit gehackten Champignons serviert; **à la flamande** ~ gefüllt mit einer Masse aus Butter, Petersilie, Pfeffer, Schalotten, Salz, Schnittlauch, Zitronensaft; **~ à la maraîchère** „auf Gemüsegärtnerinart" *(Fleisch:)* Rosenkohl, Schwarzwurzelstücke in Rahmsauce gebunden, Fleischsaft mit Demiglace, Schlosskartoffeln.

marascin *m* Maraschino *m.*

marbrade *f* Schweinskopf *m* in Sülze (Roussillon).

marc *m* Tresterschnaps *m.*

marcassin *m* junges Wildschwein *n;* **~ grand-veneur** ~ in Sauce aus Rotwein, Wildfond, Kräutern, geschmort, im Ofen gratiniert; **~ à la Saint-Hubert** im Ofen gebackene Netzkoteletts, mit Farce aus ~ -fleisch und Maipilzen.

marchand *m* Kaufmann *m,* Händler *m;* **~ de journaux** Zeitungshändler *m;* **~ de quatre-saisons** *(auf der Straße:)* Obst- und Gemüse~; **~ de soupe** schlechter Wirt *m;* **~ de vin** Wein~; *à la marchand de vin* „Weinhändlerart" *(Fisch:)* in Rotwein mit Schalotten pochiert; *(Garnitur für – insbesondere gegrilltes – Fleisch:)* gehackte Schalotten in Rotwein reduziert, mit Demiglace eingekocht und mit einer aromatisierten Butter aufgeschlagen.

marchandise *f* Ware *f.*

marché *m* Markt *m;* **~ aux fleurs** Blumen~ *m;* **~ aux grains** Getreide-, Korn~ *m;* **~ aux poissons** Fisch ~ *m;* **~ aux puces** Trödel~ *m;* **~ couvert** Markthalle *f;* **~ hebdomadaire** Wochen~ *m; faire son marché* Einkäufe machen, einkaufen; *bon marché* billig, preiswert.

marcher marschieren, gehen, laufen; *les affaires marchent bien* die Geschäfte *n pl* laufen gut.

mardi **m gras** Faschingsdienstag *m.*

maredsous *m* belg. Schnittkäse *m,* 45 % Fett i. Tr.

marée *f* **1.** Ebbe und Flut *f;* **2.** *(Fischhandel:)* frische Seefische.

marène *f* Maräne *f,* Felchen *m.*

Marengo, à la ~ *(Hühnergericht:)* Huhn *n* angebraten, mit Wein abgelöscht, mit Champignons, hart gekochten Eiern, gewürfelten Tomaten, Petersilie, Krebsen und Trüffelscheiben angerichtet.

marennes *f* Marennes-Auster, flach, grünlich *(hohe Qualität).*

marguerites *f pl* **d'Angoulême** Schokoladenbonbons *m* od. *n pl.*

Marie-Brizard *(ursprünglich nur:)* Anisette-Likör *m; (heute: zahlreiche Edelliköre).*

marikknepfle *n* Markklößchen *n* (Elsass).

marinade *f* Beize *f,* Marinade *f,* Salzlake *f.*

mariné gebeizt, mariniert, gepökelt.

marinière, à la ~ „auf Matrosenart": in Muschelsud, mit Gewürzen, Weißwein, Zwiebeln.

marjolaine *f* Majoran *m.*

marmite *f* **1.** Kochtopf *m*, Kessel *m;* **2.** Suppentopf *m;* ~ **à pression** Schnellkochtopf *m;* **petite** ~ kleiner ~; ~ **berlugane** Suppe *f* aus kleinen Felsenfischen; ~ **dieppoise** Fischeintopf *m* mit Gemüsen;

maroilles *m* kräftig pikanter Rohmilchkäse aus Kuhmilch mit Rotschmiere, 45–50 % Fett i. Tr., *(traditioneller Käse aus der Abtei von Maroilles; wird während der Reifezeit regelmäßig mit Bier abgewaschen).*

marquise *f* **1.** Schorle-Morle *f (Erfrischungsgetränk aus Mineralwasser, Weißwein, dünnen Zitronenscheiben);* **2.** ~ **au chocolat** Schokoladenschaumcreme *f;* **3.** ~ **glacée** halb gefrorene Fruchtschaumcreme *f;* **4.** ~ **de Sévigné** Trüffelomelett *n.*

marron *m* Marone *f,* Esskastanie *f; adj.* kastanienbraun.

marseillaise, à la ~ „auf Marseiller Art": in einer Sauce aus Knoblauch, Öl, Oliven, Sardellen, Tomaten.

mascotte *f* Kuchen *m* aus Tortenbiskuits, die in Rum oder Kirschwasser getränkt wurden, mit pralinierter Buttercreme gefüllt, karamellisiert.

masculin männlich.

masquer mit Sahne od. Sauce überziehen.

masse *f* Masse *f;* ~ **à cornets** Hippen~; ~ **à japonais** Japan~ (Eiweiß, Haselnüsse, Butter, Zucker, Mehl).

massepain *m* Marzipan *m* od. *n.*

mastroquet *m* **1.** Weinhändler *m* (pop.); **2.** Schankwirt *m;* **3.** Getränkeausschank *m,* Lokal *n.*

matahami *m* Auflauf: Brustspeck, Kartoffeln, Knoblauch, Zwiebeln.

matefaim *m* dicker Eierkuchen *m.*

matelote *f* Fischragout *n;* ~ **à la canotière** Stücke von Aal und Karpfen mit Cognac flambiert, in Weißwein gekocht, Fond mit Butter abgebunden, mit Champignons, Gründlingen und Krebsen garniert; ~ **à la parisienne** Stücke von Aal, Barsch, Forelle, Hecht, Karpfen in Rotwein gekocht, mit Champignons, Krebsschwänzen, Trüffeln und Fischklößchen garniert; ~ **bourgeoise** Fischtopf mit versch. Fischarten, in brauner Sauce gekocht, mit Champignons und Zwiebeln; ~ **d'anguille** Aal~ in Rotweinsauce, mit Karotten, Petersilie, Zwiebeln; ~ **de pêcheurs** wie ‚parisienne', dazu glacierte Zwiebeln und Krebse. ~ **normande** ~ aus Meeresfischen, mit Sahne, Kräutern, Cidre und Calvados;

matière *f* **grasse** Fett *n,* Schmalz *n;* ~**s** *f pl* **grasses** Öle und Fette; **teneur** *f* **grasse** Fettgehalt *m.*

mauviette *f* fette Lerche *f.*

mayonnaise *f* Mayonnaise *f,* kalte Grundsauce *f;* ~ *f* **collée** Aspik-Mayonnaise *f.*

mazagran *m* **1.** kalter oder heißer Kaffee *m (im Glas);* **2.** hohe, konisch geformte Tasse *f (für Kaffee und Eis-*

kompositionen); **3.** warmes Zwischengericht *n* mit Duchessekartoffeln, im Ofen gebacken.

mazarine, **à la ~** kleine Fleischstücke *n pl,* mit Zuchtchampignons und Artischockenböden (gefüllt mit Mischgemüse, in Butter geschmort), garniert sowie mit Reiskroketten und Klößchen verziert.

méchoui *m* Hammel *m,* Lamm *n* im Ganzen am Spieß gebraten.

médaillon *m* (runde od. ovale Filet-, Hummer-)Scheibe *f;* **~ à l'impératrice** Rehmedaillon *n;* **~ de veau Villeroy** Kalbs~ in Schinken-Trüffel-Sauce.

mélangé gemischt, Misch-.

mélanger (ver-)mengen, -mischen; **~ en remuant** verrühren.

mélasse *f* Melasse *f.*

Melba, **à la ~** *(Fleisch:)* gefüllte Tomaten, geschmorter Kopfsalat, Champignons, Demiglace in Rotwein, Trüffelscheiben.

mêlé gemischt.

mêler melieren, unterziehen, vermischen, vermengen; *(Wein:)* verschneiden; **~ en remuant** verrühren.

melet *m* kleine Sardelle *f* (provenzalisch).

melette *f* Sprotte *f* (Südfrankreich).

mélisse *f* Melisse *f.*

méli-mélo *m* **mélis-mélos** *m pl* Allerlei *n,* Kuddelmuddel *n* (fam.), Mischmasch *m,* Sammelsurium *n.*

melon *m* Melone; **~ brodé** Netz~; **~ d'eau** Wasser~; **~ glacé** eisgekühlte ~; **~ surprise** mit Obstsalat und Alkohol gefüllte ~.

melsat *m (Art)* Blutwurst *f* mit Gemüse und Schweinsbrust, in Suppe gekocht (Béarn).

mélunoise, **à la ~** „nach Art von Melun" *(Fisch:)* mit Robertsauce.

melva *f* Fregattenmakrele *f.*

même *adj.* **le, la même** der-, die-, dasselbe, -gleiche; *adv.* sogar, selbst; *quand même* trotzdem; *boire à même la bouteille* aus der Flasche trinken.

méndiant *m* **1.** Zusammenstellung *f* von 4 Trockenfrüchten (Mandeln, Feigen, Nüsse und Rosinen aus Malaga), deren Farben die Bettelorden symbolisieren (weiß: Dominikaner; grau: Franziskaner; braun: Karmeliter; rotviolett: Augustiner); **2.** *(Gericht:)* Armer Ritter *m.*

ménage *m* Haushalt *m,* Haushaltung *f; faire le ménage* Hausarbeit machen; *tenir le ménage* wirtschaften, Wirtschaft besorgen.

ménager wirtschaften, sparen, schonen.

ménager, **ménagère** *adj.* haushälterisch, wirtschaftlich; *ménager (de)* sparsam (mit); *à la ménagère* „Hausfrauenart" (mit Bohnen, Erbsen, Möhren, Zwiebeln, in Butter geschwenkt); *arts ménagers m* Haushaltswaren *f pl.*

ménagère, **à la ~** „Hausfrauenart": mit Bohnen, Erbsen, Möhren, Zwiebeln, in Butter geschwenkt.

menon *m* kleines Zicklein *n*, gebraten.

menthe *f* Pfefferminze *f;* **~ verte** ~likör; **à la ~** mit ~essenz.

menu *m* Menü *n*, Speisenfolge *f;* die Reihenfolge *(kann bis auf 3 Gänge verkürzt werden):* 1. Hors-d'œuvre oder Suppe; 2. Fisch oder Meeresfrüchte; 3. Entrées; 4. Fleischgericht; 5. Salat; 6. Käse; 7. Desserts. *(Obst immer am Schluss, danach höchstens noch:)* Kaffee und ‚friandises'; Gemüse *(auch Kartoffeln!)* werden zum oder nach dem Fleisch gereicht; zu den Mahlzeiten wird grundsätzlich Brot *(Baguette)* serviert. Die Gänge sollen nach Herkunft der Hauptzutaten, Zubereitungsarten und Farbe variieren. Leichte werden vor schweren Gerichten serviert; **~ m à prix fixe** *(im Gasthaus:)* (Tages-)Menü zu festem Preis; **~ à la Saint-Sylvestre** (festliches) Silvester~; **~ de Noël** Weihnachts~; **~ du jour** Tages~; **~ gastronomique** Feinschmecker~; **~ touristique** Touristen~.

mercédès, **à la ~** „Mercedesart" *(für Braten und andere große Fleischstücke:)* geschmolzene Tomaten, große gegrillte Champignons, geschmorter Kopfsalat, Kartoffelkroketten.

mercredi *m* Mittwoch *m;* **mercredi** *m* **des Cendres** Aschermittwoch *m.*

merde *f* Scheiße *f,* Schund *m* (pop.); *merde!* Scheiße! So ein Mist!

mère *f* Mutter *f;* **fête** *f* **des mères** Muttertag *m.*

merguez *m* scharf gewürztes Bratwürstchen *n* (Balkanküche).

méringuage *m* Meringemasse *f.*

méringue *f* Meringe *f,* Baiser *n;* **~ glacé au chocolat** ~-Eistorte mit Schokoladeeis.

méringué mit Baiserhaube überbacken.

merlan *m* Merlan *m,* Weißfisch *m,* Wittling *m;* **~ à la biarotte** ~ gebraten, mit pikanter Sauce; **~ à la flamande** ~ in Fischfond und Weißwein, mit gehackten Schalotten pochiert (Belgien). **~ Colbert** ~ gebacken, mit Kräuterfüllung; **~ Côte d'Azur** ~ in Fischfond mit Weißwein, Champignonscheiben, in Streifen geschnittenem Sellerie, Knoblauch, Kopfsalat, Schalotten, Tomaten, Zitronensaft, pochiert; **~ en colère** ~ frittiert;

merle *m* **1.** Amsel *f,* Schwarzdrossel *f;* **2.** Lippfisch *m.*

merleau *m* junge Amsel *f.*

merlu *f* Seehecht *m;* (ungesalzener) Hechtdorsch *m;* **~ à la Koskera** ~scheiben gebraten, mit Erbsen, Kartoffeln, gehacktem Knoblauch, Spargel; **~ des cailletots** ~ mit Champignons, Garnelenschwänzen, Muscheln, mit Calvados flambiert.

mérou *m* Zackenbarsch *m* *(Mittelmeerfisch, wie Thunfisch zubereitet)*.

merveilles *f pl* runde Krapfen *m pl* (Périgord).

mesclun *m* Salat *m* aus Löwenzahn und Kopfsalat (Nizza).

mesure *f* Maß *n;* ~ **en verre** Messzylinder *m*.

méthode *f* **1.** Methode *f,* Verfahren *n;* **2.** Enten- und Schweineconfit *n* (baskisch).

météo *(Abkürzung für* **météorologie)** Wetterbericht *m*.

méthode *f* **champenoise** Champagnermethode *f (Sorten- und Mengenbegrenzung sind vorgeschrieben, Herstellung ausschließlich im Flaschengär- und Rüttelverfahren für Champagner-Schaumweine mit geschützter Bezeichnung)*

mets *m* Essen *n,* Speise *f,* Gericht *n;* ~ **au gras** Fleischgericht *n;* **~favori** Lieblings~; ~ **gras** Fleisch~; ~ **local** Lokal~; ~ **végétarien** fleischloses Gericht.

metton *m* Sauermilchquark *m*.

mètre *m* Meter *m* od. *n;* ~ **carré** Quadrat~; ~ **cube** Kubik~.

métro *m* Untergrundbahn *f*.

mettre setzen, stellen, legen; ~ **au four** in den Ofen schieben; ~ **du sel dans le potage** Salz in die Suppe geben; ~ **la table** den Tisch decken; ~ **le couvert** den Tisch decken; ~ **longtemps à cuire** lange kochen müssen.

meunière, à la ~ „Müllerinart" *(Fisch:)* durch gewürzte Milch gezogen, in Mehl gewendet, in Butter gebraten, mit Zitronensaft, Petersilie und brauner Butter überzogen.

meurette *f (Fisch, pochierte Eier:)* Sauce *f* aus Rotwein, Karotten, Speckstreifen, Zwiebeln.

meurtri *(Frucht:)* gequetscht, mit Druckstellen od. Flecken.

miche *f* **(de pain)** großer Brotlaib *m,* Laib Brot.

michon *m* gebackener Pfannkuchen *m* mit Apfelscheiben (Bretagne).

mie *f* Brotkrume *f;* das weiche Innere *n* des Brotes; **pain de ~** Toastbrot *n*.

miel *m* Honig *m;* ~ **artificiel** Kunst~; ~ **sauvage** Wald~.

miette *f* Krümel *m,* Krume *f;* **~s** *pl* Brösel *f pl,* Brosamen *f pl;* ~ **de crabes** Krabbenfleisch *n*.

mignon *m* **1.** gelbe Pflaume *f;* **2.** ~ **de veau** Kalbsfiletschnitzel *n*.

mignonette *f* grob gestoßener Pfeffer *m*.

migourée *f* Stücke *n pl* von Seefischen in Brühe aus Weißwein mit Knoblauch, Schalotten und Zwiebeln (Aunis).

miot od. **mijot** *m* Suppe *f* mit Rotwein und Brot.

mijoté mijotiert, auf kleiner Flamme gekocht, geschmort.

mijoter schwach köcheln lassen.

milanaise, à la ~ „auf Mailänder Art": mit Champignons, Parmesan, Schinken, Tomatensauce und Trüffeln.

milchstriwlas *m* Milchspätzle *pl:* in Milch gekocht, mit geriebenem Emmentaler, Butter und Sahne schichtweise im Ofen überbacken; als Dessert wird Zucker statt Käse genommen (Elsass).

milhasson *m* Hirsetorte *f* mit alkoholgetränkten Weintrauben (bask.).

milhassou *m (Art)* Kartoffelkuchen *m,* gewürzt mit Zwiebeln, Knoblauch und Speckstreifen; im Topf knusprig gebraten (Limousin).

millas *m* **1.** Brei *m* aus Hirse oder Mais; **2.** Fladen *m* od. Kuchen *m* aus Maismehl; **3.** *(Suppeneinlage:)* Maismehlbällchen *n pl.*

milieu *m* Mitte *f,* Milieu *n; au milieu de adv.* inmitten, mitten in, auf.

millard *m* **bourbonnais** Süßspeise *f* mit Kirschen.

millassous *m* kleines Gebäck *n.*

millat *m* Kirschtorte *f* (Auvergne).

millefeuille *f* Blätterteig-Cremeschnitte *f.*

millésime *m* Jahreszahl *f; (nur bei großen Weinen:)* Jahrgang *m; une bouteille au ~ 1983* eine Flasche Wein vom Jahrgang 1983.

millet *m* Hirse *f.*

millimètre *m* Millimeter *m* od. *n.*

millouin *m* Tafelente *f,* Wildente *f (Art).*

mimolette *f* Schnittkäse *m* aus Kuhmilch, mit natürlicher Rinde und orangefarbenem Teig, 45 % Fett i. Tr.

mimosa *m* **1.** Mimose *f;* **2.** Kopfsalat *m* mit Orangen; **3.** Vorspeise *f* mit schön dekorierten, hart gekochten Eiern.

mince *(Scheibe, Schicht:)* dünn, fein, schmal; **~ pie** *f* englisches Pastetchen *n.*

minerva *f* Bonbon *m* od. *n* (Spezialität aus Nîmes).

minestra (corse) *f* Gemüsesuppe *f* mit Speck (Korsika).

minestrone *m* Suppe *f* mit grob geschnittenen Gemüsen und Nudeln od. Reis.

mingaux *m* **de Rennes** Erdbeersahne *f.*

minute *f* Minute *f; à la ~* **1.** auf den Punkt genau; **2.** schnell zubereitet.

mique *f* **(de maïs)** Knödel *m* aus Hafer-, Mais- und/ oder Weizenmehl; *auch* aufgeschnitten, paniert, gebacken (Périgord).

mirabeau, à la ~ *(zu gegrilltem Fleisch, Seezungenfilets, Spiegeleiern:)* Sardellenfilets, entsteinte Oliven, Estragonblätter und Sardellenbutter.

mirabelle *f* Mirabelle *f.*

mirepoix *f* **1.** *(Fleisch, Gemüse:)* würzige Sauce *f* aus Fleischbrühe, Kräutern, Pilzen, Speck, Weißwein,

Zwiebeln u. a. m. **2.** Röstgemüse *n,* gewürfelt, in Butter und Öl geröstet.

mirliton *m* Blätterteigkuchen mit Cremefüllung (Rouen).

miroton *m* ~ **de bœuf** feine Rindfleischscheiben *f pl* auf Sauce lyonnaise, mit angebratenen Zwiebelscheiben in Terrine geschichtet, mit Butter und Semmelbröseln gratiniert; ~ **de pommes** heiße Süßspeise *f* mit Apfelscheiben.

mis en bouteilles *(Wein:)* ‚in Flaschen abgefüllt', *(mit Namen des Weinbauern od. Abfüllers und Abfüllorts).*

mitchotreyes *m* Mischgebäck *n* (Belgien).

mitonnée *f* Brotsuppe *f* mit Eigelb, Milch, Zwiebeln (Rennes).

mixte *adj.* gemischt, Misch-.

mixture *f (zum Essen:)* Mischmasch *m; (zum Trinken:)* Gebräu *n.*

mode *m* Mode *f;* ~ **d'emploi** Gebrauchsanweisung *f. à la* ~ modisch; *bœuf à la* ~ Rindfleisch *n* mit Karotten, geschmort.

modeste *adj.* (*auch:* Essen) bescheiden.

modification *f* (Ab-)Änderung *f,* Modifizierung *f.*

modifier abändern.

moelle *f* Knochenmark *n; os m à* ~ Markknochen *m.*

moellaux, -se *(Schokolade:)* sahnig; *(Wein:)* lieblich.

mogette od. **mojette** *f* kleiner Bohnenkern *m.*

moins *adv.* weniger, minder, geringer; *le moins* am wenigsten, am geringsten; *à moins (Preis:)* billiger; *au moins, du moins* mindestens, wenigstens.

mois *m* Monat *m.*

moisi *adj.* schimmelig, angeschimmelt, verschimmelt, Schimmel-; *m* Schimmel *m,* Verschimmeltes *n; (Wein:) goût m de moisi* Schimmelgeschmack *m.*

moisir vergären; schimmeln; schimmelig werden lassen *(durch Schimmelbildung);* verderben (lassen); *ce pain a moisi* das Brot ist verschimmelt; *le fromage moisit* der Käse verschimmelt.

moisissure *f* Schimmel *m,* Verschimmeltes *n;* Verschimmeln *n; moisissure f blanche, verte* weißer, grüner Schimmel *m.*

moisissures *f pl* Schimmelpilze *m pl.*

moissac *m* weiße Traube *f (Sorte).*

moitié *f* Hälfte *f.*

moka *m* **1.** *(Kaffee:)* Mokka *m;* **2.** Mokkacremetörtchen *n; crème de* ~ Mokkalikör *m.*

mokkes *f pl* Anis- od. Zimtmakronen *f pl* (Belgien).

mollet, mollette weich, zart; *œufs m pl mollets* weich gekochte Eier *n pl.*

mollusque *m* **1.** Weichtier *n;* **2.** Muschelfleisch *n.*

moment *m* Augenblick *m,* Moment *m,* Zeitpunkt *m.*

monde *m* Welt *f,* Erde *f,* Leute *f pl,* Gesellschaft *f;* **tout le monde** jedermann.

monder entkernen, entsteinen, schälen.

monnaie *f* Geld *n;* **pièce** *f* **de monnaie** Geldstück *n.*

monseigneur, à la ~ *(Fisch, Fischfilets:)* in Weißwein mit Fischfond pochiert, Blätterteighäppchen gefüllt mit Salpicon von Garnelen in Weißwein.

monsieur fromage *m* fruchtiger Weichkäse *m* mit Schimmelrinde, 60 % Fett i. Tr.

monstre kolossal; **un repas** *m* **monstre** ein Riesenessen *n.*

montant *m* Betrag *m.*

montant *m* **de l'addition** *m* Rechnungsbetrag *m.*

mont-blanc *m* Dessert *n* aus süßer Maronencreme und Schlagsahne; ~ **aux marrons** Maronenpüree *n* auf Meringe mit Schlagsahne.

montegado *m* Bohnengericht *n* (reg.).

monter Montieren, Aufschlagen: Cremes, Saucen usw. mit dem Schneebesen locker luftig schlagen.

Montmartre Der Montmartre, der bis in die Gegenwart einen bevorzugten Status innerhalb der Hauptstadt besitzt, hat in der malerischen Rue du Saules auch einen Weinberg von 2000 qm Fläche. Es ist der Rest eines ausgedehnten Weingartens, der bereits im 12. Jahrhundert erwähnt wurde. Die Einkünfte aus dem Verkauf des roten Montmartreweins waren damals die Haupteinnahmequelle des Klosters. Im 19. Jahrhundert ließ der Bezirksbürgermeister im Ratskeller eine Kelter aufstellen, damit der der etwas in Vergessenheit geratene Weinbau wieder einsetzen konnte. Seit 1934 feiern die *Montmartrois* jeweils am 1. Oktober-Samstag anlässlich der Lese des „Clos de Montmartre" *(auch „Friedhofs-Wein" genannt)* ein ausgelassenes Volksfest. Im darauffolgenden Frühjahr werden dann die 300 bis 400 Flaschen, die mit Etiketten bekannter Künstler ausgestattet werden, in festlichem Rahmen versteigert. Die Deckel der je 6 Flaschen fassenden Kisten werden mit Ölgemälden lokaler Maler geschmückt. Die Preise für den herzhaften Tropfen sind dem knappen Angebot entsprechend hoch. Der Erlös kommt sozialen Zwecken des Viertels zugute, in der Regel einem Unterstützungsfonds zugunsten notleidender Künstler.

monts-des-cats *m* Trappistenkäse *m,* 45 % Fett i. Tr.

montegado *m* Bohnengericht *n* (reg.).

Montmorency *(Stadt nördlich von Paris);* **cerise** *f* **de** ~ Sauerkirsche *f (Art).*

montségur *m* milder Schnittkäse *m,* 45 % Fett i. Tr.

Montreuil *(Stadt in der Île-de-France),* **à la** ~ **1.** mit Pfirsichen angemacht od. garniert; **2.** *(Garnitur:)* mit Erbsbällchen gefüllte Artischockenböden; **3.** *(Fisch:)* Weißweinsauce, Kartoffeln, mit Krabbensauce.

moques *m* Hefeteiggebäck *n* in Form einer großen Wurst, die in Kristallzucker gewälzt und in dicke Scheiben geschnitten wird, die im Ofen gebacken werden.

morbier *m* halb fester, fruchtiger Schnittkäse *m,* in der Mitte ein Streifen aus Holzkohlepulver, 45 % Fett i.Tr.

morceau *m* **morceaux** *m pl* Brocken *m,* Stück *n; sucre m en morceaux* Würfelzucker *m; manger un morceau* eine Kleinigkeit essen.

morille *f* Morchel *f.*

morlaisienne, à la ~ „nach Art von Morlaix": gedünsteter Fisch, mit Garnelen und Muscheln eingerahmt, mit Kräutersauce und Parmesan überzogen, überbacken.

Mornay 1. sauce ~ *f* Béchamelsauce *f* mit geriebenem Käse; **2. à la ~** halb gegarter Fisch *m* in Mornaysauce, mit geriebenem Käse und Butter überdeckt, im Ofen überbacken.

mortadelle *f* Mortadella *f, (Art)* Fleischwurst *f.*

mortier *m* Mörser *m.*

mortifier *(Fleisch:)* mürbe machen.

morue *f* Dorsch *m,* Kabeljau *m; ~ à la bretonne* ~ in Stücke geschnitten, mit Lorbeerblatt mijotert, mit Mehlschwitze und Fischsud abgelöscht, mit Sahne verfeinert; *~ aux œufs* Stockfisch mit Rührei; *~ en raïto* Stockfisch in Stücken gebraten, mit Brühe aus Tomaten, Knoblauch, Zwiebeln; *~ fraîche* Kabeljau *m,* junger Dorsch *m;* **ronde** Klippfisch *m; ~ sèche* Stockfisch *m; beignets de ~* Stockfischfilets *n pl,* im Teigmantel schwimmend ausgebacken; *huile de foie de ~* Lebertran *m.*

motelle *f* Seequappe *f; ~ de mer* Meerdorsch *m.*

mou *f* (vor gesprochenem 'h **mol**), **molle 1.** *adj.* weich; *fromage mou* Weichkäse *m;* **2. mou** *m (von Tieren:)* Lunge *f.*

mouclade *f* Muschelgericht *n* in weißer Sahnesauce oder Weinsud mit Pineau (Charente).

moudre mahlen; *café m moulu* gemahlener Kaffee *m.*

mougette *f* in Sahne gekochte Bohnenkerne, -schoten.

mouillage *m* Befeuchten *n;* Verdünnung *f,* Panschen *n; mouillage m du vin* Weinpanschen *n.*

mouillé *adj.* feucht.

mouiller nass machen, befeuchten, benetzen, durchtränken, übergießen; *(Sauce:)* verdünnen; *(Getränk:)* mit Wasser verdünnen; *(Milch, Wein:)* panschen; *mouiller un ragoût* ein Ragout verlängern.

mouillette *f* Brotschnitte *f (zum Eintunken).*

mouise *f* Suppe *f* (pop.).

moule *f* Miesmuschel *f; ~s* Miesmuscheln *f pl; ~ à la diable* ~ vorgekocht, mit Speckwürfeln auf den Spieß gesteckt, paniert, auf dem Rost gebraten, mit Ca-

yennepfeffer gewürzt; ~ **à la marinière** ~ im eigenen
Saft mit Weißwein, Kräutern und Zwiebeln gekocht;
~ **des pêcheurs** ~ in Mayonnaisesauce; ~ **poulette** ~ mit
Champignons-Eier-Sauce; ~ **ravigote** ~ mit Essig-Öl-
Zwiebelsauce.

moule *m* (Guss-)Form *f,* Back-, Kuchenform *f;* ~ **à bar-
quettes** Schiffchen~; ~ **à beurre** Butter~; ~ **à bisquit**
Spring~; ~ **à cake** Kastenkuchen~; ~ **à crème (renver-
sée)** Puddingform; ~ **à darioles** Timbale~; ~ **démonta-
ble** Spring~; ~ **à gaufre** Waffeleisen; ~ **à jeter** Einweg-
back~; ~ **à kougelhopf** Napfkuchen~; ~ **à pâte**
Pasteten~; ~ **à pâtisserie** Back~; ~ **à tarte** flache Obst-
kuchenform.

moulin *m* Mühle *f;* ~ **à café** Kaffee~; ~ **à huile** Öl~; ~ **à
poivre** Pfeffer~; ~ **à légumes** Gemüsezerkleinerer *m.*

moulinet *m* Umrührer *m,* Quirl *m.*

mourtayrol *m* Suppeneintopf *m* mit Geflügel, Gemüsen,
Knochenschinken, Rindfleisch, Safran *(auf Brot-
scheiben serviert).*

moussaka *m* Moussaka *f;* Rinder- und Schweinehack-
fleisch mit Zwiebeln angebraten, mit Sahne und Eiern
vermischt, abwechselnd geschichtet mit gebratenen
Kartoffelscheiben, Auberginen- und Kürbisscheiben,
Blumenkohl, im Ofen überbacken; *(Variante:)* aufge-
schnittene Auberginen im Ofen gebacken, ausgehöhlt,
Fruchtfleisch mit Eiern, Gewürzen, Knoblauch, Peter-
silie und gehackten Zwiebeln in Form geschichtet und
gebraten (orientalische Küche).

mousse *f* **1.** Schaum *m;* **2.** feine Farce *f* aus Fisch od.
Fleisch od. Geflügel; **3.** schaumige Creme *f* aus gerie-
benen Nüssen, Sahne, Schokolade; **4.** *(Art)* Schlagsah-
ne *f;* ~ **au chocolat** Schokoladenschaumcreme *f;* ~ **de
brochet aux queues d'écrevisses** Hechtcreme *f* mit
Krebsschwänzen; ~ **de foie de volaille** feine Geflügel-
leberpastete *f;* ~ **de homard au coulis d'écrevisses**
Hummerschaum *m* mit Krebssauce; ~ **de jambon
froide** kalte Schinkenschaumcreme *f;* ~ **de la bière**
Bierschaum *m;* ~ **de sole** Seezungen-Schaumbrot *n;*
~ **glacée aux fraises** halb gefrorene Erdbeerschaum-
creme *f* mit Sahne.

mousseline *f* **1.** Musselin *m,* Nesseltuch *n;* **2.** helle feine
Schaumfarce *f* mit Eiweiß und Sahne; **3.** Zubereitun-
gen mit Schlagsahne *(für Farcen, Mayonnaise, Saucen);*
~ **de foies de volaille** Pastetchen, mit Geflügelleber~
gefüllt; **gâteau** ~ Mürbegebäck; ~ **de pois frais** Erbsen-
püree; ~ **de truite au coulis d'écrevisses** Forellen~ in
Förmchen, mit Krebsschwänzen, mit Krebssauce über-
zogen; ~**s au marascin** Schnee-Eier; **gâteau** *m* **mous-
seline** Plätzchen *n,* Mürbegebäck *n; ***pomme mousse-
line** Kartoffelpüree *n; ***sauce** *f* **mousseline** holländische
Sahnesauce *f.*

mousseron *m* Maischwamm *m,* Moospilz *m,* Ritterling *m.*

mousseux, mousseuse schäumend; *(Champagner:)* perlend; *vin mousseux* Schaumwein *m*.

moût *m* Traubensaft *m*, Most *m;* *(Brauerei:)* Maische *f;* ~ *de bière* Bierschaum *m*.

moutarde *f* Mostrich *m*, Senf *m*.

moutardier *m* Senftopf *m*.

mouton *m* Hammel *m*, Hammelfleisch *n*, Schaf *n;* ~ **en daube** ~ gebeizt und geschmort, mit Gemüse, Kräutern, Wein; *gigot* *m* *de* ~ Hammelkeule *f*.

moyen, moyenne *adj.* mittlerer, mittlere, mittleres; Mittel-; *(Qualität:)* mittelmäßig; *qualité* *f* *moyenne* *auch:* mittlere, durchschnittliche Qualität *f;* Mittelsorte *f*.

mouvette *f* flacher Holzlöffel *m* *(zum Rühren von Saucen und Cremes).*

moyen *m* Mittel *n*, Weg *m*, Werkzeug *n*.

moyen *m* **de transport** Transportmittel *m*.

moyenne *f* Durchschnitt *m*, Mittelwert *m;* *en moyenne* durchschnittlich.

muge *m* Meeräsche *f*.

mulet *m* Seebarbe *f*, Meeräsche *f* *(Fisch der Küstengewässer).*

mulette *f* Flussmuschel *f*.

munster *m* Münsterkäse *m*, Weichkäse mit Rotschmiere, 45 % Fett i. Tr.

mûr 1. reif; **2.** besoffen (pop.).

murçon *m* *(heiß servierte)* Bauernwurst *f* (Ardèche).

mûre *f* Maulbeere *f;* ~ *sauvage* Brombeere *f*.

murène *f* Muräne *f* *(Fisch).*

mûrir *(Obst, Getreide:)* reif werden, ausreifen.

muscade *f* Muskat *m;* **noix de** ~ Muskatnuss *f*.

muscadet *m* trockener Weißwein *m* (Loire).

muscat *m* **1.** Muskat *m;* *raisin de* ~ Muskatellertraube *f;* **2.** *vin* ~ Muskatellerwein *m*.

museau *m* *(Rind:)* Maul *n;* *(Schwein:)* Schnauze *f;* ~ **de bœuf** Rindersülze *f;* ~ **de porc** Schweinesülze *f;* ~ **de bœuf à la vinaigrette** Ochsenmaulsalat *m*.

musette *f* Brotbeutel *m*.

mustelle *f* Schellfisch *m*.

mye *f* Klaffmuschel *f*.

myrtille *f* Blau-, Heidelbeere *f*.

mystache *f* Pistazieneis *n* *(Fantasiename).*

mystère *m* Mandeleis *n*, innen ein Baiserstück, außen mit Krokant überzogen *(Fantasiename).*

mytilacées *m pl* Miesmuscheln *f pl*.

myticulture *f* Muschelzucht *f*.

N

nage, à la ~ *(Fische, Krustentiere:)* in einem reduzierten Fond (Wurzelsud) gekocht.

nageoires *f pl* **de tortue** Schildkrötenflossen *f pl*

naissain *m* junge Auster *m* oder Muschel *m*.

nantaise, à la ~ „auf Art von Nantes": mit Erbsen, Kartoffelpüree, weißen Rüben.

Nantua, sauce ~ *f* weiße Grundsauce *f* mit Krebsbutter; *à la ~* mit Krebsbutter, Krebsschwänzen, Trüffeln, Béchamel-Sahne-Sauce.

nappage *m* Tortenguss *m*.

nappe *f* Tischdecke *f; mettre la ~* den Tisch decken.

nappé nappiert; mit einer Schicht von dickflüssigem Gelee, Creme, Marmelade übergossen od. überzogen.

napper nappieren, mit Sauce übergießen.

nase *f* Saibling *m (Fisch).*

natte *f* Zopf *m; ~ au cumin* Kümmel~; *~ aux pavetins* kleiner Mohn~.

nature *adj.* einfach, ohne Zutaten (zubereitet); *café m ~* schwarzer Kaffee *m; n* Natur *f.*

naturel, naturelle natürlich, Natur-; *(Wein:)* naturrein; *au ~* in unbearbeitetem Zustand od. in Salzwasser gekocht; *produits m pl naturels* Naturprodukte *n pl.*

navarin *m* Lammtopf *m*, Hammelragout *n* mit Rüben; *~ printanier* Lammschulterbraten *m* mit Frühlingsgemüse, Knoblauch, Thymian *(navarin ist abgeleitet von navet, früher Hauptbestandtteil dieses Gerichts).*

navet *m* weiße Rübe *f; ~s à l'étuvée dits glacés ~n* gedünstet; *~s de Saint-Victor* kleine Teig- od. Kuchenschiffchen *n pl.*

nectarine *f* Nektarine *f.*

nèfle *f* Mispelbeere *f.*

négociant *m* Händler *m; ~ en vins* Wein~ *m.*

nègre *m* **en chemise** gestürzte Schokoladencreme *f* mit Schlagsahne.

neige *f* Schnee *m; œufs m pl à la neige* Eierschnee *m; battre en neige* zu Schnee od. Schaum schlagen.

nélusko *m* **1.** Petit-four *n* mit einer in Branntwein eingelegten Kirche (entstielt, entsteint und mit Johannisbeerkonfitüre gefüllt), überzogen mit Fondant (mit Kirschwasser); **2.** Eisbombe *f* aus Schokolade und mit Curaçao abgeschmecktem Nugat.

néroli *m* flüchtiges Öl *n* aus Orangenblüten *(vor allem bei der Keksherstellung verwendet).*

nesselrode *verschiedene Zubereitungen mit Maronenpüree*: **1.** *(gesalzen:)* Garnitur *f* für Kalbsbries und Rehnüsschen; **2.** *(süß:)* mit Maronenpüree, kandierten

Früchten, Rosinen und Schlagsahne überzogener Pudding *m;* **3.** *(für Fisch:)* Filets *n pl,* gefüllt mit Hechtfarce und gewürfeltem Hummerfleisch, in einer Blätterteighülle, begleitet von Hummersauce mit Austern; **4.** *(für Schlachtfleisch:)* glacierte Maronen, Trüffelscheiben, Champignons, Madeirasauce.

nerveux, nerveuse *(Wein:)* körperreich, nervig.

neufchâtel *m* Frischkäse *m* aus Kuhmilch, 50 % Fett i. Tr.

niçoise, salade ~ *f* Nizzasalat *m; (das Originalrezept:)* dicke Bohnen, Kapern, gewürfelte Kartoffeln, Knoblauch, schwarze Oliven, Pfefferschoten, Radieschen, Sardellen, Tomatenviertel, Zwiebelringe; mit Olivenöl und Sardellenpaste angemacht; *à la ~* „nach Art von Nizza" *(Fisch:)* in Butter gebraten, mit in Knoblauch geschmolzenem Estragon, Kapern, schwarzen Oliven, Sardellenbutter und ‑filets; *(Fleisch:)* Kalbsjus, Prinzessbohnen, Schlosskartoffeln, geschmorte Tomaten.

nicotine *f* Nikotin *n.*

nids *m pl* **d'hirondelles** Schwalbennester *n pl.*

nieuilles *f pl* kleine, runde Blätterteigkuchen *m pl* (Belgien).

nigelle *f* Schwarzkümmel *n.*

niniches *f pl* **bordelaises** mit Schokolade überzogene Weichkaramells.

niolo *m* Weichkäse *m* aus Schafmilch, 45 % Fett i. Tr.

noces *f pl* Haferschleim *m* (Bretagne).

nœuds *m pl* Kekse in karamellisierter Lutschstange (Belgien).

Noël *m* Weihnachten *n; bûche f de ~* Christstollen *m.*

noir 1. *adj.* schwarz; *être ~* besoffen, blau sein; *pain m ~* Schwarzbrot *n;* **2.** *m* schwarzer Kaffee *m* (fam.).

noisette *f* **1.** Haselnuss *f;* Scheibe *f* vom Filet; *~ à la* **Dreux** Lammnüsschen *n pl* mit Streifen von Pökelzunge und Schinken, mit Trüffeln gespickt, gebraten, Finanzmannssauce; *~* **Cussy** sautierte Lammfilets *n pl,* auf frittierten Croûtons dressiert, *(Garnierung:)* Artischockenböden, gefüllt mit Champignonpüree und Hühnernieren, mit Madeira glaciert; *~* **d'agneau** Lammnüsschen *n; ~* **de chevreuil** Rehnüsschen; *~* **de porc aux pruneaux** Schweinefilet mit Backpflaumen und Sahnesauce; *~* **de veau** Kalbstournedos *n pl; ~* **Rivoli** *~* auf Annakartoffeln, mit dem Bratfond und Madeira getränkt, mit gewürfelten Trüffeln garniert; *beurre m ~* nussbraune Butter *f* (durch Erwärmen in der Pfanne); *sauce f ~* holländ. Sauce mit Nussbutter.

noix *f* **1.** Walnuss *f; ~* **de Bayonne** Nussschinken *m; ~* **de Brésil** Paranuss; *~* **de cajou** Cashewnuss; *~* **de coco** Kokosnuss; *~* **de macadam** Macadamianuss; *~* **de muscade** Muskatnuss; *~* **de veau** Kalbsnuss; *brou m de ~* grüne Nussschale *f; auch:* Nusslikör *m; coquille* *de* ~ Nussschale *f; huile f de* ~ Nussöl *f;* **2.** *(Kotelettnuss:)* schieres Fleisch *n.*

nom *m* Name *m; petit* ~ Vor~; ~ **de famille** Familien~.

nombre *m* Zahl *f,* Anzahl *f.*

nombreux, nombreuse zahlreich.

non *adv.* nein; *non plus* nicht mehr; *non coupé adj.* *(Getränk:)* unverdünnt.

non-fumeur *m,* **non-fumeuse** *f* Nichtraucher *m,* Nichtraucherin *f.*

nonat *m* kleiner Mittelmeerfisch *m, (frittiert oder in Omeletts).*

nonnenfirtzle *m pl* Krapfen *m* (Elsass).

nonnette *f* kleiner, runder Lebkuchen *m* mit Marmelade.

nonpareille *f* **1.** kleine Kaper *f,* in Essig eingelegt; **2.** Dragee *f* aus Kristallzucker *(in bunten Farben).*

noques *m pl* Nockerln *n pl,* Suppenklößchen *n pl.*

normande, à la ~ „auf normannische Art: in Butter-Sahne-Sauce mit Champignons, Calvados od. Cidre; *(Fischgerichte:)* Austern, Champignonköpfe, Fleurons, panierte Gründlinge, Krebse, Muscheln, normannische Sauce, Trüffeln.

norvégienne *f* **au cointreau** Eis *n* in Biskuit, mit Baiser überbacken, mit Cointreau abgeschmeckt.

note *f* Bemerkung *f,* Rechnung *f.*

note *f* **de frais** Spesenrechnung *f.*

nouer knüpfen, verbinden, verknoten; *(Früchte:)* ansetzen.

nougat *m* Nugat *m; nougat m noir* Oblaten *f pl* mit Honig-Mandel-Füllung.

nougatine *f* Krokant *m.*

nougatines *f pl* **de Poitiers** Nugatbonbons *m/n pl.*

nouille *f* Nudel *f;* **nouilles** *f pl* **à l'alsacienne** Nudeln *f pl* mit Butter und Bröseln.

nounat *m* Meergrundel *f (Fisch).*

nourrir beköstigen, verpflegen; *(eine Familie:)* unterhalten, ernähren.

nourrissant nahrhaft.

nourriture *f* Beköstigung *f,* Kost *f,* Nahrung *f,* Speise *f,* Unterhalt *m,* Verpflegung *f.*

nous wir, uns; *c'est à nous* das gehört uns.

nouveau, (**nouvel** *vor Vokal od. stummem* h), **nouvelle** *adj.* neu; *à nouveau* von neuem; *pommes f pl de terre nouvelles f pl* Frühkartoffeln *f pl; vin m nouveau* heuriger, diesjähriger Wein *m.*

noyau *m* Kern *m,* Stein *m; fruits m pl à noyau* Steinobst *n.*

nuage *m* Wolke *f; (im Kaffee, Tee:) une nuage de lait* ein kleiner Schuss Milch.

nuageux, nuageuse wolkig, neblig.

nuisible nachteilig, gesundheitsschädlich, unbekömmlich.

nuit *f* Nacht *f,* Dunkelheit *f, **Bonne nuit!*** Gute Nacht!; *la nuit* nachts.

nul, nulle *adj.* nichtig, wertlos, gehaltlos

numéro *m* Nummer *f;* (*Abk.:* **n°**, **N°**, Nr.); ~ *m* *d'une maison* Haus~ *f;* ~ *m* *de téléphone* Telefon~ *f.*

numéroter nummerieren, beziffern.

nutritif, nutritive nährend, Nähr-; *(Speise:)* nahrhaft; *valeur f nutritive* Nährwert *m.*

nutrition *f* Ernährung *f.*

nutritionel, nutritionnelle *f* Ernährungs-; *valeur f nutritionnelle* Nährwert *m.*

O

objet *m* Gegenstand *m.*

oblade *f* Brasse *f.*

oblat *m* Oblate *f.*

obligatoire obligatorisch, verbindlich, vorgeschrieben.

oblitérer stempeln; *(Briefmarke, Fahrschein:)* abstempeln, entwerten.

occasion *f* **1.** Gelegenheit *f,* Möglichkeit *f;* **2.** Anlass *m,* Ursache *f,* Veranlassung *f, à l'occasion de* anlässlich; **3.** Gelegenheitskauf *m, une belle occasion* ein Schnäppchen *n,* ein günstiger Kauf; *(Kauf:) d'occasion* gebraucht, Gelegenheits- ; *livre m d'occasion* antiquarisches Buch *n.*

occupé besetzt, belegt; *être occupé à qc.* mit etwas beschäftigt sein.

occuper besetzen, in Besitz nehmen; beschäftigen, verwenden.

odeur *f* Aroma *n,* Duft *m,* Geruch *m.*

œil *m* **yeux** *m pl* Auge *n; un coup d'œil* ein flüchtiger Blick; *à l'œil* gratis, umsonst (fam.); *yeux m pl de bouillon* Fettaugen *n pl.*

œillette *f* Gartenmohn *m; huile f* d'~ Mohnöl *n.*

œuf *m* **1.** Rogen *m;* **2.** Ei *n;* ~ *m* **à la coque** in der Schale gekochtes ~; **œuf à thé** Tee~; ~ **brouillé** Rühr~ *n;* ~ **cuit à l'eau salée** Sol~; ~ **de poule** Hühner~; ~ **dur** hart gekochtes ~ *n;* ~ **fêlé** Knick~ *n;* ~ **frais** frisches ~; ~ **mollet** weich gekochtes ~ *blanc d'œuf* Eiweiß *n; jaune m d'œuf* Eigelb *n,* Eidotter *m; coquille f d'œuf* Eierschale *f.*

œufs *m* Eier *n pl;* ~ **à la bourguignonne** verlorene ~ *n pl* in Rotweinsauce auf Röstbrotscheiben; ~ **à la bretonne** Spiegel~ auf Zwiebelpüree, mit geriebenem Käse bestreut, glaciert; ~ **à la campagnarde** Kartoffelauflauf *m* mit Eiern, Käse, Rahm; ~ **à la cardinale** Spiegel~ mit Hummer- und Trüffelscheiben belegt; ~ **à la chasseur** Spiegel~ mit sautierter Geflügelleber, Champignons, mit Madeirasauce umgossen; ~ **à la Châtillon** Rühr~ mit gebratenen Champignonscheiben und Petersilie vermischt, mit Fleurons garniert; ~ **à la française** Spiegel~ auf Blattspinat, in Butter sautiert, mit gegrilltem Magerspeck garniert; ~ **à l'alsacienne** Spiegel~ auf Sauerkraut, mit Würstchen garniert; ~ **à l'amiral** Spiegel~ auf Ragout von Champignons und Krebsschwänzen; ~ **à la neige** lockere Klößchen *n pl* aus Eischnee, Zucker, Vanille, in Milch gekocht, mit Vanillesauce; ~ **à la niçoise** Spiegel~ auf Trüffelessenz gegart, mit Trüffelscheiben und -sauce; ~ **à l'antiboise** gebackene Eier, mit Sardellenfilets belegt, mit Tomatensauce umgossen; **~ à la russe** Russische ~; **~ à la savoyarde** Spiegel~ auf angebratenen Kartoffelscheiben, mit Reibekäse und Rahm überdeckt, im Ofen gebraten; **~ à la tripe** Eierscheiben *f pl* in heller Sauce mit Zwiebeln; **~ à la trouvillaise** Spiegel~ auf Ragout von Garnelen, Champignons, Muscheln mit Weißwein und Garnelensauce; **~ à la valencienne** verlorene ~, mit Mayonnaise nappiert, mit Knoblauch und Senf vermischt, auf Artischockenböden serviert; **~ à l'huguenote** verlorene ~ in Sülze; **~ au lait** süße Eiermilchcreme *f;* **~ d'alose à la bordelaise** gewürzter Alsenrogen *m,* mit Scheiben von Rindermark bedeckt, in Öl gebraten, mit Bordelaiser Sauce nappiert; **~ Bercy** ~ *n pl* mit Schweinswürsten; **~ Bragance** pochierte ~ *n pl,* auf gebratenen Tomatenhälften, mit Sauce béarnaise; **~ brouillés** Rühr~; **~ brouillés à l'Argenteuil** Rühr~ mit Spargelspitzen garniert; **~ brouillés à l'arlésienne** Rühr~ mit gebratenen Auberginenwürfeln und Tomaten vermischt; **~ brouillés à l'amiral** Rühr~ mit Hummerfleisch; **~ brouillés à la bressane** Rühr~ mit sautierten, gewürfelten Geflügellebern und Trüffelscheiben garniert; **~ brouillés à la crème** Rühr~ mit saurer Sahne, auf Toast; **~ brouillés à la forestière** Rühr~ mit Champignons; **~ brouillés Joinville** Rühr~ mit gewürfelten Garnelen, Champignons, Trüffeln vermischt, in Blätterteigpastete gefüllt, mit Garnelen und Trüffelscheiben garniert; **~ brouillés à la princesse** Rühr~ mit grünen Spargelspitzen vermischt, mit Trüffelscheiben garniert, mit Rahmsauce umgossen; **brouillés à la reine Margot** Rühr~ mit Mandelbutter in Tarteletts gefüllt, mit Velouté umgossen; **~ brouillés Yvette** Rühr~ mit Krebsschwänzen vermischt, mit grünen Spargelspitzen garniert, Nantuasauce; **~ Carême** Spiegel~ mit Trüffel- und Champignonscheiben garniert, glaciert; **~ Cluny** Spiegel~ und Geflügelkroketten, mit Tomatensauce umgossen; **~ de caille au caviar** Wachtel~ mit Kaviar; **~ de Pâques** Oster~; **~ de poisson** Rogen *m;* **~ durs (et farcis)** hart gekochte (und gefüllte) ~; **~ durs à la diable** Senf ~; **~ durs en salade** Eiersalat *m;* **~ durs et farcis à la strasbourgeoise** passiertes Eigelb *n,* mit Gänseleberpüree in Eihälften gefüllt, paniert, frittiert, mit Geflügelrahmsauce; **~ en cocotte** ~ im Töpfchen; **~ en cocotte à la forestière** ~ im Töpfchen, gehackte Morcheln, gebratene Speckscheibe, pochiert, mit Wildjus umgossen; **~ en neige** zu Schaum geschlagene ~; **~ en robe de chambre** rohe ~ in gebackene, ausgehöhlte Kartoffeln gefüllt, mit Butterflöckchen im Ofen überbacken; **~ frits** gebackene ~; **~ frits à la romaine** gebackene ~ auf Spinat; **~ froids à la Dreux** Spargelspitzen und Trüffelscheiben *f pl* mit Eihälften belegt, auf Croûtons mit Gelee garniert; **~ Marivaux** Rühr ~, mit gehackten Trüffeln vermischt,

mit Champignonscheiben und Fleischglace umgeben;
~ meurette ~ in gebundener Rotweinsauce pochiert,
mit Speckwürfeln, Champignons, Petersilie garniert;
~ miroir Spiegel~; **~ mollets** wachsweiche ~; **~ pochés
à la chasseur** verlorene ~ auf Tortelets, mit sautierten
Champignons und Geflügelleber in Jägersauce gefüllt;
~ pochés à la flamande verlorene ~ auf mit Rosen-
kohlpüree gefüllten Blätterteigkrustaden, mit Rahm-
sauce nappiert; **~ pochés à la gasconne** verlorene ~ auf
angebratenen Tomaten dressiert, mit Lammhaschee
gefüllt, mit Tomatensauce und Reibekäse bedeckt, gla-
ciert; **~ pochés Louis XIV** verlorene ~ auf Blätterteig-
krustaden (gefüllt mit Champignonspüree und gewür-
felter Pökelzunge), mit gehackten Trüffeln überstreut;
~ pochés Mornay verlorene ~ auf Croûtons, mit Mor-
naysauce bedeckt, mit Reibekäse gratiniert; **~ pochés
à la rouennaise** verlorene ~ mit pürierter Gänseleber
auf Toast; **~ poêlés** Setz~; **~ sur plat** Spiegel~; **~ sur le
plat au bacon** Spiegel~ mit Frühstücksspeck; **~ sur le
plat au lard maigre** Spiegel~ mit (Frühstücks-)Speck.

œnophile *m* Freund *m* eines guten Tropfens.

ofenkiechlas *m pl* Vanilleplätzchen *n pl* (Elsass).

office *m* **de tourisme** Fremdenverkehrsamt *n*.

offrir anbieten; **~ un repas** bewirten.

oie *f* Gans *f;* **~ à la flamande** ~ mit Kohl, Karotten und
Rüben gedünstet; **~ à la paysanne** ~ mit Scheiben
von Karotten, Sellerie und Zwiebeln, gedünsteten grü-
nen Erbsen und Bohnen geschmort; **~ du réveillon**
(Weihnachts-, Neujahrs-)Mitternachtsessen *n;* **~ en
daube** ~ mit Brät von gewürfelter Pökelzunge, Speck,
Trüffeln, Cognac gefüllt, im Ofen gedünstet, kalt ser-
viert; **~ rôtie** Gänsebraten *m;* **~ sauvage** Wildgans.

oignon *m* Zwiebel *f; soupe à l' ~* Zwiebelsuppe *f.*

oiseau, oiseaux *m* Vogel *m;* **oiseaux** *m pl* **sans tête**
Fleischrouladen *f pl.*

oison *m* Gänschen *n*, junge Mastgans *f.*

olive *f* **1.** Olive *f;* **2.** Stumpfmuschel *f.*

olivet *m* **bleu** Blauschimmelkäse *m* aus Kuhmilch, mit
Heu umhüllt, 45 % Fett i. Tr.

olivet *m* **cendré** pikanter Weichkäse *m* aus Kuhmilch, in
Asche gereift, 40 % Fett i. Tr. (Loire-Tal).

olivette *f* Eiertomate *f.*

omble *m* Goldforelle *f,* Bachsaibling *m;* **~ chevalier**
Seesaibling *m.*

ombre 1. *f* Schatten *m;* **2.** *m* Äsche *f (Süßwasserfisch).*

ombrine *f* Umber *m (Karpfenfisch).*

omelette *f* Eierkuchen *m,* Omelett *n;* **~ à la belle Arlé-
sienne** ~ mit Stockfischpüree gefüllt, mit gebratenen
Auberginenwürfeln und Tomatensauce überdeckt; **~ à
la bergère** ~ mit Lammhaschee gefüllt, mit Champig-

nonscheiben garniert; **~ à la bretonne** ~ mit Lauchscheiben, Champignons, Zwiebeln; **~ à la chasseur** ~ mit gebratener Gänseleber und Champignons, mit Jägersauce umgossen; **~ à la cherbourgeoise** ~ mit Garnelen; **~ à la favorite** ~ mit Spargelspitzen und gehacktem Schinken in Rahmsauce, mit Trüffelscheiben belegt; **à la nîmoise** ~ mit Stockfischpüree gefüllt, in Öl gebacken, mit Trüffelscheiben garniert; **à la norvégienne** Eis in Biskuitteig, mit Baisermasse überbacken; **~ à la paysanne** ~ mit Kartoffeln, Speck, Zwiebeln; **~ Alaska** Biskuit *m* od. *n*, mit Eis gefüllt, mit Eischnee leicht überbacken; **~ à la Vichy** ~ mit Karotten gefüllt und mit Rahmsauce umgossen; **~ crespeu** ~ mit Kartoffeln oder Pökelfleisch gefüllt (Provence); **~ d'entremets** süßes ~.

onglet *m* viereckiges Stück *n* Steakfleisch *(zum Braten)*.

opéra *m* Biskuitgebäck *n* aus Biscuit-Joconde, mit starkem Kaffeesirup getränkt, mit Kaffee-Buttercreme und einer Tortencreme mit extra fettem Rahm und Blockschokolade garniert; auf die mit Goldblättchen dekorierte Oberflächenglasur ist das Wort *Opéra* geschrieben.

operne *m* Muschel *f (Art)* mit fingergroßer Schale.

option *f* Option *f*, Wahlmöglichkeit *f*.

orade *f Mittelmeerfisch m (Art)*.

orange *adj.* orange, orangefarben; *f* Apfelsine *f*, Orange *f*; **~ amère** Bitter~; **~ givrée** ~ Orange, in der Fruchtschale geeist; **~ sanguine** Blut~.

orangeade *f* Orangeade *f*, Apfelsinensaft *m*.

ordure *f* Schmutz *m*, Müll *m*; **~s ménagères** Abfälle *f pl*.

oréchiette *f* kleine, ohrförmige Nudel *f*.

oreille *f* Ohr *n*; **~ de mer** Abalone *f*, Seeohr *n (Fisch)*; **~s de veau farcies** Kalbsohren *n pl*, mit Hechtfarce gefüllt, in Weinsauce.

oreillette *f* Fastnachtskrapfen *m*, Blätterteiggebäck *n* mit Orangenblüten und Rum (Montpellier).

orge *f* Gerste *f*; **~ m mondé** Gerstengraupen *f pl*; **~ m perlé** Perlgraupen *f pl*.

orgeat *m* Mandelmilch *m*.

orientale, à l' ~ „auf orientalische Art" *(Fleisch:)* mit Reis gefüllte Tomaten, Tomatensauce, Kroketten; *(Fischfilets:)* mit Fenchel, Knoblauch, Lorbeer, Petersilienwurzel, Safran, in Sauce aus Olivenöl und Weißwein, Zitronenscheibe.

origan *m* wilder Majoran *m*, Oregano *m*.

origine *f* Ursprung *m*, Herkunft *f*, Beginn *m*, Abstammung *f*; *(Produkt:)* Herstellungsland *n*.

orléanaise, à l'~ „nach Art von Orléans" *(Fleisch:)* gedünstete Chicorée oder Endivie, Bratensaft und Haushofmeisterkartoffeln.

ormeau *m* od. **oreille-de-mer** *f* Seeohr *n (Schneckenart mit marmoriertem, ohrmuschelförmigem Gehäuse; Mittelmeer).*

ornement *m* Verzierung *f,* Zierwerk *n.*

oronge *f* Blätterpilz *m;* **vraie ~** Kaiserpilz *m.*

orphie *f* od. **aiguille** *f* Hornhecht *m.*

ortendaise *f* Auster *f (Art).*

ortie *f* Brennnessel *f;* **~ de mer** Qualle *f,* Seenessel *f.*

ortolan *m* Fettammer *f;* **~ à la lorraine** ~ in Pflaumenhälften, mit Weinblatt umwickelt, im Ofen gebraten; **~ au champagne** ~ mit Trüffelscheiben in Champagner geschmort, mit Blätterteig bedeckt, im Ofen überbacken.

os *m* Knochen *m;* **~ à moelle** Mark~.

oseille *f* Sauerampfer *m.*

ôter wegnehmen, entfernen; *ôter le couvert* den Tisch abdecken; *ôter les arêtes* entgräten; *ôter les noyaux* auskernen, entkernen; *ôter les os* die Knochen herauslösen.

ou oder.

où wo?, wohin?; *d'où* woher?

oublie *f* Oblate *f,* Waffelröllchen *n; auch:* Hostie *f.*

oublier vergessen.

ouillade *f* Suppe *f* mit Bohnen, Ei, Knoblauch, Kohl, Würstchen.

ouillat *m* od. **tourri** *m* Bouillonsuppe mit (dicken) Bohnen, Gänseschmalz, Knoblauch, Zwiebeln, mit Brotscheibe od. Fadennudeln angedickt (Béarn).

oursin *m* **comestible** Seeigel *m.*

outil *m* Werkzeug *n.*

ouvert offen; *(Geschäft, Museum etc:)* geöffnet.

ouverture *f* Eröffnung *f,* Öffnung *f;* **heures** *f pl* **d'~** Öffnungszeiten *f pl.*

ouvre-boîtes *m* Dosenöffner *m.*

ouvre-bouteilles *m* Flaschenöffner *m.*

ouvre-huîtres *m* Austernöffner *m.*

ouvrir aufmachen, öffnen; *ouvrir en tirant* aufreißen, aufziehen; *ouvrir l'appétit* den Appetit anregen; *ouvrir le robinet* den Wasserhahn aufdrehen.

oxtail *m* **clair** klare Ochsenschwanzsuppe *f.*

oyonnade *f* Gänsefleischragout *n.*

P

pachade *f* Pflaumenomelett *n* (Auvergne).

paëlla *f* Paëlla *f* *(spanisches Pfannengericht, mit z. B. Geflügelfleisch, Fischen, Krustentieren, Muscheln).*

pageau *m* rote Meerbrasse *f.*

pagel *m* Rotbrasse *f.*

pageot *m* Rotbrasse *f* *(der Goldbrasse verwandter Fisch).*

pagre *m* Rot-, Seebrasse *f.*

paillasson *m* Fußmatte *f;* ~ **de pommes de terre** *(Art)* Pfannkuchen *m* aus geriebenen, gekochten Kartoffeln, beidseitig in der Pfanne goldbraun gebraten *(zu Scheibenfleisch und grünem Salat).*

paille *f* Stroh *n,* Trinkhalm *m;* ~**s au fromage** Käsestäbchen *n pl.*

paillette *f* Blättchen *n;* ~**s d'anchois** heißer, im Ofen gebackener Blätterteigfladen *m,* mit Anchovisbutter bestrichen; ~ **au chester** Blätterteigtasche *f* mit Chester-Käse gefüllt.

pain *m* Brot *n;* ~ **à café** Doppelbrötchen *n;* ~ **à la reine** Fischcreme *f;* ~ **au chocolat** Schokoladebrot *n;* ~ **au lait** feines Hefegebäck *n* mit Milch *(als Frühstücksod. Teegebäck und für kleine Sandwiches);* ~ **au levin** Sauerteigbrot *n;* ~ **aux fruits** Fruchtbrot *n;* ~ **aux raisins** *(Hefegebäck:)* Schnecke *f* (regional)*;* ~ **aux six céréales** Sechskorn~ (Weizen, Roggen, Hafer, Gerste, Mais, Buchweizen); ~ **azyme** Oblate *f,* ungesäuertes Brot *n;* ~ **bagnat** großes Sandwich *n,* mit Nizzasalat gefüllt, in Essig und Öl getränkt; ~ **bis** Grau~, Misch~ *n;* ~ **blanc** Weiß~ *n;* ~ **bourguignon** Käse-Eier-Pudding *m;* ~ **briare** Misch~; ~ **brioché** leicht gesüßtes ~; ~ **complet** Vollkorn~; ~ **croustillant** Knäcke~; **cuit au bois** Holzofen~; ~ **d'anis** Anisplätzchen *n;* ~ **daussé** Zwiebelpüree *n* auf ~scheiben; ~ **d'avoine à la crème** Hafer~ mit Sahne; ~ **de beurre** Butterkloß *m;* ~ **de brochet** Hechtpastete *f;* ~ **de campagne** Misch~; ~ **d'écrevisses** Fischpastete *f* mit Krebsschwänzen; ~ **de cuisine** Gericht *n,* das in einer Form im Wasserbad gekocht wird; aus Wild-, Fisch-, Geflügel- od. Schlachtfleisch; *auch* auf Gemüsebasis; ~ **d'épices** Lebkuchen *m;* ~ **de fantaisie** *(Oberbegriff für)* Stangen~, das nur im Ganzen verkauft wird; ~ **de froment** Weizen~; ~ **de Gênes** ~ aus Biskuitteig mit gemahlenen Mandeln; ~ **de glace** Stange Eis; ~ **de gruau** feinstes Weiß~; ~ **de lapin dauphinois** Knödel *m* aus Kaninchenfleisch und Sahne; ~ **de maison** Haus~; ~ **de ménage** Bauern-, Land~, selbst gebackenes ~; ~ **de mie** Toast ~; ~ **de Nantes** kleiner, runder Kuchen *m* mit Zitronen- od. Orangengeschmack, in einer mit

138

Mandelsplittern ausgelegten Form gebacken; ~ **de poisson** Fischpastete *f;* ~ **de pommes des Picards** Kompott *n* aus Bratäpfeln; ~ **de régime** Diät~; ~ **de seigle** Roggen~; ~ **de son** Schwarz~, Weizenkleie~; ~ **de sucre** Zuckerhut *m;* ~ **de viande** Hackbraten *m,* falscher Hase *m;* ~ **d' œuf au caramel** Karamellcreme; ~ **d'orge** Gersten~; ~ **frais** frisch gebackenes ~; ~ **français** *(Oberbegriff für)* langes ~, Stangen~ (Belgien); ~ **grillé** Röst~; ~ **long** Stangenweiß~; ~ **mollet** Milchbrötchen *n;* ~ **moulé** in einer Form gebackenes ~; ~ **noir** Schwarz~; ~ **noir de Westphalie** Westfälischer Pumpernickel *m;* ~ **parisien** Pariser ~; das durch Zubereitung und Backtechnik eine besonders knusprige goldgelbe Kruste und einen luftigen Teig mit großen Blasen bekommt, nur in ganzen Stangen von 400 oder 500 g Gewicht; *(bâtard m* ist ein kurzes, dickes, *baguette f* ein langes, dünnes Stangenbrot, beide von 300 g Gewicht); ~ **paysan** Bauern~; ~ **perdu** Goldschnitte *f,* Armer Ritter *m;* ~ **perdu en gratin** Auflauf *m* aus gewürfelten, altbackenen Brotscheiben, Pilzen, Kräutern, Salami, Schinken, Zwiebeln, Eiern und Quark; ~ **rassis** altbackenes ~; ~ **russe** Schwarz~; ~ **suédois** Knäcke~; ~ **viennois** Milchweißbrot; *petit* ~ Brötchen *n; petit* ~ *mollet* od. *au lait* Milch~; *(Brot wird in Frankreich zu jeder Mahlzeit „à discrétion" aufgetragen, soll aber nicht vor dem Menü gegessen werden. Das Brot soll vor allem zwischen den Gerichten die Geschmacksnerven neutralisieren. Es wird zum Verzehr in kleine Stücke gebrochen, keinesfalls werden Butterschnitten gemacht, ebenso wenig sollte man sich daran satt essen. Maßvollen Gebrauch von dem angebotenen Brot zu machen, ist guter Stil!).*

paire *f* Paar *n.*

palée *f* Felchen *m (nur v. Bodensee und Neuchâteler See).*

paleron *m (Ochse:)* Schulterstück *n,* Bug *m.*

paletes *f pl* **de pommes de terre** Kartoffelküchlein *n pl.*

palets *m pl* **aux raisins** Rosinenplätzchen *n pl.*

palette *f (Schwein:)* Schulterstück *n,* Bug *m.*

palmier *m* **1.** Palme *f,* Palmblatt *n;* **2.** *(Süßgebäck:)* Schweinsohr *n.*

paloise, à la ~ kleine gegrillte Fleischstücke, garniert mit grünen Butterbohnen und Nusskartoffeln; *sauce f paloise* Béarner Sauce *f* mit Minze statt Estragon.

palombe *f* **flambée** gebratene Wildtauben *f pl* auf einem Kanapee, das mit Wildfarce bestrichen ist.

palomine *f* Makrele *f.*

palourde *f* Teppich-, Venusmuschel *f.*

pamplemousse *f* od. *m* Grapefruit *f,* Pampelmuse *f.*

pan *m* Kalbslende *f* mit Keule; ~ **bagnat** *m* kleines rundes Brot, belegt mit Anschovis, kleinen Bohnenkernen, hart gekochten Eiern, schwarzen Oliven, Pfefferschoten, Tomaten, Zwiebeln, mit Öl beträufelt (Nizza); **~ coudoun** Quitten *f pl* im Teigmantel (Provence).

panaché 1. *adj.* gemischt, gemengt; **2.** *m* Bier mit Limonade gemischt.

panade *f* **1.** Brotsuppe *f* (mit Zwiebeln, Butter, Milch); **2.** Brandteig *m*.

panadel *m* Suppeneinlage *f*.

panais *m* Pastinake *f* *(möhrenähnliches Wurzelgemüse, geschmacklich feiner als die Petersilienwurzel).*

paner panieren; **pané** paniert.

panier *m* Korb *m;* **~ à friture** Frittier~; **~ à provisions** Einkaufs~; **~ à salade** Salat~; **~ à vaisselle** Geschirrwagen; **~ de la friteuse** Drahteinsatz *m;* **~ verseur** Flaschenträger *m;* **~-repas** Lunchpaket *n*.

panisses *f pl* Kichererbsen-Kroketten *f pl* (Nizza).

panneau *m* Schild *n;* **~ d'affichage** Anschlagbrett *n*.

pannequet *m* gefüllter Pfannkuchen *m*.

pantacruélique *(Appetit:)* unbändig; *(Mahlzeit:)* üppig.

papaya *f* Baummelone *f,* Papaya *f*.

papeton *m* frittiertes Auberginenpüree *n* mit Eiern, in einer Form gebacken (Avignon).

papier *m* Papier *n;* **~ à cigarettes** Zigaretten~; **~ adhésif** Klebefolie *f;* **~ à lettres** Briefpapier; ~ Pergament~, Butterbrot~; **~ crépé** Krepp~; **~ d'aluminium** Alufolie *f;* **~ d'argent** Stanniolpapier; **~ d'emballage** Pack~; **~ d'étain** Stanniol~; **~ de soie** Seiden~; **~ de verre** Sand~; **~ éméri** Schmirgel~; **~-filtre** Filter~; **~ hygiénique** Toiletten~; **~ journal** Zeitungs~; **~-monnaie** Papier~; **~ sulfurisé** Butterbrot~; *vieux papiers m pl* Altpapier *n*.

papiettes *f pl* **de veau des moines de Lucelle** Kalbsspieße *m pl* (Elsass).

papillotte *f* Hülle *f* aus Pergamentpapier, in der Gerichte gegart werden; **en ~** *(Fisch, Fleisch, Geflügel:)* in gefettetem Papier gebacken od. in Folie gegart; **~s de turbot aux passe-pierres** Steinbuttfilets *n pl* mit Strandfenchel und Butter, in Folie gegart.

paprika *m* Paprika *n,* Paprikapfeffer *m*.

par an, bei, durch, mit, über; **~ an** jährlich; *jour ~ jour* tagtäglich; **~ mois** monatlich; **~ moitié** zur Hälfte; **~ personne** pro Person; **~ pièce** pro Stück.

paralithodes *f pl* **camtschatica** Kamtschatkakrabbe *f,* Königskrebs *m*.

par an jährlich, pro Jahr.

parc *m* Park *m;* **~ à huîtres** Austernpark.

parce que weil.

par-dessus (oben-)drauf, darüber.

pardon *m* Entschuldigung *f; je vous demande ~* Entschuldigen Sie bitte.

pareill, pareille gleich, gleichwertig.

parer 1. *(Fleisch:)* auslösen; von Haut und Sehnen befreien; 2. zurechtschneiden; 3. *(Gemüse:)* putzen; 4. *(Eier, Birnen etc:)* verzieren.

parfait *adj.* vollkommen, vollständig; *m* 1. überfetter Weichkäse *m* aus Kuhmilch, 72 % Fett i. Tr.; 2. (Gänseleber-)Parfait *n:* eine reine, getrüffelte Gänseleber; 3. *(Süßspeisen:)* Halbgefrorenes *n,* gefrorene, aromatisierte Sahne *f;* 4. Eisbombe *f* mit Schlagsahne; ~ **à la lyonnaise** Eiscreme *f* mit glasierten Mandeln. ~ **de foie gras** getrüffelte Gänseleber *f;* ~ **de lièvre** kaltes gebratenes Hasenfleisch, Béchamelsauce, Gelee-Dreiecke, pochierte Leber;

parfum *m* Duft *m; (Speiseeis:)* Geschmack *m,* Geschmacksrichtung *f.*

parfumer *(einem Gericht:)* eine Geschmacks- oder Duftrichtung zu seinem natürlichen Aroma geben.

Paris-Brest *m* Brandteiggebäck *n* in Kranzform, mit Pralincreme gefüllt, mit gehackten Mandeln überstreut.

parisien *m* Zitronenbiskuit *n,* gefüllt mit Mandelcreme und kandierten Früchten, mit italienische Meringe maskiert, goldbraun gebacken.

parisienne, à la ~ „Pariser Art" *(Geflügel, Fleisch:)* Artischockenböden mit Füllung aus Champignons, gepökelter Zunge und Trüffeln; mit weißem Fond gebunden, mit Madeirasauce und Kartoffeln ‚à la parisienne'.

Parmentier, Antoine Auguste (1737–1813) französischer Militärapotheker und Agronom; hat die zu jener Zeit von den Franzosen noch als Viehfutter abgetane Kartoffel als wertvolles Nahrungsmittel propagiert und den Kartoffelanbau in Frankreich gefördert; *à la Parmentier (zu Fleisch:)* Kartoffelwürfel od. Olivenkartoffeln *f pl* in Butter gebraten, mit Bratensaft; mit Petersilie bestreut.

parsemer (de) bestreuen (mit).

part *f* Teil *m* od. *n,* Anteil, *(Kuchen:)* Stück *n;* à ~ getrennt, extra, gesondert, für sich; *d'autre* ~ übrigens.

partie *f* Teil *m,* Branche *f,* Geschäft *n; en partie* teilweise.

partir 1. abreisen, aufbrechen, fortgehen; *(Zug:)* abfahren; *(Flugzeug:)* abfliegen; 2. anfangen, beginnen, *le feu part* das Feuer geht an; *(Küche:) faire partir* Zubereitungen mit langer Koch-, Back-, Bratzeit auf dem Herd anbraten, ankochen, bevor sie in den Ofen kommen, *(so werden auch Zubereitungen im Wasserbad [bain-marie] bis zum Kochen des Wassers eingeleitet, dann auf dem Feuer bzw. Herd bei kleiner Flamme pochiert); à partir de* von ... an; *à partir d'aujourd'hui* ab heute; *(Korken:)* herausspringen; *(Sektkorken:) partir au plafond* an die Decke fliegen.

parure *f* Schmuck *m;* Verzierung *f;* *(Fleischerei:)* Fett- und Hautabfälle *m pl.*

pascades *f pl* gesalzene Eierkuchen *m pl* (Rouergue).

pascaline *f* **d'agneau** Osterlamm *n.*

passé *(Käse, Wein:)* überaltert, -lagert, -reif *(im Geschmack nicht mehr gut).*

passe-l'an *m* sehr lange gereifter Hartkäse *m* aus Kuhmilch.

passe-crassane *f* Bergamotte *f* (*Birnensorte*).

passe-pierre od. **perce-pierre** *f* Strandfenchel *m* (*grünen Bohnen ähnelnde Algenart*).

passer 1. (an etwas) vorbeigehen, -kommen; *défense de passer* Durchgang verboten!; vergehen, -streichen; *passer de mode* aus der Mode kommen; **2.** *(Brühe, Sauce, Suppe:)* durchpassieren, durch ein Sieb seihen; *(Kaffee:)* filtern; **3.** *(Tee:)* durch ein Sieb ablaufen lassen; **4.** *(bes. bei Tisch:)* ~ **quelquechose à quelqu'un** *(bei Tisch:)* jemandem etwas geben, hin-, herüberreichen; *passons à table!* gehen wir zu Tisch!

pastèque *f* Wassermelone *f.*

pasteuriser pasteurisieren, entkeimen.

pastille *f* Plätzchen *n,* Bonbon *m* od. *n.*

pastis *m* **1.** Anisschnaps *m;* **2.** Blätterteigkuchen *m* mit Äpfeln (Lot); ~ **landais** Kuchen *m* mit Pflaumen in Armagnac und Orangenblütenwasser.

patate *f* Batate *f,* Süßkartoffel *f.*

pâte *f* **1.** Teig *m;* *(Confiserie:)* Paste *f,* Masse *f;* **2.** Fraß *m,* Pamps *m* (*nur sg.,* fam.); ~ **à brioches** Hefe~; ~ **à choux** Brand~; ~ **à crêpes** Eierkuchen~; ~ **à frire** Back~; ~ **à pain** Brot~; ~ **à tartes** (Mürbe-, Blätter-)Teig für Tortenböden; ~ **à tartiner** Brotaufstrich *m;* ~ **brisée** geriebener Knet-, Mürbeteig; ~ **d'amandes** Marzipan *m* od. *n,* Mandelmasse *f;* ~ **de fruits** Fruchtpaste *f;* ~ **dentifrice** Zahnpasta *f;* ~ **feuilletée** Blätterteig; ~ **levée** Hefe~; *fromage à* ~ *molle* Weichkäse *m;* *pâtes f pl alimentaires* Nudeln *f pl,* Teigwaren *f pl,* *pâtes f pl aux œufs* Eierteigwaren; *pâtes f pl* **de fruits** Geleefrüchte *f pl.*

pâté *m* **1.** Fleisch-, Leberkäse *m;* **2.** Pastete *f;* ~ **à la viande sucrée** kleine Rollpastete *f* aus Füllung mit karamellisiertem Hammelhackfleisch; ganz heiß serviert (Pézenas); ~ **aux anchois de Colliure** pikanter Krapfen *m,* mit Sardellen gewürzt; ~ **aux poires** Birnentorte *f;* ~ **avec moule** Pastete, in der Form serviert; ~ **bourbonnais** Kartoffel~ mit Knoblauch, Sahne, Schalotten, Zwiebeln; ~ **chaud d'alouettes à la beauceronne** ausgebeinte Lerchen *f pl* mit Farce und gehackten Trüffeln im Ofen gebacken, schichtweise mit Farce in Form gefüllt, mit Teig abgedeckt, mit Lorbeer und Thymian bestreut, ausgebacken, mit Salmi heiß serviert; ~ **chaud de faisan à la vosgienne** warme

Fasanen *m pl* mit Champignons, Speck, Trüffeln, Weißwein u. a.; ~ **d'anguille** Aal~; ~ **de bécasse** Schnepfen~ (Périgord) ~ **de campagne** Land~ aus *(überwiegend)* Schweinefleisch; ~ **de cédrat** Zitronengelee *n* od. *m* (Bayonne); ~ **de foie gras (truffé)** (getrüffelte) Gänseleber~; ~ **de gibier** Wild~; ~ **de lapin** Kaninchen~; ~ **de Pithiviers** Lerchen~; ~ **de poisson** Fisch~; ~ **de pommes de terre** Kartoffelscheiben in einem Teigmantel im Ofen gebacken, die knusprige Oberseite wie ein Deckel abgeschnitten, die Kartoffeln reichlich mit Crème fraîche übergossen, lauwarm serviert (Montluçon); ~ **de saumon** Lachs~; ~ **de tête de cochon** Schweinskopfsülze; ~ **de veau** Lammfleisch~; ~ **de viande** Fleisch~; ~ **de volaille** Geflügel~; ~ **du Périgord** ~ mit Gänseleber und Trüffeln; ~ **en croûte** ~ aus Kalb-, Geflügel- und Schweinefleisch (Poitou); ~ **Pantin Ferdinand Wernert** ~ im Teigmantel mit Füllung aus Geflügel-, Kalb- und Schweinefleisch, Schinken, Trüffeln, Wild und Cognac *(eine Schöpfung von Paul Bocuse);* ~ **parisien** ~ mit Kalb- und Rindfleischfarce, Schalotten, Weißwein, mit Cognac mariniert; ~ **vendéenne** Wildkaninchen~.

patée *f* Pampe *f,* Fraß *m.*

patelle *f* Napfschnecke *f.*

patère *f* **à vêtements** Kleiderhaken *m.*

pâteux, pâteuse teigig, breiig, pappig; *(Flüssigkeit:)* sämig.

pâtisserie *f (Geschäft:)* Feinbäckerei *f,* Konditorei *f,* Konditorhandwerk *n; (Backwaren:)* feine Backwaren *f pl,* Feingebäck *n,* Konditorwaren *f pl* und Süßspeisen *f pl; (Tätigkeit in der Küche:)* Backen *n; rouleau m à pâtisserie* Nudelholz *n.*

pâtissier *m* Feinbäcker *m,* Konditor *m; (in der Küchenbrigade:)* zuständig für alle Zubereitungen kalter Süßspeisen, in der warmen Küche für Teiggerichte, Nudeln, Krustaden usw.

pâtissière *f* Feinbäckerin *f,* Konditorin *f.*

patron *m* Arbeitgeber *m,* Betriebsinhaber, Hausherr *m.*

pauchouse *f* Fischeintopf *m* in Weißwein mit Knoblauch.

paupiette *f* Roulade *f; paupiette de sole* Seezungenröllchen *n;* ~ **Dugléré** ~ mit Petersilie, süßer Sahne, Schalotten, Tomaten, Zwiebeln; ~ **Sophie** Seezungenfilets *n pl,* mit Lachsbutter bestrichen, in Weißwein gedünstet; **paupiettes de veau Noailles** Kalbfleischröllchen *n pl* mit Kalbsfarce, Champignons, Kräutern gefüllt, mit Trüffelsauce nappiert, mit Trüffeln dekoriert.

pause-café *f* Kaffeepause *f.*

pauvre arm; ~ **homme** *m* Sauce *f* aus Fleischbrühe, Petersilie, Pfeffer, Salz, Schalotten.

pavé *m* **1.** Pflasterstein; ~ **s** *m pl* viereckige Bonbons *n* od. *m;* **2.** *(Fleisch:)* viereckig geschnittenes, dickes

Filetstück *n; (Fisch:)* dicke Fischscheibe *f;* **3.** mosaikartig zusammengesetzte (Eis-)Desserts *n pl;* ~ **de Moyaux** od. ~ **d'Auge** Weichkäse *m* (Typ Livarot) aus Kuhmilch, 45 % Fett i. Tr. (Normandie).

pavot *m* Mohn *m.*

pa-y-all *m* mit Knoblauch bestrichenes Brot *n.*

peau *f* Haut *f; (Pflanzen:)* Hülle *f,* Hülse *f,* Schale *f.*

pêche *f* **1.** Pfirsich *m;* **2.** Fischerei *f,* Fischfang *m;* ~ **cardinal** gekochter Pfirsich mit Himbeerpüree; ~**côtière** Küstenfischerei; ~ **en haute mer** Hochseefischerei; ~ **Ninon** pochierter Pfirsich, mit Grießflammeri und Aprikosensauce; ~**s soufflées** Pfirsichauflauf *m.*

pêcheur *m* **1.** Fischer *m; à la* ~ **2.** „Fischerart" mit Fisch und Meeresfrüchten.

pectine *f* Pektin *n.*

peigne *m* Pektenmuschel *f,* Kammmuschel *f.*

pelé geschält.

peler *(Kartoffeln, Obst, Zwiebeln:)* schälen.

pêle-mêle *m invar.* Allerlei *n,* Mischgericht *n.*

pelle *f* Schaufel *f,* Pfannenwender *m;* ~ **à gâteaux** Tortenheber *m;* ~ **à rôtir** Bratschaufel; ~ **à tarte** od. **à pâtisserie** Tortenheber *m.*

pelletée *f* Schaufelvoll *f.*

pelou *m* Krabbe *f* (Nizza).

peluche *f (Kartoffeln, Obst, Zwiebeln:)* Haut *f,* Hülse *f,* Schale *f.*

pelure *f (Früchte, Gemüse:)* Schale *f,* Haut *f,* Hülse *f;* **vin** ~ **d'oignon** Bleichert *m,* Schillerwein *m.*

pendant *prep.* während; **pendant que** *conj.* während.

péperade *f* (s. **piperade**).

pepperpot *m* Ragout *n* aus Hammel- und Schweinefleisch, mit Bier und versch. Gemüsen (Flandern).

perche *f* Barsch *m;* ~ **commune** Fluss~; ~ **dorée** od. **goujonnière** Kaul~; ~ **Joinville** ~filets *n pl,* mit Fischfarce bestrichen, in Weißwein pochiert; mit Champignons, Garnelenschwänzen und Trüffeln garniert.

perdreau *m* junges Rebhuhn *n;* ~ **à la catalane** in Schinken-Knoblauch-Tomaten-Sauce; ~ **Carême** ~ gebraten, mit süßem Rahm und Geflügelsauce deglaciert, mit gedünstetem Sellerie garniert; ~ **des neiges** Schneehuhn *m,* ~**flambé du bocage** ~ mit Calvados flambiert.

perdrix *f* Feldhuhn *n;* ~ **commune** od. **grise** Rebhuhn *n.*

Périgueux od. **à la périgourdine** Sauce *f* mit Demiglace, Trüffeln, Trüffelsaft.

pernod *m* Anisschnaps *m (steht oft als Gattungsbegriff).*

persil *m* Petersilie *f.*

persillade *f* **1.** Salatsauce *f* mit Knoblauch, Kräutern, gehackter Petersilie; **2.** kalte Rindfleischschnitte *f,* mit den Zutaten von (1) garniert.

persillé 1. mit Petersilie bestreut od. angerichtet od. zubereitet; **2. fromage ~** Edelschimmelkäse *m;* **3. viande ~e** durchwachsenes Fleisch *n.*

personnel *adj.* persönlich; *m* Personal *n,* Belegschaft *f;* **~ de la cuisine** Küchenpersonal *n;* **~ de salle** Bedienungspersonal *n.*

peser (ab-)wiegen.

pétéram *m* Ragout *n* aus Hammel- und Kalbfleisch, mit Kartoffeln, Knoblauch, Speck, Zwiebeln (Garonne).

pétillant 1. *(Mineralwasser:)* prickelnd, sprudelnd; **2.** *(Wein:)* spritzig; **3.** *(Champagner, Sekt:)* moussierend, perlend, prickelnd.

petit *adj. m* klein, geringfügig; *m* **~-beurre** Butterkeks *m (Marke:* ‚Petit-beurre Lu' ®); **~ blanc** einfacher, offener Weißwein *m;* **~ coup (de rouge)** Schlückchen *n* (Rotwein); **~ déjeuner** Frühstück *n; (das französische Frühstück ist meist sehr einfach: Kaffee au lait, Baguette, Butter, Marmelade und / od. Croissant; in den Städten wird das Frühstück gern in einem Café statt im Hotel eingenommen);* **~ gateau** Teegebäck *n;* **~ - lait** Molke *f;* **~ noir** Tässchen *n* starker, schwarzer Kaffee (ugs.); **~ pain** Brötchen *n;* **~ salé** Pökelfleisch *n;* **~ suisse** runder Doppelrahmfrischkäse *m;* **petite** *adj. f* **~ bière** Dünnbier *n;* **~ cigale** kleiner Bärenkrebs *m;* **~ friture** kleine frittierte Mittelmeerfische *m pl;* **~ marmite** kleiner Suppentopf *m:* Gemüse, Hühnerbrust, Parmesan, geklärte Butter, Rindermark, Rindfleisch, Weißkohl; **~ monnaie** Kleingeld *n;* **petites** *f pl* Kutteln *f pl* (reg.); **petites** *adj. f pl* kleine; **~ génoises** kleines Mandelgebäck *n;* **~ timbales** Becherpastetchen *n pl;* **petits** *adj. m pl,* **~ charolais à la confiture** runde Kekse *m pl,* mit Konfitüre gefüllt; **~ chaussons aux champignons** warme Teigtaschen *f pl* mit Backpflaumenfüllung; **~ -fours** kleine Biskuittörtchen *n pl,* mit Buttercreme gefüllt, mit (farbigem) Zuckerguss dekoriert; **~ oignons** Perlzwiebeln *f pl;* **~ pains de lièvre à la normande** Pastetchen *n pl* mit Füllung von Hasen- und Kalbfleisch; **~ pâtés** Pastetchen *n pl;* **~ pithiviers** kleine Blätterteigstückchen *n pl;* **petits pois** junge Erbsen *f pl;* **~ à l'anglaise,** ~ gekocht, auf frischer Butter; **~ à la flamande** grüne ~ und Karotten; **~ à la française** ~ mit Kopfsalat, Butter, Zwiebeln; **~ à la paysanne** ~ in Brustspeck gebraten; **petits quinquins** Bonbons *m* od. *n* aus Lille.

pétoncle *m* bunte Kammmuschel *f.*

pets *m pl* **de nonnes** kleine Krapfen *m pl,* ‚Nonnenfirtzle'.

pfannkuchen-potage *m* **alsacien** Fleischbrühe *f* mit Pfannkucheneinlage und Zwiebeln (Elsass).

pflütten *m* Kartoffelauflauf *m* (Elsass, Lothringen).

pholade *f* Bohr-, Dattelmuschel *f.*

pholiote *f* Schüppling *m (Blätterpilz); ~* **ridée** Runzel-schüppling *m (Waldpilz).*

physalis *m* Blasenkirsche *f,* Judenkirsche *f.*

pibale *f* Glasaal *m.*

picanchâgne *m* Birnenkuchen *m* (Bourbonnais).

picardines *f pl* **sauce rhubarbe** dünne Putenschnitzel und Entenfilets mit Pflaumen, Genever, Crème fraîche, Gewürzen, Kräutern, Rhabarberkonfitüre, langsam in der Pfanne in Eipanade gebraten.

pichet *m* kleiner (Wein-)Krug *m.*

picoler bechern (pop.), picheln (ugs. für *trinken*).

picon *m* Aperitif *m* aus Bitterkräutern.

picousel *m* Fleischpastete *f* (Rouergue).

pièce *f* Stück *n; ~* **de bœuf** Tafelspitz *m.*

piech *m* gefüllte Hammel- und Kalbsbrust, geschmort (Provence).

pied *m* Fuß *m,* Halm *m,* Staude *f,* Stengel *m,* dicke Schicht *f; ~* **de céleri** Staudensellerie *m; ~* **de cheval** flache Auster *f* (Ärmelkanal); *~* **de fenouil** Fenchel-knolle *f; ~* **de mouton** Stachelpilz *m; ~* **de vigne** Weinstock *m; un pied de salade* ein Kopf Salat; **pieds** *m pl* Füße; *~* **de mouton rouennaise** Fleisch *n* von Hammelfüßen, mit Wurstbrät gefüllt; *~* **de porc à la Sainte-Menehoulde** gekochte Schweine~ *m pl* vom Grill; *~* **et paquets** gerollte Hammelkutteln *f pl* in Päckchenform, mit Schweinesfüßen in Weißwein und Tomatenmark gekocht.

pierre *f* Stein *m; ~* **à affûter** Schleif-, Wetzstein *m.*

pieuvre *f* Riesentintenfisch *m,* Krake *f.*

pigeon *m* Taube *f; ~* **biset** Feld~; **pigeons** Tauben; *~* **à la crapaudine** ~ aufgeschnitten, flach gepresst, paniert, gegrillt; *~* **en compote** ~ mit Butter, Brotschnitten, Champignons, Fleischbrühe, Gewürzen, Kräutern, Speck, Zwiebeln.

pigeonneau *m* Täubchen *n; ~* **en terrine** ~ im eigenen Saft.

pignatelles *f pl* frittierte Teigklößchen mit Käse und Schinken.

pignon *m* Piniennuss *f.*

pikefleisch *m* geräucherte Rindsbrust *f* (Straßburg).

pilaw *m* oriental. Reisgericht *n* mit Hammel- od. Hühnerfleisch.

pilchard *m* Pilchard *m,* große Sardine *f (Heringsfisch).*

pile *f* Stapel *m,* Haufen *m,* Stoß *m.*

pilée *f* mit Milch angemachter Haferbrei *m.*

pilet *m* **à la longue queue** Spießente *f (Wildentenart).*

piment *m* Nelkenpfeffer *m,* Piment *m* od. *n; auch:* Gewürz *n,* Würze *f; ~* **doux** Paprika-, Pfefferschote *f.*

pimenter pfeffern, würzen.

pimperneau *m* Aal *m* (reg.)

pince *f* Klammer *f*, Pinzette *f*, Zange *f;* ~ **à gâteau** Gebäckzange; ~ **à glaçons** Eiswürfelzange; ~ **à escargots** Schneckenzange; ~ **à homard** Hummerzange; ~ **à saucisse** Wurstzange; ~ **à sucre** Zuckerzange.

pincée *f* Messerspitzevoll *f*, Prise *f*.

pinceau *m* Pinsel *m*.

pineau *m* Aperitif *m* aus jungem Wein, mit Cognaczusatz.

pintade *f* Perlhuhn *n;* ~ **à la limousine** ~ mit Kastanien, Wein, Weißkraut.

pintadeau *m* junges Perlhuhn *n*.

pinte *f* *(Biermaß:)* ca. 0,5 l; *(Weinmaß:)* 0,93 l *(vgl. englisch* ,pint‘).

piochon *m* Grünkohl *m*.

piperade *f* leichte Eierspeise *f* mit Bayonner Schinken, Petersilie, Paprikaschoten, Pilzen, Tomaten, Zwiebeln.

pippermint(-get) *m* Kräuterlikör *m* auf Minzebasis.

piquant *(Gewürz:)* pikant, scharf; ~**e** *f* pikante Sauce *f* mit Bayonner Schinken, Butter, brauner Einbrenne, Essig, Essiggürkchen, Petersilie, Schalotten.

piqué gestochen; *(Wein:)* sauer, säuerlich; *(Fleisch:)* gespickt; ~ **d'ail** *(Braten:)* mit Knoblauch ~.

piquer beißen, schneiden, *(mit einer Gabel, Nadel:)* stechen, aufspießen, *(Pfeffer, scharfer Senf:)* brennen, beißen, *(kohlensäurehaltiges Getränk:)* prickeln, den Gaumen kitzeln (ugs.), *(Wein:)* einen Stich bekommen, sauer werden; *la moutarde, le poivre pique la langue* der Senf, der Pfeffer brennt auf der Zunge; *(Küche:)* spicken; *(Fleisch, Geflügel:)* durch Einstechen mit Spickspeck, Trüffeln, Zunge von außen spicken.

piques *m pl* **à canapés** Cocktailstäbchen *n pl*.

piquette *f* **1.** *(Art)* Nachwein *m*, Tresterwein *m;* **2.** schlechter Wein *m*, ,Rachenputzer‘ *m*.

pirogue *f* Hefeteigpastete *f*, Pirogge *f*, gefüllt mit Fisch, Fleisch, Kohl, Reis.

pirot *m* im Ofen gebackenes Zicklein *n*, mit Knoblauch und Sauerampfer dekoriert (Poitou).

piscivore *m* Fischesser *m*.

pissala *f* Gewürzsauce *f* mit Sardellen.

pissaladière *f* *(Art)* Zwiebelkuchen *m* mit schwarzen Oliven, Sardellen, Tomaten (Provence).

pissalot *m* *(Würzmittel aus Nizza:)* Püree *n* aus Anschovis und Fischbrut, mit Gewürznelken und Öl (Provence).

pissenlit *m* ,Bettsaicher‘ *(wegen der harntreibenden Wirkung)*, junger Löwenzahn *m;* ~**s aux lardons** ~ mit gebratenen Speckschnitzeln; ~ **vinaigrette** ~salat *m*.

pistache *f* **1.** Pistazie *f;* **2.** Gericht *n* mit Hammelfleisch und Bohnen; **aux** ~**s** mit Pistazien; **en** ~ mit viel Knoblauch.

pistolet *m* Frühstücksgebäck *n, (Art)* Brötchen *n* (Belgien).

pistou *m* Paste *f* aus Basilikum, Knoblauch, Olivenöl, Parmesan.

pitance *f* Tagesration *f;* **maigre** ~ karge Kost *f.*

pithiviers *m* **1.** Blätterteigkuchen *m,* mit Mandelcreme gefüllt; **2.** Weichkäse *m* mit Schimmelrinde, aus Kuhmilch, 40–45 % Fett i. Tr. (Orléanais).

pittara *f* baskischer Apfelmost *m.*

pizza *f* Pizza *f;* ~ **niçoise** ~ mit geriebenem Käse, Oliven, Tomaten, Zwiebeln belegt.

place *f* Platz *m,* Stelle *f;* **à la** ~ **de** anstelle, anstatt.

planche *f* Brett *n;* ~ **à découper** Tranchier~; ~ **à fromage** Käse~; ~ **à ravioli** Ravioli~.

planchette *f* Brettchen *n.*

plante *f* Pflanze *f;* ~ **aromatique** Gewürzpflanze.

plaque *f* Platte *f,* Scheibe *f;* ~ **chauffante** od. **de cuisson** Heizplatte; ~ **à gâteau** Kuchenplatte; ~ **à pâtisserie** Backblech; ~ **de verre** Glasplatte.

plat *adj.* eben, flach, glatt; *(Mineralwasser:)* ohne Kohlensäure; *(Wein:)* schal, fade; **assiette** *f* **plate** flacher Teller *m,* **huître** *f* **plate** flache Auster *f;* **poisson** *m* **plat** Plattfisch *m.*

plat *m* **1.** Gericht *n,* Speise *f,* Platte *f,* Schale *f,* Tellergericht *n; (in einem Menü:)* Gang *m;* ~ **à compartiments** Speiseplatte *f* mit verschiedenen Fächern, Kabarett *n;* ~ **à hors-d'œuvre** Kabarett *n;* ~ **à poisson** Fischplatte; ~ **à viande** Fleischplatte; ~ **bernois** Berner Platte: Bohnen od. Sauerkraut mit Fleisch, Speck und Wurst; ~ **plat de côtes** *(Fleischerei:)* Querrippe *f,* Rippenstück *n,* Schälrippe *f;* ~ **salé** gepökelte Schälrippe *f* od. Ochsenbrust *f;* **2. plat** *m* Gericht *m:* **chaud** warmes Gericht; ~ **cuisiné** Fertiggericht; ~ **de poisson** Fisch~; ~ **de viande** Fleisch~; ~ **du jour** Tages~; ~ **local** Lokal~; ~ **national** National~; ~ **préparé** Fertig~; **principal** Haupt~; ~ **recommandé** empfohlenes ~; ~ **régional** Spezial~ einer Landschaft.

plateau *m* Brett *n,* (Servier-)Tablett *n,* Waagschale *f;* ~ **de fromage** Käseplatte *f;* ~ **de fruits de mer** Meeresfrüchteplatte *f;* ~**-repas** Tellertablett; auf einem Tablett servierte vollständige Mahlzeit *n;* ~ **tournant** Drehtablett *n.*

pleuronectides *m pl* Plattfische *m pl.*

pleurote *m* Seitling *(künstlich gezüchteter Austernpilz).*

plie *f* Scholle *f.*

plombière *f* Vanille- und Kirscheis, eingelegte Früchte, Schlagsahne.

plum-cake *m* Königskuchen *m.*

plusieurs mehrere, verschiedene.

pluvier *m* Regenpfeifer *m.*

pochard *m* Saufbruder *m.*

poche *f* Tasche *f;* (Getreide-)Sack *m; ~ de veau farcie* Kalbsbrust *f* mit Gemüsefüllung.

poché pochiert, unter dem Siedepunkt gart.

pochouse *f* **bourguignonne** Fischragout *n* mit Wein-Cognac-Sauce.

poêle *f* (Brat-)Pfanne *f; à la ~* aus der Pfanne.

poêlé in der Pfanne gebraten.

poêlée *f* eine Pfanne voll.

poêlon *m* kleine Pfanne *f,* Kasserolle *f,* Pfannengericht *n; ~ de grives à la provençale* provenzalische Drossel-pfanne, mit Brustspeck, Knoblauchzehen, Oliven, Thymian u. a.

pogne *f* Obstkuchen *m.*

poids *m* Gewicht *n; ~ net* Rein~.

point *m* Punkt *m; à ~ (Zeit:)* rechtzeitig, zur rechten Zeit; *(Garpunkt bei Fleisch:)* gerade gar (innen rosa, außen knusprig); *bien à ~* durchgebraten, gar.

pointe *f* Spitze *f,* Prise *f,* Stachel *m; ~s d'asperges* Spargelkopf *m; une pointe de sel* ein bisschen Salz.

poirat *m* Birnentorte *f* (Berry).

poire *f* Birne *f; ~ belle angevine ~* in Sirup; *~ belle Hélène ~*nhälfte auf Vanilleeis, mit heißer Schokoladensauce überzogen; *~ Bar-le-Duc* pochierte ~hälften auf Johannisbeereis angerichtet, mit Honig und roten Johannisbeeren gebunden; *~ blette* Teigbirne; *~ Melba ~* auf Vanilleeis, mit Himbeermark; **poires à la vigneronne** Birnen *f pl* in gesüßtem Rotwein gekocht.

poiré *m* Birnenmost *m.*

poireau *m* Lauch *m,* Porree *m; ~x à la provençale ~* wie Spargel bereitet, mit Tomaten und Oliven gekocht; *~ à la savoyarde* Porree-Käse-Auflauf.

poirée *f* Mangold *m.*

pois *m* Erbse *f; ~ à écosser* Pal~, Schal~; *~ cassées* Trockenerbsen *f pl; ~ chiche* Kicher~; *~ gourmands* Zucker~; *~ mange-tout* Zucker~; **petits ~** junge ~.

poison *m* Gift *n,* Giftstoff *m.*

poisson *m* Fisch *m; ~ d'eau douce* Süßwasser~; *~ de mer* See~; *~ de rivière* Fluss~; *~ de roche* Felsen~; *~ farci à la florentine* gebackener ~ mit Spinatfüllung; *~ fumé* Räucher~; *~ salé* Klipp~ *m,* eingesalzener ~; *~chat* Katzenwels *m; service m à ~* Fischbesteck *n.*

poissonnerie *f* Fischgeschäft *n,* Fischmarkt *m.*

poissonnier 1. Fischhändler *m;* 2. Fischkoch *m;* 3. Fischentschupper *m.*

poissonnière *f* 1. Fischhändlerin *f;* 2. Fischkessel *m.*

poitrine *f* Brust *f; ~ d'agneau à la diable* braisierte Kalbsbrust, in Würfel geschnitten, mit Cayenne und Senf gewürzt, in Butter paniert, gegrillt; *~ de veau à*

l'alsacienne Kalbsbrust mit Fleisch- und Gemüse-füllung.

poivrade *f* Pfeffer-Salatsauce *f* mit Weißwein, Essig, Mirepoix, Pfefferkörnern, Wildbrühe.

poivre *m* Pfeffer *m;* ~ **aromatique** Nelkenpfeffer, Piment; ~ **concassé** zerstampfter ~; ~ **vert** grüner ~; ~ **d'âne** Ziegenkäse *m,* mit Rosmarin und Bohnen-kraut bestreut.

poivré gepfeffert, pfefferig, scharf.

poivrier *m* **poivrière** *f* Pfefferstreuer *m,* Pfefferdose *f.*

poivron *m* Paprika-, Pfefferschote *f.*

polenta *f* Maisbrei *m,* Polenta *f.*

pomme *f* Apfel *m;* ~ **à cidre** Most~; ~ **à couteau** Tafel~; ~ **cuite** Brat~; ~ **d'amour** Liebes~, Tomate; ~ **de terre** Kartoffel *f;* ~ **sauvage** Holz~; **pommes** Äpfel *m pl;* ~ **à la limousine** heiße Apfelsüßspeise *f* mit Vanille-schote, Esskastaniencreme, Mandeln; ~ **à l'alsacienne** gedünstete ~, mit süßer Sahne überbacken; ~ **au beurre** heiße Süßspeise *f* aus ~püree; ~ **bonne femme** mit Johannisbeergelee gefüllte Brat~; ~ **cuites** Brat~; ~ **en marmelade** Apfelmus; ~ **en robe** ~ im Schlafrock; ~ **Richelieu** ~ mit Vanillezucker gefüllt, auf Kuchen-teig mit Johannisbeergelee überzogen.

pomme *f* **(de terre)** Kartoffel *f;* **pommes (de terre)** *f pl* Kartoffeln; ~ **à la basquaise** ~ mit Paprikaschoten, Schinken und Tomaten gefüllt, überbacken; ~ **à la ber-richonne** Schloss-~, in Bouillon mit Kräutern und Speckwürfeln serviert; ~ **à la boulangère** ~scheiben, wie Schloss~ zubereitet, dazu Zwiebelringe und Bra-tenfleisch *(in Rahm gebraten);* ~ **à la dauphinoise** rohe ~scheiben in der Backpfanne mit Milch übergossen, mit geriebenem Käse überstreut, gratiniert; ~ **à l'alsa-cienne** kleine ~, mit Speckwürfeln, gebratenen Zwie-beln und Kräutern vermischt; ~ **à la ménagère** in der Schale gebackene ~, der Pulp mit gerösteten Zwiebel-würfeln und gehacktem Schinken vermischt, mit Käse gratiniert; ~ **à l'anglaise** Dampf~; ~ **à la Parmentier** rohe ~ geschält, in kleine Würfel geschnitten, leicht gesalzen, in Butter gebraten und mit Petersilie über-streut; ~ **à la paysanne** rohe ~ in Scheiben geschnitten, in Bouillon mit Zwiebeln gedünstet, mit Gartenkräu-tern angemacht; ~ **à la sarladaise** wie Anna-Kartoffeln, zwischen den Schichten noch Gänsestopfleber und Trüffelscheiben; ~ **à la tripe** ~scheiben *f* in Sahne-sauce; ~ **à la vapeur** in Dampf gegarte ~; ~ **à l'huile** Schwenk~; ~ **allumettes** Streichholz~; ~ **Alphonse** Kartoffelauflauf *m* mit Käse, Petersilie, Pilzen, Zitro-nensaft; ~ **amandines** Krokettmasse *f* mit Brandteig, geformt, in Mandelsplittern gewälzt, schwimmend aus-gebacken; ~ **Anna** ~kuchen *m* aus dünnen Kartoffelscheiben, in der Bratpfanne gebacken, mit geklärter Butter übergossen ~ **argentées** ~ in Folie gebraten; ~ **au beurre** Butter~; ~ **au cumin** Kümmel~ *(mit Schale, halbiert, gewürzt und mit Kümmel bestreut, auf eingefettetem Blech im Ofen gebacken);* ~ **au fromage** Käseauflauf *m* mit gekochten ~scheiben; ~ **au lard** Speck~; ~ **au nid** ~kroketten; ~ **Byron** ~püree *n* mit Rahm übergossen, mit Käse überbacken; ~ **Carême** durchgeseihte, gekochte ~ mit Rahm und Parmesan vermischt, gratiniert; ~ **château** Schloss~ : ganze kleine ~, nur bodendeckend im zugedeckten Topf unter häufigem Rütteln in Butter braun gebraten; ~ **chips** dünne, feine ~scheiben in Fett ausgebacken; ~ **cocotte** oval geschnittene ~, unter Schwenken in Fett braun gebraten; ~ **comtoise** ~auflauf *m* mit Sahne und Käse; ~**dans la braise** ~ in der Glut; ~ **Dauphine** Kroketten *f pl* aus Kartoffelbrandteig, in Fett schwimmend ausgebacken; ~ **de Granville** gekochte ~ mit Austern und Champignons in heller Buttersauce; ~ **duchesse** runde ~püreeplätzchen *n pl,* mit Eigelb in Butter goldbraun gebraten; ~ **en brioche** Herzoginkartoffelmasse *f* zu kleinen Brioches geformt, mit Eigelb bestrichen im Ofen gebraten; ~ **en dés** kleine ~würfel; ~ **en neige** ~kartoffeln; ~ **en purée** ~püree; ~ **en robe des champs** Pell~; ~ **en salade** ~salat; ~ **fondantes** Schmelz~; ~ **frites** Pommes frites *pl (fingerdicke Kartoffelstäbchen n pl, in Fett od. Öl schwimmend ausgebacken);* ~ **gaufrettes** Waffel~; ~ **jurassiennes** ~scheiben, abwechselnd mit Reibekäse geschichtet, in Butter gedünstet, im Ofen knusprig gebraten; ~ **Lorette** Dauphine-~ mit Käse, in Hörnchenform, frittiert; ~ **macaire** ~plätzchen; ~ **mousseline** ~brei *m,* ~püree *n;* ~ **nature** Salz~; ~ **noisette** Nuss~: ausgestochene, haselnussgroße Kartoffeln, gewässert, wie Schlosskartoffeln bereitet;~ **nouvelles** Früh~; ~ **olivettes** olivenförmige ~; ~ **paillasson** Fladen *m* aus roh geriebenen ~, im Ofen gebacken; ~ **paille** Strohkartoffeln; ~ **Panama** gehobelte rohe ~ mit Pfeffer, Salz und Kräutern vermengt, in heißer Pfanne braun gebraten; ~ **persillées** Petersilien~; ~ **poêlées** Brat~; ~ **Pont Neuf** Pommes frites; ~ **rissolées** in Butter knusprig gebratene ~scheiben; ~ **sautées** Röst~, Schwenk~; ~ **sautées en cru** rohe Brat~; ~ **vapeur** Dampf~.

pommier *m* Apfelbaum *m.*

pompano *m* Pompano *m (Seefisch mit weißem Fleisch).*

pompe *f* Obsttorte *f* (Auvergne) ~ **aux grattons** Kuchenkranz *m* aus Butter, Eiern, Mehl, Milch, Schweinspastete.

pont-l'évêque *m* Weichkäse *m* mit Rotschmiere, 50 % Fett i. Tr.

popote *f* Essen *n,* Küche *f,* Kochgeschirr *n* (fam.).

porc *m* Schwein *n,* Schweinefleisch *n;* ~ **à la bière** ~filet in Bier-Zwiebel-Sauce; ~ **en croûte** ~braten *m* in Brotteig.

porcelaine *f* Porzellan *n.*

porcelet *m* Spanferkel *n.*

porché *m* Füße, Knochen und Schwarten vom Schwein, im Ofen gekocht.

porchetta *f* gefülltes und gebratenes Spanferkel *n* am Spieß (Nizza).

pormonier *m* Kräuterwurst *f* (Savoyen).

porridge *m* Hafergrütze *f.*

port-salut *m* Schnittkäse *m* aus pasteurisierter Kuhmilch, mild, 45 – 50 % Fett i. Tr.

porte *f* Tür *f,* Tor *n.*

porter tragen; ~~**-gateau** *m* Kuchenständer *m;* ~~**-manteau** *m* Kleiderständer *m;* ~~**-menu** *m* Menükartenständer *m;* ~ **monnaie** *m* Geldbeutel *m; porter un toast à qn* einen Trinkspruch auf jemanden halten.

porto *m* Portwein *m.*

portugaise *f* **1.** längliche, bauchige Auster *f;* **2.** Tomaten *f pl* ohne Schale, mit Knoblauch vermengt; **3. à la** ~ „auf portugiesische Art": in Zwiebel-Weißwein-Sauce.

pot *m* **1.** Kanne *f,* Krug *m,* Topf *m;* ~ **à eau** Wasserkrug, Wasserkanne; ~ **à bière** Bierkrug; ~ **à grés** Steinguttopf; ~ **à lait** Milchtopf; ~ **au lait** Milchkanne; ~ **de bière** Seidel Bier; ~ **de filets de harengs** marinierte Heringsfilets; ~ **de lait** Topf Milch.

pot-au-feu *m* Suppeneintopf *m* mit Hühnerfleisch, Kochschinken, Lauch, Rindfleisch, Sellerie, Weißbrotscheiben und Zwiebeln.

potable trinkbar, genießbar; *eau* ~ *f* Trinkwasser *n; le vin est potable* der Wein lässt sich trinken.

potage *m* Suppe *f;* ~ **à la briarde** Püree~ von Kartoffeln, Kerbelblättern, Mohrrüben, Röstbrotwürfeln; ~ **à la champenoise** Püree~ von Kartoffeln und Sellerie; ~ **à la jambe de bois** Eintopf *m* mit Geflügel-, Kalbs-, Wildfleisch, Gemüsen und Knochenschinken (Lyonnais); ~ **à la queue de bœuf** Ochsenschwanz~; ~ **à l'avoine** Hafermehl~; ~ **Antonin Carême** Geflügelsamt~ mit pürierten Champignons und Artischocken, mit Trüffelscheiben garniert; ~ **aux herbes** Kartoffel~ mit feinem Püree von Kopfsalat, Lauch, Sauerampfer, Spinat, mit Kerbel und Röstweißbrot garniert; ~ **aux vermicelles** Fleischbrühe *f* mit Fadennudeln; ~ **Bagration** ~ gebundene Kalbfleischsuppe mit Käse und Makkaroni; ~ **cancalaise** Fisch~; ~ **Crécy** ~ aus Kartoffeln, Mohrrüben, Zwiebelschoten; ~ **cressonnière** Kresse~; ~ **cultivateur** ~ aus Kartoffeln, Mohrrüben, Porree, weißen Rüben, Speck, Zwiebeln; ~ **de pain à la**

française französische Brot~: in Butter gebräunte Zwiebelwürfel, mit Brotwürfeln in Rinderbrühe verkocht, mit Eigelb und Sahne legiert; **~ de pois** Erbspüree~; **~ d'oseille** Sauerampferpüree *n* mit Rahm und Velouté, mit Röstbrotwürfeln garniert; **~ Dubarry** Blumenkohlsuppe; **~ du jour** Tages~; **~ Germiny** Sauerampfer-Rahm~; **~ Julienne** ~ mit Gemüsen und Fleischbrühe; **~ laboureur** gebundene Suppe: Schweinshaxen, Pökelfleisch und zerdrückte Erbsen ausgekocht, Karotten, Lauch, weiße Rüben, Zwiebeln zugefügt; ~ **lié** gebundene ~; **~ Longchamps** ~ aus Erbsen, Fadennudeln, Kerbel, Sauerampfer; **~ maraîchère** Gemüsegärtnerin~: Kartoffel~ mit Kerbel, Nudeln, Portulak, Salatstreifen, Sauerampfer, Spinat; **~ Parmentier** Kartoffel-Lauch-~; **~ Pompadour** feine Tomaten~ mit Sago; **~ -purée** Püree~; **~ purée de pois cassés** grüne Erbsen~; **~ Saint-Germain** ~ aus frischen Erbsen, mit Butter, Röstbrot, Sahne.

potager *adj.* Küchen-, Gemüse-, Speise-; *jardin ~ m* Gemüsegarten *m; plantes f pl de culture potagère* Gemüsepflanzen *f pl*, Küchenkräuter *n pl; m* **1.** Gemüsegarten *m;* **2.** Suppenkoch *m.*

potée *f* Eintopf *m; ~* **alsacienne** Gemüse~ mit Meerrettichsauce, Schinken, Speck, Würsten; **~ à l'auvergnate** Suppen~ mit Fleisch, Gemüse, Kartoffeln, Kräutern, Schweinefleisch, Schweinshaxen, Wurst; **~ bourguignonne** Gemüsesuppe mit Karotten, gewürfelten Kartoffeln, Knoblauchwurst, Kohlkopfherz, Lauch, Rüben, Schweinshaxen und gepökeltem Schweinefleisch; **~ de légumes aux boulettes de viande** Gemüse~ mit Fleischklößchen.

poterie *f* Töpferwaren *n pl,* Tongeschirr *n.*

potiron *m* Riesenkürbis *m.*

potjeflesh *m* Pastete *n* aus Kalbs-, Kaninchen- und Schweinefleisch, das vor dem Braten in Genever mariniert wird (Flandern).

potkes *m* belgischer Weißkäse *m.*

pouce *m* Daumen *m; manger sur le ~* im Stehen essen.

pouding *m (englischer)* Pudding *m; ~* **bourguignon** Eier-Karamell-~; **~ Nesselrode** Vanillecreme *f* mit kandierten Früchten, Maronenpüree, Rumrosinen.

poudre *f* Pulver *n,* Staub *m; ~* **à lever** Backpulver; **~ de blé** Weizenstärke; *en ~* gemahlen; *café m en ~* Pulverkaffee; *sucre en ~* Puderzucker.

poularde *f* Masthuhn *n,* Poularde *f; ~* **à la lorraine** ~ mit Kalbsfarce und Kräutermischung gefüllt, pochiert, mit Rahmsauce nappiert; **~ à la vierge** ~ pochiert, mit Geflügelrahmsauce und Hühnerpüree nappiert, mit Lammbrieschen und gedünsteten Zwiebeln; **~ à l'orange** *(kalt serviert:)* entbeintes, gebratenes und zerlegtes ~, mit Orangenfilets umkränzt, mit Orangensaft gewürzt; **~ bayonnaise** ~ mariniert, in Fett ausgebacken; **~ charentaise** ~ mit Champignons, in Pineausauce; **~ de Bresse au riz sauce suprême** Bresse~ mit Reis und Geflügelrahmsauce; **~ demi-deuil** ~ mit Champignons gespickt, mit Trüffelscheiben in heller Geflügelsauce; **~ Derby** ~ gebraten, mit Gänseleber, Reis, Trüffeln; **~ gratinée à la mode des Andelys** ~ auf Strohkartoffeln, mit Käsesauce überbacken; **~ Talleyrand** ~ gebraten, gefüllt, mit Hühnerfarce bedeckt, mit Trüffelscheiben garniert, im Ofen gebacken, mit Demiglace und Trüffelsauce nappiert.

poule *f* Henne *f*, Suppenhuhn *n;* **~ au pot** gefülltes ~ im Topf mit Fleisch und Gemüse; **~ d'eau** Bläßhuhn; **~ d'Inde** Pute *f*.

poulet *m* Hühnchen *n*, (Brat-)Hähnchen *n;* **~ à l'américaine** ~ in Baconscheibe eingerollt, gegrillt; **~ à la Nantua** ~ mit Garnelen garniert; **~ à la picarde** ~teile im Ofen mit einer Sauce aus Cidre, Hühnerfond, Milch, Maroilles und Mehlschwitze überbacken; **~ à la vendéenne** Weißwein deglaciert, mit Hühnervelouté nappiert, mit gedünsteten Zwiebelchen garniert; **~ au fromage** ~ in Bouillon aus Geflügelklein, Gemüsen, Gewürzen, Sahne und Weißwein; **~ au verjus** ~ mit grünen Trauben; **~ au vinaigre** ~stücke mit Essig, Schalotten, Tomaten, Weißwein gebraten, mit Sahnesauce gebunden (Lyonnais); **basquaise** ~ im Schmortopf, mit Pfefferschoten, Pilzen, Piment, Tomaten in Wein zubereitet (Baskenland); **~ en barbouille** ~ mit magerem Speck und Zwiebeln in Rotwein (Berry); **~ en matelote** ~ in Stücken, mit Bouillon, Rotwein, Speckstreifen (Nivernais); **~ mode d'Auvergne** ~ mit Esskastanien und Würsten; **~ Périgord** ~ mit (rohen) Trüffeln und Madeirawein; **~ reine sauté à l'archeduc** ~ geschmort, mit süßer Butter, Cognac, Madeira, Sahne, Trüffeln, Pfeffer, Salz, Velouté; **~ ricardière** ~ mit Sahne und ‚Ricard‘ überbacken; **~ rouilleuse** ~stücke in Gänseschmalz goldbraun gebraten, mit Bouillon und Weißwein aufgegossen; **~ sauté Boivin** ~ geschmort, mit Artischocken, Kartoffeln, Zwiebeln; **~ vallée d'Auge** ~ gebraten, mit Calvados und Sahnesauce.

poulette *f* junges Huhn *n*, kleines Hähnchen *n;* **à la ~** in einer Sauce aus Butter, Champignons, Eigelb, Essig, Petersilie, Zitrone.

poulpe *f* Krake *f*, Tintenfisch *m;* **~ à la niçoise** ~ mit Tomatensauce.

pountari *m* Krautwickel *m* (Auvergne).

pounti *m* Gericht *n* mit verschiedenen Varianten, z. B. mit Eiern, Fleisch, feinen Kräutern, Milch, Pflaumen, Schinken, Speck (Cantal).

pour für, nach, hindurch, anstatt, um … zu.

pourboire *m* Trinkgeld *n*.

pourceau *m* Ferkel *n,* Schwein *n.*

pourcent *m invar.* Prozent *n,* Prozentsatz *m.*

pourpier *m* Portulak *m (Würz- und Gemüsepflanze mit fleischigen Blättern).*

pourquoi warum, weshalb.

pousse *f* **1.** *(Wein:)* Umschlagen *n;* **2.** junger Trieb *m,* Sproß *m;* ~**s de bambou** Bambusschößlinge *m pl;* ~~**café** *m invar.* das Schnäpschen *n* nach dem Kaffee; Verdauungsschnaps *m.*

pousser stoßen, drücken; *(Wein:)* gären; **poussez!** *(Tür:)* drücken!

poussin *m* Junghähnchen *n,* Küken *n.*

poutargue *f* getrockneter und in Form flacher Würstchen gepresster Fischrogen *m,* gesalzen (Provence).

pouteille *f* Pfannengericht *n* aus „Bœuf bourguignon", Schweinsfüßen, Karotten, Zwiebeln, Mehl, Salz und Pfeffer, Lorbeerblatt, Cognac; in 1 Liter schwerem Rotwein in der Pfanne geschmort.

poutina *f* kleine Mittelmeerfische *m pl,* frittiert.

pouvoir können; *m* Fähigkeit *f,* Macht *f,* Befugnis *f.*

pouytrolle *f* Schweinedarm *m,* mit reifem Obst, gehacktem Spinat, Gewürzen, Schweinefleisch und Zwiebeln gefüllt, im Ofen überbacken.

praire *f* Venusmuschel *f (kleine Sandmuschel).*

pralin *m* Pralin *n,* geröstete Mandelmasse *f.*

praline *f* gebrannte (kandierte) Mandel *f,* Krokant *m.*

praliné *m* **1.** Nugat *m* od. *n;* **2.** Kuchen *m* aus Genueser Teig, mit Mandeln; **3.** Schokoladebonbon *m* od. *n* mit gebrannten Mandeln; *adj.* mit Pralinen vermischt od. zubereitet.

préféré bevorzugt, Lieblings-; *plat ~* Lieblingsgericht *n.*

premier, première (der, die, das) erste; *de première qualité* erstklassig; *(Menü:)* **premier plat** *m* erster Gang *m.*

prendre nehmen; *(Essen, Getränk:)* einnehmen; *(Sauce:)* fest werden; *Vous prendrez quelque chose?* Darf ich Ihnen etwas anbieten?

préparation *f* Vor-, Zubereitung *f.*

préparer präparieren, zubereiten, herstellen; *préparé à table* am Tisch zubereitet.

pré-salé *m* **1.** Schaf *n,* das auf den *(bei Flut von Meerwasser überspülten)* Salzweiden genährt wurde; **2.** Fleisch *n* eines solchen Schafes.

presse *f* **1.** Gedränge *n,* Gewühl *n; (im Handel:)* Hochbetrieb *m;* **2.** Presse *f;* ~~**agrumes** *m invar. (für Zitrusfrüchte:)* Saftpresse; ~~**ail** Knoblauch~; ~~**citron** Zitronen~; ~~**fruits** Frucht~.

pressé ausgepresst, gedrängt; *être ~* es eilig haben.

pression *f* Druck *m; à la ~ (Bier:)* vom Fass.

presskopf *m* elsäss. Presskopf *m* aus Kalb- und Schweinefleisch in Rieslinggelee, mit Gürkchen, Schalotten und Kräutersauce serviert.

pressoir *m* *(Maschine:)* Presse *f,* *(Trauben:)* Kelter *f;* ~ *à vin* Kelterei *f.*

prêt bereit, fertig; ~ **à être servi** tischfertig.

prier bitten; *je vous en prie* bitte; *(höflich:)* bitte sehr.

prière *f* Bitte *f;* ~ **de ne pas fumer** Bitte nicht rauchen.

primeurs *f pl* Frühgemüse *n,* ~-obst *n.*

printanier, printanière *adj.* Frühlings-; *à la printanière* „auf Frühlingsart": **1.** klare Kraftbrühe mit jungen Bohnen, Erbsen, Karotten, Rüben und Spargel; **2.** Garnitur aus gewürfeltem Frühjahrsgemüse und sautierten Kartoffelbällchen; **3.** grüne Bohnen, Erbsen, Mohrrüben, Rüben, Spargel, glacierte Zwiebeln, mit Fleisch in einer Kasserolle serviert.

pris genommen; *(mit etwas)* ausgefüllt; *(Platz:)* besetzt; ~ **de vin** vom Wein berauscht.

prise *f* ergreifen *n,* nehmen *n,* Halt *m;* *(Tabak:)* Prise *f;* ~ **de courant** Steckdose *f.*

prisultre *m* roher Schinken *m* (Korsika).

privé *adj.* privat; *réunion f privée* geschlossene Gesellschaft *f.*

prix *m* Preis *m,* Kosten *f pl;* ~ **brut** Brutto~; ~ **courant** laufender ~ *m,* Preisliste *f;* ~**coûtant** Selbstkosten~; ~ **de détail** Einzelhandels~; ~ **de gros** Großhandels~; ~ **de vente** Laden~, Verkaufs~; ~ **du jour** Tages~; ~ **du pain** Brot~; ~ **d'usine** Fabrik~; ~**fixe** Fest~; ~ **forfaitaire** ~ **d'usine** Fabrik~; ~ **fixe** Fest~; ~ **forfaitaire** Pauschal~; ~ **indicatif** Richt~; ~ **net** Netto~; ~ **réduit** ermäßigter, heruntergesetzter ~; ~ **unitaire** Stückpreis; *affichage m des ~* Preisaushang *m; baisse f des ~* Preissenkung *f; hausse f des ~* Preiserhöhung *f; réduction f des ~* Preissenkung *f; à moitié ~* zum halben Preis; *à ~ sacrifiés* zu Schleuderpreisen; *à tout ~* um jeden Preis; *à aucun ~* um keinen ~, unter gar keinen Umständen; *d'un ~ avantageux* zu einem günstigen Preis; *sans ~* unbezahlbar.

prochain nächst; *samedi prochain* am nächsten Samstag.

produit *m* Erzeugnis *n,* Produkt *n,* Artikel *m;* ~ **alimentaire** Lebensmittel *n,* Nahrungsmittel *n;* ~**s laitiers** Milch- und Molkereiprodukte *n pl; produits m pl* Produkte, Erzeugnisse; ~ **maraîchers** Gartenerzeugnisse; ~ **naturels** Naturprodukte *m pl.*

profession *f* Beruf *m.*

profit *m* Gewinn *m,* Nutzen *m.*

profiterole *f* **1.** Windbeutel *m* mit würziger Creme- od. Sahnefüllung; **2.** *(Art)* Pastete *f* aus Wildfarce, Käse u. a.

proposition *f* **de menus** Menüvorschlag *m.*

propre sauber, eigen.

propriétaire *m (f)* Eigentümer(in) *m (f)*, Besitzer(in) *m (f)*, Hauswirt(in) *m (f)*.

protéine *f* Protein *n*.

provençal *adj.* provenzalisch; von, aus der Provence; *à la provençale* „auf provenzalische Art“: in Tomatensauce mit Knoblauch, Öl, Oliven und Petersilie. *m,* **~e** *(f)* Provençale *m,* Provençalin *(f)*.

provision *f* (meist *pl*) Lebensmittelvorräte *m pl; (für Wanderung:)* Proviant *m; panier m de provisions* Proviantkorb *m.*

prune *adj. invar.* pflaumenblau, dunkelviolett; *f* Pflaume *f,* Zwetschge *f; eau-de-vie de ~* Pflaumenschnaps *m.*

pruneau *m* **1.** Back-, Dörrpflaume *f;* **2.** Pflaumenschnaps *m.*

prunelle *f* **1.** Schlehe *f;* **2.** ~nlikör *m,* ~nschnaps *m.*

psalliote *f* Champignon *m;* **~ champêtre** Feld~; **~ des forêts** Schaf~.

pschitt *m* Limonade *f (Marke).*

pudding *m* (englischer) Pudding *m;* **~ à l'allemande** deutscher Brot~; **~ à l'anglaise** Plum~.

puits *m* Brunnen *m;* **~ d'amour** kleines, rundes Brandteiggebäck *n* mit Creme- od. Konfitürefüllung; **~ de concombre** Gurkenhälften *f pl,* gefüllt mit einer Mischung aus gewürfelten Matjes, Crème fraîche, Schnittlauch, Petersilie und Zitronensaft.

pulpe *f* Fruchtfleisch *n,* Mark *n,* Pulp *m.*

pulvériser zerreiben.

punch *m* Punsch *m.*

puncher einen Kuchen mit Sirup und Alkohol tränken.

pur hell, klar, pur, schier, unvermischt, unverdünnt; *(Geschmack:)* fein; *eau pure* reines, klares Wasser *n.*

purée *f* Brei *m,* Mus *n,* Püree *n;* **~ à la maraîchère** Nudelsuppe *f* aus pürierten frischen Erbsen und Zwiebeln; **~ à la reine** Geflügel~; **~ argentée** Kartoffel~suppe mit Tapioka; **~ Argenteuil** Spargel~; **~ Clamart** Erbs~; **~ Condé** rote Bohnen~suppe; **~ Conti** Linsen~; **~ d'anchois à la provençale** provenzalisches Sardellenmus *n;* **~ de carotte** Karottenmus; **~ de cervelle** *(vom Rind:)* Hirnpüree; **~ de champignons** Champignonpüree; **~ de Ciboure** Suppe *f* aus Bratensaft, Eigelb, weißen Bohnen, Kartoffeln, Oliven, Schalotten; **~ de cresson** Püree von Brunnenkresse; **~ de dent de lion** Püree von Löwenzahn; **~ de fèves fraîches** Püree aus frischen Steinpilzen; **~ de gibier** Püree aus Wildfleisch; **~ de haricots verts** Mus von weißen Bohnen; **~ de laitue** Salatpüree; **~ de lentilles** Linsenpüree; **~ de marrons** Mus von Maronen; **~ de paprika** Paprikamus; **~ de poireaux** pürierte Lauchsuppe; **~ de**

pois cassés pürierte Erbsensuppe; **~ de pommes** Apfel-mus; **~ de pommes de terre** Kartoffelbrei *m;* **~ de sau-mon** Lachspüree; **~ de volaille** Hühner~; **~ d'oignons** Zwiebelpüree; **~ d'oseille** Sauerampfer~; **~Dubarry** Blumenkohl~; **~ faubonne** weiße Bohnen~; **~ florenti-ne** Spinat~; **~ garbure** Gemüse; **~ mousseline** Kartof-fel~ mit Rahm; **~ Parmentier** Kartoffel~; **~ Saint-Cloud** ~ von grünen Erbsen und Kopfsalat, mit Julienne von gerösteten Weißbrotwürfeln; **~ Saint-Germain** Grün-erbsen~; **~ soubise** Zwiebel~; **~ velours** Karotten~ mit Tapioka; **~ Victoria** Gelberbsen; **~ Vichy** Karotten-püree; **purées** *f pl;* **~ de gibier** Wildpüreesuppen *f pl;* **~ de légumes** Gemüsepüreesuppen; **~ volaille** Ge-flügelpüreesuppen *f pl.*

Q

quantité _f_ Größe _f,_ Menge _f,_ Anzahl _f._

quart _m_ Viertel _n,_ ~pfund _n,_ ~liter _m_ od. _n_ (~-literflasche _f_).

quartier _m_ Teil _n,_ Stück _n; (Orangen, Schlachttiere:)_ Viertel _n; (Stadt:)_ Stadtteil _m,_ Stadtviertel _n;_ ~ **commercial** _(Stadt:)_ Geschäftsviertel _n;_ ~ **de lard** Speckseite _f._

quasi _m_ ~ **de bœuf** Rindermittelstück _n;_ ~ **de veau** Kalbs-keulenstück _n._

quatre vier; ~ **-épices** _f_ od. _m pl_ **1.** echter Schwarzkümmel _m;_ **2.** Gewürzmischung _f_ aus Gewürznelken, Muskatnuß, weißem Pfeffer, Zimtnuß; ~ **-fruits** vier rote Sommer-früchte _f pl_ - Erdbeeren, Himbeeren, Johannisbeeren und Kirschen - für Vierfruchtmarmelade; ~**-mendiants** _m pl_ Studentenfutter _n;_ ~**-quarts** _m_ Kuchen _m_ mit Mandeln und Rosinen (Bretagne); ~**-saisons** _f invar. **marchande de quatre-saisons** Gemüsefrau _f,_ -händlerin _f; **manger comme quatre** tüchtig essen, kräftig reinhauen (fam.).

quelquefois manchmal, ab und zu.

quenelle _f_ Röllchen _n,_ Klößchen _n_ aus Fisch- od. Fleisch-farce, Fleisch von Schalentieren und Gemüse; ~**s à l'alsa-cienne** Würfel _m pl_ von Geflügel- und Kalbsleber, kurz angebraten mit gerösteten Zwiebeln, mit Weichem von Brötchen und Eigelb vermischt, in Förmchen gebacken _(als Beilage);_ ~ **lyonnaise à la financière** Hechtklößchen in Champignoncreme.

question _f_ Frage _f,_ Angelegenheit _f._

quetsche _f_ Zwetsche _f; **eau _f_ de vie de** ~ Zwetschenwasser _n._

queue _f_ **1.** Griff _m,_ Schwanz _m; (Blatt, Blume, Frucht:)_ Stiel _m; (Rettich:)_ Stengel _m;_ ~ **de bœuf** Ochsenschwanz; ~ **de cerise** Kirschstiel; ~ **de poêle** Pfannenstiel; **2.** Weinfass _n_ (400 l); **queux** od. **queue** Wetzstein _m; **maître queux** Koch _m; **faire la** ~ Schlange stehen.

quiche _f_ **1.** Speckkuchen _m;_ **2.** Torte _f_ ~ **au fromage** salzige Käse~; ~ **aux chanottes** Zwiebel-Mohn-~; ~ **aux moules** Muschel~; ~ **aux oignons** Zwiebel~; ~ **lorraine** Lothringer Speck~; ~ **tourangelle** ~ mit Eiern, Sahne, Schweine-fleisch.

quichet _m_ mit Anschovis belegte und überbackene Scheibe Brotrinde _f_ (Provence).

quignon _m_ Brotkanten _m,_ Brotkruste _f._

quinquina _m_ Chinarindenbaum, dessen geriebene Rinde _(angenehm bitter)_ in Aperitifs verwendet wird.

quinzaine _f_ etwas fünfzehn Stück _n pl;_ etwa vierzehn Tage _m pl; f (Art)_ Kartenspiel _n._

quinze fünfzehn; _**quinze jours**_ vierzehn Tage.

quittance _f_ Quittung _f,_ Empfangsbestätigung _f._

quitter verlassen, weggehen; _(Telefon:)_ _**ne quittez pas!**_ blei-ben Sie am Apparat! legen Sie nicht auf!

R

rabais *m* Rabatt *m*, Abschlag *m*.

rabattre umklappen, herunterschlagen, niederdrücken; *(Deckel, Sitz:)* herunterklappen; *(Papier:)* falten; ***rabattre vingt francs du prix*** 20 Franc (vom Preis) nachlassen, um 20 Franc heruntergehen.

râble *m (Hase:)* Rücken *m;* ~ **cauchoise** ~ gespickt, in Senf-Sahne-Sauce; **râble de lièvre** Hasen~; ~ **à la Piron** ~ mariniert, in Sauce aus Speck, Trauben, Trester-schnaps und Wein gebraten.

rabot *m* Hobel *m*.

rabotte *f* **champenoise** in Teigmantel gebratener Apfel *m;* Apfeltasche *f*.

Rachel, à la ~ *(zu Tournedos:)* Artischockenböden mit Rindermark gefüllt, Rotweinsauce, gehackte Petersilie.

racine *f* Wurzel; ~**s** *f pl* Knollen-, Wurzelgemüse *n*.

racler schaben.

raclette *f* Raclette *f;* **1.** Teigschaber *m;* **2.** Raclette-Käse *m (Sammelbezeichnung für alle Hartkäse aus dem Wallis, die für das Raclette verwendet werden können);* **3.** Raclette *f* od. *n (Original heute noch im Wallis: Die Schnittseite eines halbierten Hartkäses wird vor das Kaminfeuer geschoben, der schmelzende Käse mit einem Schaber auf den Teller geschabt und mit frisch gemahlenem Pfeffer gewürzt; Beilagen: Pellkartoffeln und sauer eingelegte Gemüse, wie Mixed Pickles).*

radis *m* Rettich **(noir)** *m;* ~ **rose** Radieschen *n*.

rafia *m (Art)* Likör *m*.

raffiné raffiniert, verfeinert, veredelt; *sucre m* ~ raffinierter Zucker *m*.

raffiner verfeinern.

rafraîchir (ab-)kühlen; ~ *du vin* Wein kalt stellen.

rafraîchis *m pl* Erfrischungsgetränke *n pl*.

rafraîchissant *(Getränk, Brise:)* erfrischend, anregend.

rafraîchissement *m* Erfrischung *f,* Kühlung *f*.

ragoût *m* Ragout *n;* ~ **à la juive** ~ mit Rind- und Kalb-fleisch, Knoblauchzehen, Kartoffeln; ~ **à la toulousaine** Hahnennieren und -kämme, Kalbsmilchscheiben, mit Geflügelklößchen belegt, mit Fleurons garniert; ~**d'an-guille** Aal~ *n*, Matrosengericht *n;* ~ **de bœuf** Rinds~; ~ **de bœuf aux oignons** Zwiebelfleisch *n;* ~ **de che-vreuil** Reh~; ~ **de haricots blancs à la niçoise** Hammel- und Schweins~ mit weißen Bohnen und Knoblauch; ~ **de langue de bœuf** Ochsenzungen~; ~ **de mouton** Hals, Brust und Schulterstücke *n pl* vom Hammel, ver-schiedene angeröstete Gemüse, im Ofen geschmort; ~ **de mouton à l'irlandaise** Irish Stew *n;* ~ **de mouton berbère** Hammel~ mit Aprikosen, Gemüsen, Safran,

Zimt; **~ de poisson** Fisch~ *n;* **~ de porc à l'alsacienne** Schweins~ *m* mit gewürfelten Zwiebeln in Schmalz gebräunt, in Demiglace geschmort; **~ de queue de bœuf aux oignons glacés** Ochsenschwanz~ mit glasierten Zwiebeln *n.*

ragoûtant lecker, appetitlich.

raie *f* Rochen *m;* **~ bouclée** Dorn~; **~ cendrée** Glatt ~; **~ cornue** Teufels~.

raifort *m* Meerrettich *m.*

raiponce *f* Rapunzel *f.*

raisin *m* Traube *f,* Weintraube *f;* **~ de Corinthe** Korinthe *f;* **~ de Smyrne** Korinthe; **~ sec** Rosine *f,* Sultanine *f; grain m de ~* Weinbeere *f; cueillir le ~* Wein lesen.

raisiné *m* Konfitüre *f* aus Trauben (*auch* Quitten, Birnen).

raisinée *f* **de Courtenay** Birnen- und Quittenstücke *n pl,* mit Traubensaft gekocht, mit rumgetränktem Papier abgedeckt, abgekühlt, mit Hefeküchlein serviert (Burgund).

raiteau *m* kleiner Rochen *m.*

raïto *m* provenzalische Fischwürze *f:* Tomaten, Zwiebeln, Knoblauch, zerstampfte Nüsse längere Zeit auf kleiner Flamme in Olivenöl und Rotwein gekocht, mit Petersilie, Rosmarin, Fenchel, Lorbeerblatt und Gewürznelke gewürzt; reduziert und durchpassiert, zusätzlich evtl. schwarze Oliven und Kapern, glühend heiß zu Kabeljau und ähnlichen Fischen serviert.

râle *m* Blässhuhn *m,* Ralle *f;* **~ d'eaux** Wasserralle *f;* **~ des genêts** Wachtelkönig *m.*

rallonger verlängern; *(Tisch:)* ausziehen.

ramasse-miettes *m* Tischbesen.

ramboutan *m* Litschipflaume *f.*

Rameaux *pl* Palmsonntag *m.*

ramequin *m* kleiner Käsekuchen *m;* **~ douasien** Milchbrötchen *n,* mit Eiern, gehackten Kalbsnieren, Petersilie und Weckmehl gefüllt, im Ofen überbacken; **~ au fromage** Käsetörtchen *n;* **~ de Lagnieu** Weichkäse *m* aus Ziegenmilch.

ramereau *m* od. **ramier** *m* Ringeltaube *f.*

rance ranzig.

ranger ordnen, an-, einordnen, aufstellen, einreihen.

râpe *f* Reibeisen *n;* Reibe *f;* **~ à fromage** Käse~; **~ à muscade** Muskat~.

râpé *adj. (Nahrungsmittel:)* abgeschabt, gerieben, geraspelt; *m* versetzter Wein, Nachwein *m; (Art)* Traubensaft *m; du râpé* geriebener Käse.

rapeux, rapeuse *(Wein:)* herb.

ras flach, eben; gestrichen voll; *emplir à ras bord* bis an den Rand füllen.

rascasse *f* Drachenkopf *m (Fisch).*

rassis *(Brot:)* abgelagert, altbacken.

rata *m* Fraß *m,* Ragout *n.*

ratafia *m* Fruchtlikör.

ratatouille *f* Ragout *n* mit Auberginen, Basilikum, Knoblauchzehen, Kürbis, Majoran, Petersilie, Pfefferschoten, Tomaten, Zucchini, Zwiebeln und Wein, in Olivenöl gegart. (Nizza).

rate *f* Milz *f.*

ration *f* Ration *f,* Mundvorrat *m.*

ratisser schaben.

raton *m* Käsetörtchen *n.*

rave *f* Rübe *f;* **céleri** *m* **rave** Knollensellerie *m* od. *n.*

ravier *m* Vorspeisenteller *m.*

ravigote *f* Sauce *f* aus Weißwein, Essig, feinen Kräutern, Schalottenbutter.

raviole *f* kleine Teigtasche *f,* mit Spinathaschee od. Frischkäse gefüllt, in Wasser gekocht.

ravioli *m pl* mit Hackfleisch gefüllte Teigtaschen *f pl,* Maultaschen *f pl.*

rayolles *f pl* mit gehackten Kräutern gefüllte Maultaschen *f pl,* mit Nusssauce übergossen (Alpen).

rayon *m* Fach *n,* Regal *n,* Bereich *n; (Kaufhaus:)* Abteilung *f;* **~ de boissons** Getränkefach *n;* **~ de miel** Honigwabe *f.*

reblochon *m (Art)* Tomme-Käse *m* aus Kuhmilch, 45% Fett i. Tr.; *(reblocher* = nachmelken; früher wurde die Pacht der Bergbauern anhand der Milchmenge, die bei einem unangemeldeten Besuch auf der Alm von den Verpächtern vorgefunden wurde, für das ganze Jahr hochgerechnet; daraufhin ließen die Senner auf den abgelegenen Almen nach dem Verkäsen des Hauptgemelks sich mit dem zweiten Melken so lange Zeit, bis mit einem Besuch nicht mehr zu rechnen war. Aus diesem zweiten, besonders fetthaltigen Gemelk machten sie den Käse für den Eigenbedarf. 1888 begann man, das Gesamtgemelk zu verkäsen, und auch Molkereien begannen, Reblochon herzustellen. Die Produktion ist auf einige genau festgelegte Gemeinden Savoyens beschränkt.).

réception *f* Annahme *f,* Empfang *m; accusé de ~* Empfangsbestätigung *f.*

recette *f* (Koch-)Rezept *n.*

recevoir empfangen, erhalten, annehmen, zulassen.

réchaud *m* Kocher *m,* Kochplatte *f.*

rechauffer wärmen, aufwärmen.

réclamation *f* Anspruch *m,* Reklamation *f.*

réclamer reklamieren, fordern, beanspruchen.

récoltant *m* **manipulant** Champagnerwinzer *m,* der nur Trauben aus eigener Ernte in seiner Kelterei verarbeitet.

récolte *f* Ernte *f,* Erntezeit *f, (Wein:)* Lese *f.*

recommandé empfohlen.

recroquevillé krumm, schrumpelig, verschrumpelt.

rectifier korrigieren, verbessern; die Würzung eines Gerichts nach Abschmecken *(mit Salz, Pfeffer, Zucker, Crème fraîche usw.)* verbessern.

reçu *adj.* bestätigt, erhalten; *m* Beleg *m;* Quittung *f,* Empfangsbescheinigung *f.*

recuire noch einmal backen od. braten od. kochen.

recurer scheuern.

réduire reduzieren, einkochen, eindicken, vermindern, Wasser entziehen.

réfectoire *m* Speisesaal *m.*

réfractaire feuerfest, hitzebeständig.

réfrigérateur *m* Kühlschrank *m.*

régal *m* **1.** Leckerbissen *m;* **2.** Festmahl *n;* **3.** Genuss *m;* **4.** Mokka *m* mit Rum.

régalade *f* Schmauserei *f.*

régaler 1. üppig bewirten; **2.** die anderen freihalten, die Zeche bezahlen, *„c'est moi qui régale"* ich zahle die Zeche (pop.).

régime *m* **1.** Diät *f;* **2.** magerer Frischkäse *m;* **~ végétarien** Rohkost *f.*

région Region *f,* Gegend *f;* **~ viticole** Weinbaugebiet *n.*

réglisse *m* Lakritze *f,* Süßholz *n.*

régigneu *m* Rohschinkenscheiben *f pl* in geschlagenen Eiern getränkt, im Ofen überbacken (Provence).

reine *f* Königin *f;* **~ de Saba** Kuchen *m,* gefüllt mit kandierten, in Grand-Marnier aromatisierten Orangenscheiben, mit Schokoladencreme überzogen; **~ des bois** Waldmeister *m. à la ~* „Königinart" *(Geflügel:)* Geflügelpüree *n* in kleinen Formen pochiert, mit Trüffelscheiben garniert, dazu Geflügelrahmsauce; *à la ~ Margot (zu Geflügel:)* mit Mandelpüree gefüllte Hühnerschaumfarce, Geflügelschaumbrötchen mit Krebsbutter gefüllt, Geflügelrahmsauce;

reine-claude *f* Reneklode *f.*

reinette *f* Reinette *f (Apfelsorte).*

réjouissance *f* Fröhlichkeit *f,* heitere Stimmung *f; réjouissances* *f pl publiques* Volksfest *n.*

relais *m* ländliches Gasthaus *n;* **~ routier** Fernfahrergaststätte *f.*

relent *m* Nachgeschmack *m,* übler Geruch *m; relents m pl de cuisine* Küchengeruch *m; avoir des relents de . . .* einen üblen Beigeschmack von . . . haben.

relevé pikant, scharf.

relever *(Speise, Geschmack:)* pikanter machen, durch Würzen verbessern.

reliefs *m pl* Speisereste *m pl.*

remoudou *m* belg. Weichkäse *m* aus Kuhmilch, mit Rotschmiere, 45 % Fett i. Tr.

rémoulade *f* Remouladensauce *f* mit Mayonnaise, Cornichons, Kapern, feinen Kräutern.

remplacer ersetzen, austauschen, vertreten.

remplir füllen, auffüllen, aufgießen; **~ un verre** ein Glas vollschenken.

remuer bewegen, umrühren.

Rémy-Martin Cognac *m (Marke).*

rendez-vous *m* Zusammentreffen *n,* Verabredung *f.*

renseignement *m* Auskunft *f,* Erkundigung *f.*

renverser *(z. B. Pudding:)* stürzen.

renvoi *m* Aufstoßen *n,* Rülpser *m; avoir des ~* aufstoßen, rülpsen.

repas *m* Mahl *n,* Mahlzeit *f;* Essen *n; ~ à la carte* Essen *n* à la carte; **~ à prix fixe** Einheitspreisgedeck *n;* **~ d'affaires** Arbeits-, Geschäftsessen; **~ de cantine** Kantinen~; **~ de fête** Fest~; **~ de midi** Mittag~; **~ de noces** Hochzeits~; **~ du soir** Abend~, Abendbrot *n;* **~ pantacruélique** üppige Mahlzeit *f; ~* **principal** Hauptmahlzeit *n; ~* **pris à la va-vite** schnelle Zwischenmahlzeit *f; ~* **rapide** Schnellmahlzeit *f,* Zwischenmahlzeit *f; faire le ~* od. *le plat* kochen, das Essen machen, bereiten; *aimer les bons ~m pl* gern gut essen; *aux heures de ~* zur Essenszeit; *coin-repas m* Essecke *f; (Person:) offrir un ~ à* jm. freihalten; *(Tischrunde:) offrir une tournée* freihalten; *panier-~ m* Lunchpaket *n; prendre son ~* das Essen einnehmen; *ticket-~ m; un ~ monstre* ein Riesenessen *n.*

repos *m* Rast *f,* Ruhepause *f,* Erholung *f.*

reposer wieder hinlegen, -stellen; *laisser reposer (Flüssigkeit:)* sich absetzen lassen; *(Wein:)* ablagern lassen.

requin *m* Haifisch *m.*

resaler nachsalzen.

réserve *f* Rücklage *f,* Vorrat *m,* Reserve *f;* Vorbehalt *m;* **réserves** *f pl* **de vivres** Lebensmittelvorräte *m pl.*

réservé *adj. (Tisch, Platz:)* reserviert; *(Person, Verhalten:)* zurückhaltend.

réserver reservieren, vorbestellen, zurücklegen.

résidu *m* Rückstand *m,* Rest *m,* Abfall *m;* **résidus** *m pl* **alimentaires** Speisereste *n pl.*

respecter *(Person, Tradition, Eigentum, Gesetze:)* achten, beachten, respektieren.

restaurant *m* Restaurant *n,* Speiselokal *n; (das erste ~ Europas soll 1407 von Nicolas Flanel in der Rue Montmorency in Paris eröffnet worden sein; das erste ~, das diesen Namen verdient, eröffnete Beauvilliers im Jahre*

1783 in Paris); ~ **fermé** *~* geschlossen; *~* **ouvert** *~* geöffnet; *~* **en plein air** *~* im Freien.

reste *m* Rest *m*, Restbestand *m*, Überbleibsel *n*; *un ~ de vin* ein bißchen Wein; Neige *f*; *restes m pl* Übrigbleibsel *n pl*, Überreste *m pl*; Abfälle *m pl*, Speisereste *m pl*; *~ d'un repas* Speise~ *m pl*, *~* einer Mahlzeit *m pl*; *servir des ~ à qn* jemand ein ~essen servieren.

rester bleiben, übrig bleiben, zurückbleiben; *il ne reste plus de pain* es bleibt kein Brot mehr übrig; *qn reste sans manger* jemand isst nicht; *il reste à dîner* er bleibt zum Essen.

restif *m* Restaurant *n* (ugs.).

restoroute *m* Restaurant *n* an der Autobahn.

retard *m* Aufschub *m*, Verspätung *f*; *en ~* verspätet.

réveillon *m* Weihnachts-, Neujahrsessen *n*, *~-*, *~feier f*.

revenir *(Fleisch:)* anbraten; *(Gemüse:)* in Fett dünsten; *~ à qn (Speise:)* aufstoßen; *faire ~* anbraten, schmoren.

revêtement *m* Überzug *m*, Beschichtung *f*.

revue *f* Zeitschrift *f*, Revue *f*; *~ hebdomadaire ~* Wochen~; *~ mensuelle* Monats~.

rhubarbe *f* Rhabarber *m*.

rhum *m* Rum *m*.

ricard *m* Aperitif *m* auf Anisbasis *(Marke)*.

riceys *m* Weichkäse *m* aus entrahmter Kuhmilch, der in Rebholzasche gereift wird, 35–40% Fett i. Tr.

riche reich, wohlhabend; *(Essen:)* gehaltvoll, reichhaltig.

Richelieu *(Kardinal, leitender Minister Ludwigs XIII.);* à la ~ „nach Art von ~": in Bröseln gewendet, durch flüssige Butter gezogen, mit Kräuterbutter und Trüffelscheiben belegt.

rien etwas; *ne rien* nichts.

rigodon *m* Speckkuchen *m* mit Nüssen od. anderen Früchten (Burgund); *~ aux poires* Nussgebäck *n* mit Birnenmarmelade.

rigolettes *f pl* Kleingebäck *n*.

rigotte *f* **de Condrieu** Weichkäse *m* aus Kuhmilch, 45–50% Fett i. Tr., mit Naturrinde (Lyonnais).

rigotte *f* **de Pelussin** Weichkäse *m* aus Ziegenmilch od. mit 50% Ziegenmilch, 40–45% Fett i. Tr. (Auvergne).

rillauds *m pl* karamellisierte, gekochte Schweinsbruststückchen *n pl*.

rillettes *f pl* fein gehacktes, gekochtes Schweinefleisch *n* mit Schmalz in Töpfen konserviert (Brotaufstrich); *~ de porc* eingekochtes Schweinefleisch *n* mit Schweineschmalz; *~ de Tours* fette Schweinspastete *f*; *~ d'oie* Gänsepastete *f*.

rillons *m pl* **1.** Stücke *f pl* von Schweineschulter und -brust, in Fett gebacken; **2.** Grieben *f pl*.

rimote *f* gezuckerter Maisbrei *m*.

rince-cochon *m* Weißwein mit Limonade und Vichy-Wasser (ugs.).

rince-doigts *m* Schale *f* od. zitronegetränktes Feuchttüchlein zum Fingerspülen.

rincette *f* ein Schluck *m* Schnaps, der aus der gerade ausgetrunkenen, noch heißen Kaffetasse getrunken wird.

ripaille *f* Schlemmerei *f;* **ripailler** schlemmen.

ris *m* Bries(chen) *n;* ~ **d'agneau** Lamm~; **ris de veau** Kalbs~; ~ **à la financière en vol-au-vent** ~ in Blätterteig nach Finanzmannsart; ~ **à la maréchal** ~ mit Spargel und Trüffeln; ~ **Clamart** ~ in Scheiben gebraten, mit grünen Erbsen; ~ **Joseph** ~ mit Cognac, Madeira, Wermut; ~ **normand** ~ flambiert, auf Toast mit Äpfeln und Sahnesauce. ~ **Régence** ~ mit Sauce aus Champignons, Portwein, Sahne, Trüffeln.

risotto *m* Risotto *m.*

rissole *f* **1.** *(Art)* Fleischpastete *f;* **2.** Blätterteigpastetchen *n* mit Salpicon von Fisch, Fleisch, Geflügel, Wild, Champignons, Trüffeln u. a. gefüllt, in Öl ausgebacken; ~ **de bœuf** gekochtes, hachiertes Rindfleisch, mit gehackten, hart gekochten Eiern, Sardellenfilets, Petersilie und Demiglace; ~ **de truffes** ausgebackene Trüffeltäschchen *n.*

rissoler *(Fleisch:)* goldbraun braten od. backen, anbraten.

rissolette *f* geröstete Brotschnitte *f* mit Hackfleisch.

rivesaltes *m* Likörwein *m.*

riz *m* Reis *m;* ~ **à la grecque** ~ mit Mettwurst, Paprika, Zwiebeln; ~ **à la mentonnaise** *(Dessert:)* Milch~ mit Eiern und Zitronensaft; ~ **à la mode de Bayonne** Risotto mit Ei, Käse, Schinken; ~ **à la niçoise** ~salat mit Kräutern, Oliven, Paprikaschoten; ~ **à l'impératrice** *(Dessert:)* Milch~ mit Eiern und Zitronensaft; ~ **à l'indienne** ~ indisch, bleibt nach dem Kochen 45 Min. zum Quellen stehen; ~ **au lait** Milch~; ~ **aux fevettes** ~ mit jungen weißen Bohnenkernen, Knoblauch, Speckwürfeln, Zwiebeln; ~ **aux pignons** Milch~ mit kandierten Früchten und Pinienkernen; ~ **brisé** Bruch~; ~ **cantonnais** ~ mit Erbsen, Kochschinkenstreifen, Rührei; ~ **condé à la maltaise** süßer Milch~ mit Orangensaft und Früchten; ~ **pilaf** Pilaw~ *(mit Butter, Fleischbrühe, Zwiebeln).*

robe *f* Kleid *n,* Robe *f; pommes de terre f pl en ~ des champs* Pellkartoffeln *f pl.*

robinet *m* **d'eau** Wasserhahn *m.*

rocamadour *n* Weichkäse *m* aus Ziegenmilch, mit bläulicher Naturrinde, 45% Fett i. Tr. (Quercy).

rocambole *f* Perlzwiebel *f.*

rocher *m* Fels *m;* ~ **épineux** Seeschnecke *f.*

rochers *m pl* Mandelplätzchen *n pl;* ~ **à la crevette** Krabbenkroketten *f pl.*

rogaton *m* Abfall *m;* ~s *m pl* Speisereste *f pl.*

rognon *m* Niere *f;* ~s Nieren *f pl;* ~ **à la dijonnaise**
~ angebraten, mit Kalbsfond, Mirepoix und Weißwein
geschmort, in Scheiben mit der durch Rahm und Pfif-
ferlinge angereicherten Sauce serviert; ~ **à la liégeois**
~ ganz in der Kasserolle bereitet, mit Genever flam-
biert, mit Kalbsjus übergossen;~ **Beauge** ~ in Madeira
und Senf; **rognons de veau** Kalbs~; ~ **charentais** ~ in
Kräutersauce; ~ **colliure** ~ mit Anschovis, Gemüsen,
Weißwein.

rognonnade *f* **de veau** Lammrückenstück *n* mit Nieren.

rogomme *m* Schnaps *m* (pop.).

rogue *f* (Fisch-)Rogen *m.*

rolle *f* zylinderförmige Wurst *f.*

rollot *m* Weichkäse *m* aus Kuhmilch, während der Rei-
fung regelmäßig mit Bier abgewaschen; pikant-erdiger
Geschmack, 45% Fett i. Tr.

romaine *f* römischer Salat *m.*

romarin *m* Rosmarin *m.*

rond *adj.* **1.** rund; *(Mehl:)* grob; betrunken, blau (pop.);
somme f ronde abgerundete Summe *f;* **2.** *m* Ring *m,*
runder Gegenstand *m;* ~ **de bouteille** Flaschen-
untersatz *m;* ~ **de feutre** Bierdeckel *m;* ~ **de saucisson**
Wurstscheibe *f;* ~ **de serviette** Serviettenring *m; faire
des ronds* *(beim Rauchen:)* Ringe blasen.

roquefort *m* Schnittkäse *m* mit Innenschimmel, aus
Schafmilch, ca. 50% Fett i. Tr.

roquette *f* od. **sisymbre** *f* Rautenkohl *m (für Salat).*

rosbif *m* Rindslendenbraten *m.*

rose *f* **des prés** Wiesenchampignon *m.*

rosé *adj.* rosenrot, blassrot, rosig; *(Garpunkt bei Fleisch:)*
mittel, *frz.* **à point;** *m* Rosé(-wein) *m.*

rosette *f* luftgetrocknete Dauerwurst *f* aus Schweine-
fleisch, im Netz (Lyonnais); ~ **de Lyon** Schweinswurst
mit Knoblauch, Pfeffer, Speck.

Rossini *(Gioacchino, ital. Komponist, 1792–1868); à la ~*
„nach Art von ~ "*(Fleisch:)* Stopflebermedaillons in
Butter gebraten, Trüffelscheiben, Madeirasauce, Demi-
glace.

rotengle *m* Rotauge *n,* Plötze *f,* Rotfeder *f (Fisch).*

rothel od. **ruthel** *m* Zuger Röthel *m (sehr feiner Fisch, nur
im Zuger See; wie Gebirgsforelle zubereitet).*

rothschild *m* Soufflé *n* aus Konditorcreme und kandier-
ten Früchten, die man in Grand Marnier od. in Danzi-
ger Goldwasser ziehen lässt.

rôti *m* **1.** Braten *m,* Gebratenes *n; (Kanada:)* Toast *m,*
Röstbrot *n;* ~ **à la boulangère** glasierter Schweine~
auf Kartoffeln und Zwiebeln; ~ **de porc en sanglier**
Schweinefleisch *n* in Wildmarinade eingelegt, gebra-
ten; ~ **Montmorency** Schweine~ in Rotweinsauce, mit

Kirschen; **2.** Röstbrot *n*, Toast *n*; *adj.* gebraten, geröstet, Brat-.

rôtir braten, rösten; **~ à la broche** am Spieß ~; **~ à petit feu** schmoren; **~ sur le gril** auf dem Rost ~.

rôtisserie *f* Grillrestaurant *n*, Braterei *f*, Garküche *f*.

rôtissoire *f* Grill *m*, Bratgeschirr *n*; **~ à rayons infrarouges** Infrarotgrill *m*.

rouelle *f* **de veau** große Kalbsbeinscheibe *f* aus der Keule.

rouennaise *f* Sauce *f* mit Entenleberpüree sowie frisch gemahlenem Pfeffer- und Zitronensaft; *à la ~ (Fisch:)* in Rotwein pochiert, mit Austern, Champignons, Muscheln und kleinen Stinten garniert.

rouge rot.

rouget *m* Knurrhahn *m*, Rötling *m*, Seebarbe *f*; **~ à la catalane** ~ in Sauce mit Fenchel, Paprika, Reis, Tomaten; **~ à l'orientale** ~ in Sauce aus Knoblauch, Koriander, Safran, Tomaten.

rougir rot färben; *de l'eau f rougie* Wasser mit Wein.

rouille *f* **1.** Rost *m;* **2.** scharf gewürzte Pfeffermayonnaise *f* mit Bouillon, Knoblauch, Olivenöl, Piment, Safran, Semmelbröseln *(zu Fischsuppen).*

roulade *f* Roulade *f*.

roulé gerollt; *jambon m roulé* Rollschinken *m*.

rouleau *m* *(pl-x)* Rolle *f*; **~ à pâtisserie** Nudelholz *n*.

roulée *f* Zigarette *f*, Selbstgedrehte *f*.

roulette *f* Rolle *f*; **~ de veau à la crème** gespickte Kalbskeule *f* mit Sahne-Wein-Sauce.

rousseau *m* Rotbrasse *f (Mittelmeer, Golf von Gascogne).*

roussette *f* **1.** Katzenhai *m (Fisch);* **2.** Kleingebäck *n* (reg.).

route *f* Straße *f*, Route *f;* **~ départementale** Kreis-, Landesstraße; **~ nationale** Fernverkehrsstraße.

routier, routière *adj.* Straßen-; *relais routier m* kleines Café *n* an Fernstraßen; *m* Fernlastfahrer *m*.

roux *m* Einbrenne *f*, Mehlschwitze *f;* **~ blanc, brun** weiße, braune Grundsauce *f*.

rouy *m* Weichkäse *m* aus pasteurisierter Kuhmilch, mit Rotschmiere; erdiger Geschmack, 45% Fett i. Tr. (Burgund).

royal *m* Eierstich *m*.

royat *m* Apfeltasche *f*.

royan *m* Sardine *f* (reg.).

ruche *f* Dessert *n* mit Honig.

rue *f* Straße *f; grand-rue* Haupt~; **~ commerçante** Geschäfts~; **~ piétonnière** Fußgängerzone *f;* **~ principale** Haupt~ *f*.

ruelle *f* Gasse *f,* Gässchen *n.*

rumsteck od. **romsteck** *m* Rumpsteak *n.*

rural ländlich, landwirtschaftlich; *économie f rurale* Landwirtschaft *f.*

russule *f* Täubling *m (Pilz).*

rutabaga *m* Kohl-, Steckrübe *f.*

S

sabardin *m* Wurst *f* aus Brust, Hals, Herz und Pansen vom Schwein, in Rotwein gekocht (Loire).

sabayon *m* Sandgebäck *n; ~ au fromage* Käse-~; *~ de Caen* Butterplätzchen *n; ~ fondant* Sandplätzchen *n.*

sablé *m* Sandkuchen *m,* Mürbekeks *m.*

sabler streuen; *(z. B. Kuchen:)* bestreuen; *(fig.)* Wein wie Wasser trinken; *sabler le champagne* Champagner trinken, *(ein freudiges, fröhliches Ereignis:)* mit Champagner begießen.

sabodet *m* Kochwurst *f* mit hohem Anteil Schweinskopffleisch (Lyonnais).

sabre *m* Degenfisch *m.*

sabronnade *f* Ragout *n* aus Gemüse, Schinken und Schweinefleisch.

sac *m* Beutel *m,* Sack *m; ~ à dresser* Dressiersack; *~ à pain* Brotbeutel *m; ~ à provisions* Einkaufstasche *f; ~ à vin* Säufer *m,* Trunkenbold *m; ~ de* od. **en papier** Papiertüte *f; ~ (en) plastique* Plastiktüte *f; (zum Einkaufen:)* Plastiktasche *f; ~ poubelle* Müllsack, -beutel *m; (Geld:) 10 sacs* 100 Franc (fam.).

sachée *f* Sack voll *m.*

sachet *m* Säckchen *n,* Beutelchen *n,* Tütchen *m;* Beutel *m; ~ de thé* Tee~, Teeaufguss~; *~ en matière plastique* Plastik~; *~ en papier* Papier~.

sacristain *m (Blätterteigkuchen, mit Creme od. Sahne gefüllt:)* Schillerlocke *f; (Teegebäck:)* Blätterteigstange *f (meist mit gehackten Mandeln bestreut); (Fisch:)* Dornhai *m* geräuchert, gerollt.

safran *m* Safran *m.*

sagou *m* Sago *n.*

saignant *(Garstufe von Fleisch:)* innen rosa, blutiger Kern, außen knusprig.

saindoux *m* Schweineschmalz *n.*

saint *adj.* heilig, fromm, *(Erde:)* geweiht; *jeudi m saint* Gründonnerstag *m; la semaine f sainte* Karwoche *f; vendredi m saint* Karfreitag *m; la Saint-Jean* Johannestag *m; la Saint-Martini* Martinstag *m; les saints m pl de glace* die drei Eisheiligen *m pl.*

sainte-maure *m* Weichkäse *m* aus Ziegenmilch 45% Fett i. Tr. (Touraine).

saint-florentin *m* Weichkäse *m* aus Kuhmilch, mit Rotschmiererinde, 50% Fett i. Tr., gereift und ungereift angeboten (Touraine).

Saint-Germain-en-Laye *(Stadt westlich von Paris); à la ~ (Fleisch:)* grünes Erbspüree mit Eigelb gebunden, glacierte Karotten, Schmelzkartoffeln, Béarner Sauce.

saint-gorlon *m* würziger Weichkäse *m* aus Kuhmilch, mit Innenschimmel, 48 % Fett i. Tr.

Saint-Malo *(Stadt in der Bretagne); à la Saint-Malo (zu gegrillten Fischen:)* Sauce *f (es gibt verschiedene Rezepte)* mit z. B. Weißwein, Schalotten, Eigelb, Butter, Sardellenfilet.

Saint-Mandé *(Stadt in der Île de France); à la ~ (Fleisch:)* grüne Erbsen, Bohnen, Kalbsjus, Macaire-Kartoffeln.

saint-marcellin *m* Weichkäse aus Kuhmilch, säuerlich würzig, 50 % Fett i. Tr. (Dauphiné).

saint-nectaire *m* pikant milder Schnittkäse *m* aus Kuhmilch, 45 % Fett i. Tr. (Auvergne).

saint-paulin *m* milder Schnittkäse *m* aus pasteurisierter Kuhmilch, 45 – 50 % Fett i. Tr.

saint-pierre *m* Petersfisch *m*.

saint-rémy *m* Rotschmierekäse *m* aus Kuhmilch, 45 – 50 % Fett i. Tr. (Lothringen).

Saint-Sylvestre *f* Silvester *m* od. *n*.

saison *f* Jahreszeit *f*.

salade *f* Salat *m; ~* **à la chalutière** Hochseefischer~: marinierte Heringsfilets, mit einer Senf-Vinaigrette und gekochten Kartoffeln; dieses Bordgericht der Fischer wird an der Küste verfeinert mit Gürkchen, Mayonnaise, Rüben u. a. (Pas de Calais); **à la châteleine** ~ aus Artischockenböden, Eiern, Kartoffeln, Salatsauce, Trüffeln; **~ à la créole** ~ aus Julienne von Paprikaschoten, Mayonnaise, Reis, Salatstreifen, Staudensellerie; **~ à la française** Endiviensalat in Essig-Öl-Marinade; **~ à la princesse** ~ aus gebratener Kalbsniere in Streifen geschnitten, in Senfsauce mit Gurken, Paprikaschoten, Sellerie, Spargelspitzen angemacht; **~ à l'égyptienne** ägyptischer ~, aus gekochten Schwarzwurzelstücken, Mayonnaise, Tomaten- und Gurkenscheiben; **~ algérienne** algerischer ~: Zucchini, Würfel von gekochten Kartoffeln, rohe geschälte Tomaten, Knoblauch; mit Julienne von Geflügelfleisch dekoriert; **~ à l'italienne** „Italienischer" Salat aus grünen Bohnen, Karotten, Kapern, Knollensellerie, Oliven, Salami, Sardellenfilets, Tomaten; **~ américaine** Kopf~ mit Anchovis, hart gekochten Eiern, Käsewürfeln, Kresse, Tomaten; **~ arlequin** Obst~ mit Kirsch oder Rum; **~ arlésienne** ~ aus Auberginen, Essig, Kartoffeln, Knoblauch, Kräutern, Öl, Pfeffer, Salz, Tomaten, Zwiebeln; **~ Astoria** Kopfsalatherzen mit Früchten; **~ au roquefort** Roquefort~ mit Crème fraîche, Doppelrahmfrischkäse, Cognac, mit Tabasco beträufelt; **~ aux chapons** Chicorée~, angereichert durch mit Knoblauch abgeriebene, kleine Röstbrotwürfel und Vinaigrette (Gascogne); ~ **aux œufs** Eier~; ~ **Béatrice** gemischter ~ aus Artischockenböden, Endivie, grünen Bohnen, Champignons, Tomaten, Krebsen, Estragon, Salatsauce, Schnittlauch, Sellerie, Spargelspitzen; ~ **Beaucaire** ~ aus Äpfeln, Champignons, Chicorée, Knollen- und Stangensellerie, Kräutern, Schinken; ~ **Berthelotière** Spinat~ mit Scampis und Hühnerfleisch; ~ **Boniface** Schnecken in Rotwein gekocht, mit Artischockenböden vermischt, in Essig-Öl-Sauce mit gehackten Champignons angemacht; ~ **bressane** ~ aus Artischockenböden, Essig-Öl-Sauce, Tomaten; ~ **bretonne** ~ aus weißen Bohnen, Essig-Öl-Sauce, Kräutern, Tomaten, Zwiebeln; ~ **cauchoise** ~ aus Kartoffeln, Sahne, Schinkenwürfeln, Sellerie; ~ **châteleine** Burgfrauen~: Artischockenböden, Kartoffelwürfel, Eier, Trüffeln in Essig-Öl-Estragon-Sauce; ~ **chevreuse** ~ aus Chicorée, Essig-Öl-Sauce, Staudensellerie-Streifen, Trüffeln, Tomatenscheiben; ~ **composée** gemischter ~; ~ **crue** roher ~; ~ **d'asperges** Spargel~; ~ **de betteraves rouges** Rote-Rüben-~; ~ **de bœuf à la parisienne** Rindfleisch~ mit hart gekochten Eiern und Gemüse; ~ **de céleri** Sellerie~; ~ **de cervelas** Wurst~; ~ **de chou-fleur** Blumenkohl~; ~ **de concombres** Gurken~; ~ **de cuisiniers** ~ aus Champignons, Endivie, Entenfleisch, Kapern, Kerbel, Radicchio, Trüffeln, Vinaigrette; ~ **de fromage** Käse~; ~ **de fruits** Obst~; ~ **de harengs** Herings~; ~ **de haricots verts** Grüne-Bohnen~; ~ **de laitue** Kopf~; ~ **de lentilles** Linsen~; ~ **de mâche** Feld~; ~ **demi-deuil** ~ aus Essig, gekochten Kartoffeln, Pfeffer, Sahne, Salz, Senf, Trüffeln; ~ **de pissenlits** ~ von jungem Löwenzahn; ~ **de pommes de terre** Kartoffel~; ~ **de saint-pierre aux pleurotes** ~ aus Petersfisch, Butter, Eissalat, Öl, Pfeffer, Salz; ~ **de saison** ~ je nach Jahreszeit; ~ **de sandre aux girolles** Zander~ mit Pfifferlingsragout; ~ **des vendangeurs** Winzer~ aus Löwenzahn, Rapunzel, Spitzwegerich; mit gebräunten Speckstreifen (Burgund); ~ **de tomates** Tomaten~; ~ **de Trévise** Zichorien~; ~ **de viande** Fleisch~; ~ **de volaille** Geflügel~, ~ **diplomate** Diplomaten~ : Staudensellerie und Ananas gewürfelt, Walnusskerne, Mayonnaise; ~ **du pays de Caux** ~ aus Kartoffeln, Sahnesauce, Schinken, Sellerie; ~ **flamande** ~ aus Chicorée, Essig-Öl-Sauce, Estragon, Kartoffeln, Salzheringwürfeln, Kerbel, gebratenen Zwiebelwürfeln; ~ **Floréal** ~ aus Fenchel, Grapefruit, Kerbel, Kresse, Löwenzahn, Roten Rüben; ~ **grand-veneur** Julienne *f* von rohen Champignons, Fasanenbrust, Johannisbeergelee, Meerrettich, Staudensellerie und Trüffeln in Senfmayonnaise; ~ **Henri IV** ~ aus gewürfelten Artischockenböden, Essig-Öl-Sauce, Würfeln von gekochten Kartoffeln, Zwiebeln; ~**impériale** ~ aus grünen Bohnen, Spargelspitzen, Trüffeln; ~ **japonaise** ~ aus Kartoffeln, Muscheln, Trüffeln; ~ **juvénile** ~ aus Äpfeln, Avocados, Karotten, Petersilie, Pfefferminze, grünem Salat; ~ **Lorette** ~, der zu gleichen Teilen aus Feld~, gekochten Roten Rüben und Knollensellerie in Julienne angemacht wird; ~ **lyonnaise** gewürfelte, gekochte Mischgemüse, Oliven, Ravigotesauce mit Kapern, Sardellenfilets; ~ **Mazarin** Sellerie-Julienne mit Trüffeln, Essig-Öl-Sauce mit klein gehackten Kräutern; ~ **Mimosa** Kopfsalatherzen mit Weintrauben, Bananen- und Orangenscheiben, Rahm, Zitrone; ~ **Mirabeau** Essig-Öl-Sauce mit Senf, Gurkenscheiben, gewürfelten Kartoffeln, Tomaten, Sardellenfilets; ~ **nantaise** Garnelen, Spargelköpfe und Räucherlachsstreifen mit Essig-Öl-Sauce auf Salatblättern angerichtet, mit Eierscheiben garniert; ~ **niçoise** „Nizza-Salat" hart gekochte Eier geviertelt, Würfel von gekochten Kartoffeln, Kapern, Oliven, Prinzessbohnen, Sardellenfilets, Tomatenachteln in Essig-Öl-Marinade auf großen Salatblättern angerichtet; ~ **orientale** orientalischer ~: gekochter Reis mit Streifen von rotem Paprika, gewürfelten Tomaten, grünen Bohnen, mit Essig-Öl-Sauce und Knoblauch angemacht, mit Sardellenfilets garniert; ~ **paloise** ~ aus gewürfelten Artischockenböden, Essig-Öl-Sauce, gekochten, gewürfelten Schwarzwurzeln, Spargelspitzen; ~ **parisienne** ~ aus Scheiben hart gekochter Eier, gekochtem Fleisch, Kartoffelwürfeln, Kräutern, Salat, Tomaten; ~ **pastourelle** Roquefort~ mit Kerbel und Salatherzen; ~ **paysanne** ~ aus gewürfelten, gekochten Kartoffeln, Knollensellerie, Mohrrübenscheiben, weißen Rüben, Zwiebelwürfeln; ~ **printanière** Frühlings~; ~ **rhénane** Rheinischer ~, mit Essiggurken, Kalbsbratenstreifen, Kapern, gekochten Kartoffeln, Räucherhering, Rüben und Essig-Öl-Sauce (Elsass); ~ **romaine** Bund~, grüner ~; ~ **russe** ~ aus Gemüse, gekochten Kartoffeln, Mayonnaise; ~ **touraine** ~ aus Apfelscheiben, Escorial, Kartoffeln, Knollenselleriescheiben, Salatsauce; ~ **variée** gemischter ~; ~ **verte** grüner ~; ~ **Waldorf** Waldorf~ aus Äpfeln, Sellerie, Walnüssen, Mayonnaise.

saladier *m* Salatschüssel *f;* ~ **lyonnais** hart gekochte Eier, Geflügelleber, Hammelfüße, Heringsstücke angemacht.

salaison *f* **1.** Pökelfleisch *n;* **2.** Einpökeln, -salzen *n;* **3.** gesalzener Fisch *m;* **4.** ~ **de Corbières** Wurst *f (Sorte).*

salami *m* Salami *f;* ~ **de Strasbourg** geräucherte Wurst aus Rind- und Schweinefleisch.

salda *f* Kohlsuppe *f* mit Speck.

saldiers *m pl* **lyonnais** Scheiben *f pl* von kaltem Braten.

sale *adj.* schmutzig, eklig, übel; blöd (fam.).

salé 1. *(Speise:)* gesalzen, salzig; **2.** *(Rechnung:)* gepfeffert; **3.** gepökelt; **4.** *m* gepökeltes Schweinefleisch *n*.

salée *f* süßes Gebäck *n* in Galetteform, mit viel Creme und Zucker.

saler (ein-)salzen, (ein-)pökeln.

salers *m* Rohmilch-Schnittkäse *m* aus Kuhmilch, 45 % Fett i. Tr., weich, fruchtig pikant (Auvergne).

salière *f* Salzstreuer *m*, Salzfass *n*.

salle *f* Saal *m;* **~ à manger** Speise~; **~ d'auberge** Gaststube *f*.

salmigondis *m* Ragout *n*.

salmis *m* Salmi *n*, Ragout *n* von gebratenem Wildgeflügel; **~ de palombes** Ragout aus Pilzen, Schinkenwürfeln in Rotwein, Zwiebelchen (Bordelais).

salon *m* **de thé** Teesalon *f; auch*: Café *n* ähnlich wie in Deutschland und Österreich; *(im ~ werden mittags auch kleine Mahlzeiten – formules – serviert; aus Platzgründen werden um diese Zeit meist keine Gäste angenommen, die nur ein Getränk verzehren möchten; vergleichbare Regelungen bestehen in den Restaurants der großen Kaufhäuser).*

salpêtre *m* Salpeter *m*.

salpicon *m* Salpikon *m*, Ragoût fin zum Füllen von Blätterteigpasteten.

salsifis *m* Haferwurz *m;* **~ noir** Schwarzwurzel *f*.

salsiz *f* kleine, viereckig geformte Trockenwurst *f aus magerem Rind- und Schweinefleisch sowie fettem Speck; traditionell werden dicke Scheiben mit Gürkchen und Essigzwiebeln serviert* (Graubünden).

salure *f* Salzgehalt *m*.

samaritaine, à la ~ *(für große Schlachtfleischstücke, z. B.* Rinderschmorbraten) Samariterart: Reisbecher, Kopfsalat, Dauphine-Kartoffeln, Demiglace, geschmorter Kopfsalat.

sanciau *m* großer Mehlpfannkuchen *m (süß od. gesalzen);* **~ s** in Fett ausgebackene Honigküchlein *n pl.*

sandre *m* od. *f* Zander *m (Fisch).*

sandwich *m* belegtes Brot *n*.

sang *m* Blut *n*.

sanglier *m* Wildschwein *n;* **jeune ~** Frischling *m*.

sanguette *f* Blutwurst *f* (Orne).

sanguine *f* Blutorange *f*.

sans ohne; **~ gaz carbonique** ohne Kohlensäure; **~ arêtes ~** Gräten; **~ engagement** unverbindlich; **~ frais ~** Berechnung; **~ goût ~** Geschmack.

sansonnet *m* Star *m* (reg.).

sapide schmackhaft.

sapindor *m* Likör *m* aus Pflaumen und Kräutern (Jura).

sapote od. **sapotille** *f* Sapote *f,* Sapotille *f,* Sapotaapfel *m (tropische, wohlschmeckende und süße Frucht des Sapotillbaums).*

sar *m* St.-Peterfisch *m,* Meerbrasse *f* (Mittelmeer).

sarcelle *f* Knäkente *f,* kleine Wildente *f;* **~ rôtie** gebraten, mit Orangenvierteln garniert.

sardine *f* Sardine *f;* **~s** Sardinen; **~ à la meunière** ~ in Mehl gewendet, gebraten; **~ à l'escabèche** ~ frittiert, mit gedünsteten karamellisierten Zwiebeln, Essig, Knoblauchspritzern *(Vorspeise);* **~ à l'huile** Öl~; **~ farcies aux épinards** gehackter, pochierter Spinat mit Mehl und Milch gebunden, in Sardellenfilets gefüllt, im Rohr gebraten (Provence).

sardoche *f* Sardine *f* (ugs.).

sarladaise, à la ~ *(Fleisch:)* runde Reiskroketten *f pl* mit gefüllten Gurken, Safran, Tomaten, Tomatensauce.

sarrasin *m* Buchweizen *m.*

sarriette *f* Bohnenkraut *n.*

sartadagnano *m* kleine Fische in der Pfanne gebraten, wobei sie zu einem Pfannkuchen zusammenfließen (Provence).

saubiquet *m* scharfe Brühe *f.*

sauce *f* Sauce *f,* Soße *f,* Tunke *f;* **~ abricot** *(Grundsauce)* Aprikosensauce mit Mehl, Wasser, Grand Marnier; **~ aigre-douce** süßsaure ~ mit Demiglace, Essig, Kapern, Rosinen, Weißwein, karamellisiertem Zucker; **aïloli** Knoblauchmayonnaise *f* mit Olivenöl, ‚beurre de Provence'; **~ airelles** Preiselbeersauce; **~ à l'ail** Knoblauch~; **~ à la Chartres** Demiglace *f* mit gehacktem Estragon vermischt; **~ à la ciboulette** warme Schnittlauchsauce; **~ à la crème** Butter~ mit Muskat, Pfeffer, Sahne; **~ à la florentine** Spinat~; **~ à la française** Béarner ~ mit Fischglace, ein wenig Knoblauch, geriebener Muskatnuss, Champignonessenz und Krebsbutter *(zu Fischgerichten);* **~ à l'africaine** afrikanische ~: Demiglace, mit Madeira und Cayenne gewürzt, mit gebratenen Zwiebelringen und Trüffelstückchen garniert; **~ à l'aillade** ~ *f* mit Knoblauchbrühe; **~ à la ciboulette** Schnittlauch~; **~ à la moutarde** Senf~; **~ à l'ancienne~** *f* nach altem Rezept: holländische Sauce *f* mit gehackten Champignons, Gewürzgurken und Trüffeln; **~ à l'aneth** Dill~ *f* mit Fisch- oder Kalbsvelouté, Sahne, Zitronensaft; **~ à la niçoise** Nizza~ *(zu Fisch- und Geflügelgerichten:)* stark mit Knoblauch gewürzte Tomaten, Anchovis, Zucchinis und Estragon; **~ à l'antiboise** ~ nach Art von Antibes: Mayonnaise, mit Tomatenmark vermischt, mit Estragon und Sardellenpaste gewürzt; **~ Albufera** Bécha-

mel~ mit Fleischsaft, Gemüsepaprikabutter, Piment; ~
algérienne algerische ~: Tomaten~ mit gedünsteter
Julienne von Paprikafrüchten; ~ **à l'huile** Salat-Grund-
Dressing- ~; ~ **allemande** Sämige ~ *f* mit Eigelb; ~
alsacienne Elsässische ~: gekochtes kaltes Kalbshirn
und geriebene Zwiebeln passiert, mit Öl, Senf, Zitro-
nensaft, Pfeffer und Salz; ~ **ambassadrice** Botschafte-
rin~: Hühnerrahmsauce mit Hühnerpüree und Sahne;
~ **américaine** *(warm:)* Tomaten~ mit Hummerbutter,
mit Weinbrand flambiert, mit Fischvelouté verkocht,
passiert; *(kalt:)* Mayonnaise, gewürzt mit Senf, mit
Hummerpüree vermischt; ~ **amiral** Admiral~: Weiß-
wein~ mit gehackten Schalotten, geriebener Zitronen-
schale, mit Sardellenbutter aufgeschlagen, garniert mit
Kapern; ~ **andalouse** andalusische ~: aus Mayonnaise,
gewürfelte Pfefferschoten, Tomatenmark; ~ **Antin** ~
nach Art von Antin: Madeirasauce mit gehackten
Schalotten, in Weißwein gedünstet, mit klein gehack-
ten Trüffeln, Champignons und feinen Kräutern ver-
mischt; ~ **archiduc** Erzherzog~: Geflügelrahm~, mit
eingekochtem Champagner verfeinert; ~ **arlésienne** ~
nach Art von Arles: Béarner ~ mit Tomatenmark, Sar-
dellenpaste, geschmolzenen Tomatenwürfeln; ~ **Artois**
~ nach Art des Artois: Fleischglace *f,* mit Krebsbutter
und Kräuterbutter aufgeschlagen; ~ **au beurre** Butter~
(Butter, Eigelb, Mehl, Sahne); ~ **au beurre d'écrevisses**
Krebsbutter~; ~ **au calvados** Calvados~; ~ **au chocolat**
(Grundsauce) Schokoladen~ mit Schokolade, Wasser,
Zucker, Butter, Cognac und Orangenschalen; ~ **au**
cresson Brunnenkresse~: Kalbsvelouté mit pürierter
Brunnenkresse vermischt, mit Kapern garniert; ~ **au**
raifort Meerrettich~; *(chaude, warm:)* geriebener
Meerrettich, Crème fraîche, Paniermehl, Eigelb; *(fro-*
ide, kalt:) geriebener Meerrettich, Crème fraîche,
Zitronensaft od. Essig; ~ **aurore** Sämige ~ mit Toma-
tenmark; *(für Fische:)* mit Fischvelouté; ~ **au vin**
Wein~; ~ **aux anchois** Sardellen~; ~ **avignonnaise**
Rahmbéchamel~ mit Knoblauch gewürzt, mit geriebe-
nem Hartkäse und Petersilie vermischt, mit Eigelb
gebunden; **sauce** *f* **aux câpres** Kapernsauce *f;* ~ **aux**
champignons Champignon~: Demiglace mit Champi-
gnonfond verkocht, mit Butter und kleinen Champig-
nonköpfen vermischt; ~ **aux concombres** Gurken~:
gedünstete Gurkenscheiben passiert, mit Sahne und
Eigelb legiert; ~ **aux écrevisses** Krebs~: holländische ~
f od. Weißwein~, mit Krebsbutter vervollständigt; ~
aux huîtres normannische ~ mit Austernwasser ver-
kocht, mit pochierten, entbarteten Austern garniert; ~
aux pommes Apfelmus; ~ **banquière** Geflügelrahm~
mit Kalbsglace, Butter, Madeira; ~ **bâtarde** Bastard~:
weiße Mehlschwitze mit Wasser verkocht, mit Eigelb
und Sahne legiert, mit Salz, Pfeffer und Muskatnuss

gewürzt, mit Butter verfeinert, durchpassiert; **~ bava-roise** bayerische ~: holländische ~ mit Schlagsahne, Krebsbutter, mit gewürfelten Krebsschwänzen garniert; **~ Beauharnais** *(zu Schlachtfleisch und gegrilltem Fisch:)* Béarner ~ mit Estragonbutter durchs Sieb gedrückt; **~ béarnaise** „Béarner Sauce": feine Butter~ mit Eigelb, Essig, Estragon, Kerbel, Pfeffer, Schalotten, Weißwein; **~ Béchamel** helle cremige ~ mit Butter, Mehl, heißer Milch, Pfeffer, Sahne und Salz; *(Variante:)* mit Speckwürfeln und Zwiebelringen, *(Louis de Béchamel, neureicher Bankier zur Zeit Ludwigs XIV.);* **~ Bercy** *(Fisch:)* in Butter gedünstete Schalotten mit Weißwein und Fischsud eingekocht, mit Butter aufgeschlagen, mit Petersilie vermischt; *(Fleisch:)* gedünstete Schalotten in Weißwein eingekocht, mit Butter, Fleischglace und Knochenmark vermischt; **~ bigarade** braune ~ mit Orangenschale und Madeira; **~ blanche** weiße Butter~; **~ bolognaise** Bologneser ~: gehacktes Rindfleisch und Zwiebeln, mit Knoblauch, Gemüse, Kräutern in der Pfanne gedünstet, mit Tomatenpüree und Rotwein abgelöscht, reduziert, mit Pfeffer, Salz und Paprika gewürzt; **~ bonne femme** Hausfrauen~: gehackte, angeschwitzte Schalotten mit Weißwein reduziert, mit Fischfond verkocht, mit Eigelb und Sahne gebunden, mit Salz und Zitronensaft gewürzt; **~ Bonefoy** wie Bordelaiser ~, jedoch mit Weißwein zubereitet und mit blanchierten Rindermarkstücken garniert; **~ bordelaise** Rotwein~ mit Butter, Lorbeerblatt, Mark, Petersilie, Schalotten, Thymian; **~ bourguignonne** Rotwein~ mit Champignons, Schalotten, Thymian; **~ bressane** ~ nach Art der Bresse: spanische ~ mit Madeira, Orangensaft, Cayenne, Mus von blutig gebratener Entenleber eingerührt, dann nicht mehr kochen lassen; **~ bretonne** Weißwein~ mit Butter, Knoblauch, Tomatenmark, gebräunten Zwiebeln; **~ Broglie** *(zu Eiern und Fischgerichten:)* Demiglace mit kleinen Schinkenwürfeln vermischt, mit Sherry, Champignonfond und Butter; **~ brune** Grund~ für braune Saucen, mit gehackten Kalbsknochen, Wurzelgemüse und angerösteten Zwiebelscheiben, Tomatenmark, Mehl, Fleischbrühe; **~ cardinal** Hummer~; **~ carmélite** Burgunder mit Julienne von Schinken; glacierte Zwiebeln; **~ Chambord** Lachsköpfe, Lachs- und Champignonabschnitte, Petersilienstiele und Thymian in Butter angeschwitzt, mit Rotwein angefüllt, reduziert, mit Demiglace verkocht und passiert, mit Sardellenpaste und Butter; **~ chantilly** holländ. ~ mit Sahne; **~ charcutière** Julienne mit Zwiebeln; **~ chasseur** Weißwein~ mit Champignons, Knoblauch, Tomaten; **~ Châteaubriand** Fleischglasur mit Butter, Petersilie, Pfeffer *(François René, Vicomte de Châteaubriand, 1768–1848, Schriftsteller und Staatsmann);* **~ chaude** Gemüsefondue

(Nizza); ~ **chaudeau** warme Wein~; ~ **chaud-froid** Sulz~ mit Butter, Mehl, weißem Pfeffer, Sahne, Sülze; ~ **Cherbourg** Béchamel~, mit Krebsbutter aufgeschlagen und mit Krebsschwänzen garniert; ~ **chevreuil** *(Wildbraten:)* Bratensatz mit Cognac, Wildfond und -marinade; ~ **choron** Béarner ~ mit Tomatenmark; ~ **Colbert** ~ aus Butter, Eigelb, Petersilie, Senf, Zitrone *(Jean Baptiste Colbert, Staatsmann zur Zeit Ludwigs XIV.);* ~ **comtesse** Gräfin~: Fischvelouté mit Sardellenbutter und Zitronensaft; ~ **cordelier** Franziskaner~: Madeira, Gänselebermus, Trüffelscheiben; ~ **crème** Creme~; ~ **crème aux morilles** Morchelrahm~; ~ **créole** Kreolische~: Knoblauchmus *n* mit klein gehackten Zwiebeln und Weißwein verkocht, mit Tomatensauce vermischt, mit Cayenne gewürzt, Streifen von roter Paprika zur Garnierung; ~ **Cumberland** ~ aus Johannisbeergelee, Orangen- und Zitronenschalen in Streifen, Senf; ~ **de crevettes** ~ mit Fischsud, Garnelenbutter, Krabben, Sahne; ~ **de dessert** flüssige Beilage *f* zu Nachtisch, Entremets, Eis, Sorbet od. pochiertem Obst: Mus, Sauce od. Gelee aus Früchten in Sirup, mit Alkohol und Vanille aromatisiert; *auch:* Sabayons und englische Sauce; ~**demi-deuil** Halbtrauer~: holländische ~ od. Kalbsvelouté mit Trüffelessenz verkocht, mit Trüffelscheiben garniert; ~ **Demidoff** Demiglace *f* mit Madeira und Butter, mit Trüffelscheiben garniert; ~ **demi-glace** dickflüssige braune Fleisch~ mit Tomatenmark; ~ **de porto** Portwein~ mit Orangenschalen und Johannisbeergelee od. -sauce; ~ **diable** Teufels~: Butter, Kraftbrühe, Weißwein, Zwiebeln; ~ **Diane** Wild- oder Pfeffer~, mit Sahne und gewürfelten Trüffeln; ~ **dieppoise** Diepper ~, mit Garnelenbutter aufgeschlagenes Fischvelouté; ~ **dijonnaise** Dijoner ~: holländische ~, mit Dijoner Senf gewürzt; ~ **diplomate** Fisch~ mit Trüffeln; ~ **divine** ,göttliche Sauce': Sherry, Schlagsahne, Geflügelextrakt, Trüffelfond; ~ **duchesse** Béchamel~ mit Butter und Sahne verfeinert, mit Champignons und gehackter Zunge garniert; ~ **duxelles** braune Decksauce zum Überkrusten, mit Champignons, Demiglace, Tomatenmark, Wein; ~ **espagnole** goldbraun angebratenes Mirepoix mit Mehl bestäubt, mit Wasser, geklärter Brühe und/oder Wein aufgefüllt und aufgekocht; dazu Kalbs- od. Rinder- od. Schinkenknochen gekocht, durchpassiert *(Grundsauce);* ~ **écossaise** Schottische ~: eine Béchamel~ mit Streifen von hartem Eiweiß und durch ein Sieb gepresstem Eigelb; ~ **épicurienne** Epikureische ~: Butter~, mit Pilz- od. Tomatenketchup vermischt, mit Essig und Cayenne gewürzt; ~ **espagnole** spanische~; **1.** braune Grundsauce: goldbraun angebratenes Mirepoix *n,* mit Mehl bestäubt, mit Wasser, geklärter Rinderbrühe, Tomaten, Pilzen, Karotten, Zwiebeln, Lorbeerblättern, Thymian

und / oder Wein aufgefüllt und aufgekocht; dazu Kalbs-
od. Rinder- od. Schinkenknochen gekocht, durchpas-
siert; **2.** (kalt) Mayonnaise *f* mit Paprika, Senf und
geriebenem Knoblauch gewürzt, mit kleinen Schin-
kenwürfeln garniert; **~ estragon** *(à brun, braun:)* sämi-
ge ~ aus Fleischsaft, Reduktion von Estragonblättern
in Weißwein mit Demiglace verkocht, mit gehacktem
Estragon vermischt; *(à blanc, weiß:)* Geflügelrahm~,
mit Butter aufgeschlagen, mit gehacktem Estragon
vermischt; **~ Etretat** deutsche ~ mit Tomatenpüree,
Fischfond, Champignons und Austern; **~ financière**
braune ~ mit Trüffelextrakt; **~ fines herbes** feine Kräu-
ter~, ähnlich ‚duxelles‘; **~ flamande** Flämische~: But-
ter~, mit Senf und Zitronensaft gewürzt, mit gehackter
Petersilie vermischt; **~ forestière** Förster~: Demiglace,
mit Sherry gewürzt, mit sautierten Morchelscheiben
garniert; **~ Foyot** *(zu gegrilltem Fleisch:)* Béarner ~,
mit Fleischglace vermischt; **~ genevoise** Genfer ~
(zu Fisch, bes. Lachs und Forelle:) Lachsköpfe und
-abschnitte od. Fischgräten mit Röstgemüse
geschwitzt, mit Rotwein aufgefüllt und eingekocht, mit
Demiglace und Kräutersträußchen verkocht, passiert,
mit Sardellenpaste gewürzt, mit Butter verfeinert; **~
genoise** Genueser ~ (traditionelle Küche, *zu Fisch-
gerichten:*) roter Bordeaux, feine Kräuter, gehackte
Champignons und Trüffeln, geklärte Bouillon, etwas
bearbeitete spanische Sauce, reduziert, mit Isigny-But-
ter verfeinert; **~ Godard** ~ mit Weißwein, klein
geschnittenen Röstgemüsen, Schinken, mit Pilzextrakt
und Demiglace verkocht und passiert; **~ grand-veneur**
Pfeffer~ mit flambiertem Armagnac, Madeira, Sahne,
Wildessenz; **~ gribiche** ~ aus Cornichons, hart gekoch-
ten Eiern, Essig, Kapern, Öl, Petersilie, Senf; **~ hollan-
daise** Grund~ aus Butter, Eigelb, Pfeffer, Zitronensaft;
~ homard Normannische ~, mit Hummerpüree ver-
mischt; **~ hussarde** Husaren~: Schinken~ mit gehack-
ten Zwiebeln und Schalotten angebräunt, mit
Weißwein eingekocht, Demiglace, Tomatenpüree,
Schinkenstreifen, Kräutersträußchen, Knoblauch hin-
zugefügt, zusammen verkocht, passiert, mit kleinen
Schinkenwürfeln, gehackter Petersilie und geriebe-
nem Meerrettich garniert; **~ impératrice** Kaiserin~:
Deutsche ~ mit Trüffelsud, geschlagener Sahne und
Geflügelglace; **~ indienne** Indische Curry- ~ *(zu Eiern,
Geflügel, Hammelgerichten:)* gehackte Äpfel und
Zwiebeln in Butter angebräunt, Petersilie, Sellerie,
Thymian, Lorbeerblatt, Muskatblüte mit Mehl und
Currypulver bestreut, mit geklärter Bouillon verkocht,
durch das Sieb gestrichen, erneut aufgekocht, mit
Crème fraîche und Zitronensaft vervollständigt; (Vari-
ante *kalt*) Mayonnaise mit Püree von gebackenen
Äpfeln, mit Chutney, Curry und Pilzketchup gewürzt;

~ **italienne** italienische ~ *(zu kaltem Fleisch:)* Kräuter-mayonnaise *f* mit pochiertem Kalbshirn, Zitrone und gehackter Petersilie; Kräutersauce; *(zu Eiern und gegrilltem Fleisch:)* klein gewürfelter Kochschinken, Estragon; ~ **ivoire** Elfenbein~ *(zu Eiern und Geflügel:)* Kalbsvelouté *n,* mit Sahne und Fleischglace vervollständigt (elfenbeinfarbig getönt); ~ **Joinville** Krabben~ in feiner Julienne mit Trüffeln; ~ **liée** gebundene ~, ~ **lyonnaise** Zwiebel~ mit Demiglace; ~ **madère** braune Braten~ aus Bratenfond, Champignonscheiben, Kalbsjus, Madeira, Pfeffer, Salz, Thymian; ~ **maître d'hôtel** Butter~ mit Petersilie und Zitronensaft; ~ **marchand de vin** ~ aus Bratensaft, Rotwein, Schalotten; ~ **marinière** Bercy~ mit Muschelfond, mit Muscheln garniert; ~ **matelote** ~ aus Champignons, Fischfond, Rotwein; ~ **mayonnaise** ~ aus Eigelb, Öl, Senf; ~ **ménagère** Haushälterin~: angebräunte Zwiebelwürfel bemehlt, mit Fleischbrühe verkocht, mit gehackter Petersilie, Sardellen und Zitronensaft vermischt; ~ **montée** aufgeschlagene ~; ~ **Montmorency** Sauerkirsch~; ~ **Mornay** Käse~ mit Sahne; ~ **mousquetaire 1.** kalte Mayonnaise mit Cayennepfeffer, Schalotten, Schnittlauch, Weißwein; **2.** provenzalische ~ mit Kräutern; ~ **mousseline** Schaum~, holländische ~, mit Schlagsahne verfeinert; ~ **moutarde** holländische ~ mit Senf (in England mit Meerrettich); ~ **Nantua** Béchamel~ mit Krebssud, Krebsschwänzen, Sahne, Trüffeln; ~ **Nantua à la neige** Mayonnaise~ mit Schlagsahne; ~ **napolitaine** Neapler ~: Demiglace, mit Butter aufgeschlagen, mit gewürfelten Tomaten und Mirepoix in Marsala gedünstet; ~ **Newburgh** ~ Newburgh-~: **1.** gekochte Hummerscheiben mit Sherry und Sahne verkocht, mit Eigelb gebunden, mit Cayenne gewürzt, mit Butter aufgeschlagen; **2.** roher Hummer, geschnitten, in Butter sautiert, mit Weinbrand flambiert, gewürzt, mit Sahne verkocht, durchpassiert, mit Hummerbutter aufgeschlagen, mit Sherry gewürzt; ~ **niçoise** Nizza~ mit Estragon und Paprikaschoten; ~ **noisette** Haselnuss~; ~ **normande** Butter~ mit Calvados, Cidre, Fischsud, Sahne; ~ **paloise** ~ nach Art von Pau *(zu Schlachtfleisch und gegrilltem Geflügel:)* wie Béarner ~, lediglich wird Estragon durch frische grüne Pfefferminze ersetzt; ~ **parisienne** Pariser ~: Demiglace mit reduzierten gehackten Schalotten in Fleischglace und Weißwein; ~ **Paulette** deutsche ~ mit Zitronensaft, Pilzextrakt und gehackter Petersilie; ~ **pauvre homme** braune Grund~ mit gehackten Schalotten, Petersilie, geröstetem Weißbrot; ~ **périgordine** Demiglace *f* mit pürierter Gänseleberpastete und Trüffeln; ~ **Périgueux** Demiglace mit Madeira und Trüffelessenz; ~ **persillée** weiße Butter~ (mit Knoblauch); ~ **piquante** braune ~ mit Cornichons, Essig, Cayennepfeffer, Kräutern,

Wein, Zwiebeln; ~ **poivrade** ~ aus Mirepoix, Wildfond und Wildmarinade; ~ **Polignac** Weißwein~, mit Sahne verfeinert, mit Champignon-Julienne garniert; ~ **polonaise** polnische ~: Merrettich mit Puderzucker in einer Velouté verrühren, Zitronensaft, saure Sahne und Butter untermengen *(traditionelle Küche);* ~ **portugaise** braune ~ mit Madeira, Tomatenmark, Wein, Zwiebeln; ~ **poulette** weiße ~ mit Champignons, Eigelb, Zitronensaft; ~ **princière** fürstliche ~: Weißwein~, mit Krebsbutter aufgeschlagen, mit Trüffeljulienne und Würfeln von Krebsschwänzen garniert; ~ **printanière** ~ mit Frühlingsgemüse und Kräuterbutter; ~ **provençale** ~ aus Knoblauch, Öl, Petersilie, Tomaten; ~**Rachel** Béarner~, mit geschmolzener Fleischglace und geschmolzenen Tomatenwürfeln vermischt; ~ **ravigote** Vinaigrette *f* mit Essig, Estragon, Kapern, Kerbel, Öl, Petersilie, Pfeffer, Salz, Senf, Zwiebeln; ~ **Régence** Regentschaft~: **1.** Gemüsemischung *f* mit lieblichem Weißwein, kleinen Trüffelstücken, Demiglace; **2.** normannische ~ mit in Rheinwein reduzierten Abschnitten von Champignons und Trüffeln, Trüffelessenz; ~ **rémoulade** Mayonnaise *f* mit Gewürzgurken, Senf und Kapern; ~ **riche** normannische ~ mit Hummerbutter; ~ **Richelieu 1.** gewürfelte große Zwiebeln in geklärter Butter anschwitzen, danach in Bouillon, gewürzt mit Zucker, geriebenem Muskat und grob gestoßenem Pfeffer kochen, ein wenig deutsche Sauce, Geflügelglace und feine Butter hinzufügen, dann die Sauce durch ein Sieb drücken *(traditionelles Rezept);* **2.** Tomaten~ mit Fleischglace, mit Tomatenwürfeln garniert **3.** Demiglace *f* mit Reduktion von Weißwein, Fischfond, Trüffelsud, gewürzt mit Madeira. *(Kardinal Richelieu, 1585–1642, Staatsmann);* ~ **Robert** braune ~ mit Essig, Senf, Tomatenmark, Wein, Zwiebeln; ~ **romaine** römische ~: karamellisierter Zucker mit Essig aufgelöst, mit Wildfond und Demiglace verkocht; Rosinen, Korinthen und Pinienkerne als Einlage; ~ **rouennaise** Rotwein~ mit Bratensaft, Cayennepfeffer, Entenleber, Schalotten, Zitronensaft; ~ **royale** königliche ~ *(zu pochierten Eiern und Geflügel:)* Reduktion von Geflügelvelouté und weißem Geflügelfond mit Sahne und roh passierten Trüffeln, mit Butter und Sherry vervollständigt, durchs Sieb gedrückt; ~ **Saint-Malo** *(zu gegrilltem Fisch:)* in Streifen geschnittene Zwiebeln in Butter gedünstet, mit Weißwein deglaciert, mit je einem Stengel Thymian und Petersilie sowie Lorbeerblatt garniert, reduziert, mit spanischer Sauce und Velouté aufgefüllt, mit reduziertem Fischfond vermischt, durch ein Sieb gedrückt, mit Senf, Worcestersauce und Butter vervollständigt; ~ **salmis** Salmi~: Wildabschnitte mit Mirepoix in Butter angebraten, mit Wein deglaciert, eingekocht, mit Demiglace verkocht, passiert und mit Wildessenz und Butter vervollständigt; ~ **smitane** Sauerrahm~ mit in Butter gedünsteten Zwiebelwürfeln, mit Sauerrahm und Demiglace aufgefüllt, gekocht, passiert, mit Zitronensaft abgerundet; ~ **soubise** Béchamel~ mit pürierten Zwiebeln; ~ **suprême** sämige Geflügelcreme~ mit Crème fraîche, Butter und Champignons, durch das Sieb gedrückt; ~ **Talleyrand** Geflügelvelouté f mit weißer Grund~ auf die Hälfte reduziert, Crème fraîche und Madeira hinzugegeben, mit Butter verfeinert, passiert, Gemüse-Mirepoix, klein gewürfelte Trüffeln und klein geschnittene gepökelte Ochsenzungen untergemischt; ~ **tartare** Mayonnaise~ mit feinen Kräutern; ~ f **tortue** Schildkrötensauce f: Demiglace mit Tomatenpüree, Schildkrötenkräutern in Weißwein, mit Cayenne und Trüffelessenz gewürzt, mit Madeira geschmacklich abgerundet; ~ **tyrolienne** Tiroler ~: Béarnaiser ~ mit Öl statt Butter und Tomatenpüree; ~ **valois** Béarner ~ mit Demiglace und Fleischextrakt; ~ **veloutée** weiße Grund~ mit Butter, weißer Grundbrühe, Mehl; ~ **venaison** wie ‚grand -veneur'; ~ **vénitienne** Venezianische ~ *(zu Eiern und Geflügel:)* eine Reduktion von gehackten Schalotten, Estragon und Kerbel in Essig, mit deutscher Sauce aufschlagen, mit Kerbel und Estragom garnieren; ~ **Victoria** Hummersauce mit Trüffelscheiben; ~ **vierge** jungfräuliche ~: Rahm~, mit Artischockenpüree und Schlagsahne vermischt; ~ **villageoise** Kalbsvelouté mit Zwiebelpüree vermischt, mit Champignons- und Kalbsfond reduziert, mit Eigelb und Sahne gebunden; ~ **vinaigrette** Essig-Öl-~ mit Kapern und Kräutern; ~ **vin blanc** *(zu Fischgerichten:)* legierte Fischeinmach~ mit Weißwein, Fischsaft, wahlweise Eigelb; ~ **Vincent** grüne ~ mit Eigelb, Estragon, Kerbel, Sauerampfer; ~ **vin rouge** *(zu mit Rotwein bereiteten Fischgerichten:)* sämige Rotwein~ mit Schalotten, Pfeffer, Fischfond, mit Demiglace aufgefüllt, mit Sardellen und Cayenne gewürzt; ~ **Westmoreland** Mixed Pickles-~; ~ **Yorkshire** *(zu Ente und geschmortem Schinken:)* Demiglace f mit Johannisbeergelee vermischt, gewürzt mit Cayenne-Pfeffer, Zimt und feinen Orangenschalenstreifen; ~ **zingara** Zigeuner~: Demiglace mit Tomatenpüree, Cayenne, Madeira; mit Julienne von Schinken, Champignons, Pökelzunge, Trüffeln garniert.

saucer eintunken, mit Sauce übergießen, *(den Teller mit Brot:)* austunken; *(Tabak:)* soßen, saucieren.

saucier m Soßenkoch m.

saucière f **1.** Saucenköchin f; **2.** Saucenschüssel f.

saucíflard m Wurst f (fam.).

saucisse f Bratwurst f, Brühwurst f, Würstchen n; ~ **de Francfort** Frankfurter Würstchen; ~ **de Morteau**

geräucherte Wurst;~ **de Strasbourg** ~ aus Rind- und Schweinefleisch; ~ **de Toulouse** Kochwurst aus gehacktem Fleisch; ~ **de volaille** Geflügelwurst.

saucisson *m* Brühwurst *f,* Schnittwurst *f,* Dauerwurst *f;* ~ **à l'ail** Knoblauchwurst; ~ **d'Arles** ~ aus magerem Rind- und fettem Schweinefleisch; ~ **chaud à la lyonnaise** heiße ~ mit franz. Kartoffelsalat; ~ **de foie** Leber~; ~ **de jambon** Schinkenwurst; ~ **de Lyon** Fleischwurst, Lyoner; **de ménage** *(Art)* Hausmacher~; grobes Füllsel aus Schweinefleisch *(auch* mit Rindfleisch gemischt), im Naturdarm; ~ **fumé** Salami *f;* ~ **sec** Dauerwurst, Trockenwurst; *peau f de saucisson* Wurstpelle *f.*

saucissonner picknicken.

sauge *f* Salbei *f* od. *m.*

saumon *adj. invar.* lachsfarben; *m* Lachs *m;* ~ **à la Chambord** ~ in Rotweinsauce mit Champignons, Krebsen, Sardellenpaste, Trüffeln *(Chambord, Schloss an der Loire);* ~ **à la nantaise** ~ in Weißwein mit Champignons pochiert, mit Austern, Langusten- und Trüffelscheiben garniert; **à la norvégienne** ~ in Courtbouillon, mit Lorbeerblatt, Pfefferkörnern, Porree, Salz, Staudensellerie, Thymian, Weißwein, Zwiebeln; ~ **de la Baltique** Ostsee~; ~ **fumé** Räucher~; ~ **Richelieu** ~medaillons in geklärter Butter gebraten, mit Trüffelscheiben belegt.

saumoné lachsartig; *truite f saumonée* Lachsforelle *f.*

saumeau *f* kleiner Salm *m.*

saumonette *f (Handelsname für:)* Dornhai *m.*

saumurage *m* Pökeln.

saumure *f* Salzlake *f* zum Pökeln.

saumuré gepökelt.

saunière Salzkasten *m.*

saupiquet *m* **1.** pikante braune Sauce *f* mit Bouillon, Butter, Sahne, Speck, Tomaten, Wein; **2.** Schinkenscheiben in ~ gebraten (Montpellier).

saupoudrer, de od. **avec farine / sel / sucre** mit Mehl / Salz/ Zucker bestreuen.

saupoudreuse *f* Streudose *f,* Streuer *m.*

saur geräuchert; *'hareng ~ m* Bückling *m.*

saurel *m* Stöcker *m,* Stachelmakrele *f.*

sauté 1. (in Butter) geschwenkt, geschmort, sautiert; **2.** *m* Gebratenes *n;* ~ **bourguignon** Ragout *n* mit Rotwein und Zwiebeln; ~ **d'agneau** gebratene Lammstückchen *n pl;* ~ **de bœuf** Rindsragout *n;* ~ **de cabillaud** Kabeljauscheiben *f pl* in weißer Sauce; ~ **de chevreuil / lapin / mouton / veau / volaille** Reh- / Kaninchen- / Hammel- / Kalbs- / Geflügelragout *n;* **pommes de** *terres sautées f pl* Bratkartoffeln *f pl.*

sauter springen, *etwas* überlesen; *(Glas:)* zerspringen; *(Küche:)* in Butter schwenken; *sauter un repas* eine Mahlzeit auslassen; *on la saute* ich habe Hunger; *faire sauter* in der Pfanne braten, *(eine Flasche, Geld:)* springen lassen *(fig.); (Crêpe:)* beim Wenden hochwerfen, in die Luft werfen; *faire sauter le bouchon* den Korken knallen lassen.

sauterelles *f pl* Krabben *f pl* (reg.).

sauteuse *f* Brat-, Schmorpfanne *f,* Sautoir *n.*

sauvage wild.

sauver *(kochende Milch u. ähnl.:)* überkochen.

savarin *m* mit Likör od. Rum getränkter Napfkuchen *m;* **~ de poisson** feines Mus *n* vom Kabeljau.

savaron *m* Schnittkäse *m* aus pasteurisierter Kuhmilch, 45 % Fett i. Tr. (Auvergne).

saveur *f* Aroma *n,* Geschmack *m.*

savoir-faire *m* Know-how *n,* Können *n.*

savoir-vivre *m* Lebensart *f,* Anstand *m,* Manieren *f pl,* Umgangsformen *f pl.*

savon *m* Seife *f;* **~ crème** Flüssig~; **~ de Marseille** Kern~; **~ de toilette** Toiletten~.

savonner mit Seife wachsen.

savonnette *f* Toilettenseife *f.*

savourer durchkosten; *(Getränk, Essen:)* genießen.

savoureux, savoureuse köstlich, lecker, schmackhaft.

savouries *f pl* **(bonne bouche)** pikante Häppchen *n pl.*

savoyarde, à la ~ „Savoyische Art" Kartoffelgratin *m* mit Milch, Käse und Eiern; auch verschiedene Zubereitungen mit Eiern.

scampi *m pl* Scampi *pl (gebratene Langusten od. Garnelen).*

scarole *f* Eskariol *m,* wilder Lattich *m.*

schiefela *f* Schweineschulter *f* mit Kartoffelsalat und Rüben (Elsass).

schlass *adj. invar.* besoffen, total blau (fam.); *m* Messer *n* (pop.).

schnatz *m* Backobst *n* mit Speck (Elsass).

schneckle *m (Gebäck:)*Schnecke *f* (Elsass).

schniderspattle *n* Maultasche *f* (Elsass).

schniederspettel *f* wenig geräucherte Wurst *f* mit Kümmel (Elsass).

schnitzbasche *m* Brotkuchen *m* mit eingebackenen gedörrten Früchten (Elsass).

scie *f* **1.** Sägefisch; **2.** Säge *f;* **~ de boucher** od. **à os** Knochensäge *f.*

sciène f Umber-, Trommelfisch m.

schnitz m Obstschnittchen n (Elsass).

schwarzwurst f geräucherte Wurst f aus Füßen, Kopffleisch, Ohren, Schwarten, Schweineblut, Speck, Zwiebeln (Elsass).

schwobebredel f Plätzchen mit Mandeln und Orangeat (Elsass).

scorpène f Drachenkopf m *(Fisch)*.

scorsonère f Bocksbart m *(ähnlich Schwarzwurzel)*.

S.C.V.C. = **si cela vous chante** *(auf Speisekarten:)* wenn Sie Lust dazu haben.

seau m Eimer m, Kübel m; **~ à champagne** Sektkübel m; **~ à glace** Weinkühler m.

sébaste m Gold-, Rotbarsch m.

sec, sèche trocken; *(Obst:)* gedörrt; *(Wein:)* trocken, *auch*: herb; *fruits* m pl *secs* Dörrobst n; *gâteau* m *sec* Keks m od. n; m pl Trockengebäck n; *légumes* m pl *secs* Trockengemüse n, Hülsenfrüchte f pl; *raisins* m pl *secs* Rosinen f pl; *viande* f *sèche* Dörr-, Trockenfleisch n; *boire sec* (fest) saufen.

seiche f Tintenfisch f.

seigle m Roggen m.

sel m Salz m.

sélection f Auswahl f; **~ de fruits** gemischtes Obst n.

selle f Sattel m; *(Fleisch:)* Rücken m; **~ d'agneau** Lammrücken; **~ d'agneau Armenonville** ~ mit Artischockenböden, grünen Bohnen, Cocottekartoffeln, Tomaten; **~ de chevreuil à la crème** Reh~ mit Bratensaft, Fleischglace, süßem Rahm, Zitronensaft; **~ de veau** Kalbskarree n, Rippenspeer m; **~ de veau Matignon** ~ im Ofen überbacken, mit dicker Schicht von Gemüsefondue und Schinken belegt; **~ de veau Orloff** ~ mit Pilzen, Trüffeln, Zwiebelpüree.

selon gemäß, nach; **~ arrivage** je nach Anlieferung; **~ grosseur** je nach Größe, Stärke, Umfang; **~ poids** nach Gewicht; **~ quantité** nach Anzahl od. Menge; **~ saison** je nach Jahreszeit.

seltz, eau f **de ~** Selters-, Mineral-, Sodawasser n.

semaine f Woche f; **en ~ seulement** nur werktags.

semoule f Grieß m; **~ aux fruits confits** ~ flammeri mit kandierten Früchten, überbacken; **~ de blé** Weizen~; *sucre* m *semoulé* Streuzucker m.

senteur f Duft m, Wohlgeruch m.

sentir riechen.

séparé getrennt, einzeln, gesondert, separat.

sépiole f Zwergsepia f *(Tintenfisch)*.

185

seringue *f* Spritze *f; ~* **à vermicelles** Vermicelles~.

sériole *f* Amberfisch *m.*

serpillière *f* Scheuerlappen *m.*

serpolet *m* Feldthymian *m,* Quendel *m.*

serran *m* Zackenbarsch *m; ~* **écriture** Schriftbarsch *m.*

serré *(Sauce:)* dicht, fest; *(Kaffee:)* stark.

serrer drücken; *(Schuh:)* drücken; *(Küche:)* das Schlagen des Eiweißes zu Schnee mit einer kreisenden Bewegung des Schneebesens abrupt beenden, damit der Eischnee fest und gleichmäßig wird; *(Straßenverkehr:) **serrer à droite / à gauche*** sich rechts / links halten.

serveur *m* Kellner *m.*

serveuse *f* Kellnerin *f.*

service *m* **1.** Dienst *m,* Bedienung *f,* Bedienungsgeld *n,* Dienerschaft *f; **heures** f pl* **de** *~* Dienststunden, Dienstzeiten *f pl; **à votre service!*** bitte sehr! **2.** *(Funktionieren, Gebrauch:)* Betrieb *m,* Dienst *m; **hors de service*** außer Betrieb, unbrauchbar; **3.** *(Geschirr, Wäsche:)* Tafelgedeck *n,* Service *n;* **4.** *(Speisen:)* Gang *m,* Gericht *n; ~* **à flamber** Flambierbesteck *n; ~* **à salade** Salatbesteck *n; ~* **(non) compris** *~* (nicht) einbegriffen.

serviette *f* Serviette *f; ~* **de table** Mundtuch *n,* Serviette *f; **rond** m* **de serviette** Serviettenring *m.*

servir auftragen, auftischen, bedienen, dienen, servieren; ***servez-vous!*** bedienen Sie sich! ***servir chaud*** warm auftragen; ***servir frais*** kühl servieren; ***servir un mets*** eine Speise auftragen; ***servir à boire à qn*** einschenken; ***c'est servi*** das Essen steht auf dem Tisch; ***Madame est servie*** (Gnädige Frau,) es ist angerichtet.

sésame *m* Sesam *m.*

se sauver *(kochende Milch, Suppe:)* überkochen, überlaufen.

seulement nur, bloß.

signature *f* Unterschrift *f.*

silique *f* Schote *f.*

silure *m* Wels *m (großer Süßwasserfisch).*

singe *m* Cornedbeef *m* (ugs.).

singer mit Mehl bestreuen.

siphon *m (für Bier und Mineralwasser:)* Flasche *f* mit Saugheber.

sirène *f* Kuchen *m* in Schlangenform.

sirop *m* eingedickter Fruchtsirup *m;* Kneipe *f,* Nachtlokal *n;* **sirops** *m pl* alkoholfreie Getränke *n pl.*

siroper einen Kuchen in Sirup mit Alkoholzusatz tränken.

siroter nippen, langsam und genüsslich schlürfen.

sirupeux, sirupeuse sirupartig.

snack-bar *m* Imbissstube *f.*

sobronade *f* Suppe *f* mit Bohnen, Kohlrabi, Schinken, auf Brotscheiben serviert (Périgord).

société *f* **privée** geschlossene Gesellschaft *f.*

soda *m* Sodawasser *n.*

sœur *f* Schwester *f.*

soif *f* Durst *m; j'ai soif* ich habe Durst; *boire jusqu'à plus soif* über den Durst trinken, sich volllaufen lassen (pop.).

soir *m* Abend *m; le soir* abends.

soirée *f* Abendgesellschaft *f; ~* **musicale** Konzertabend *m.*

soja od. **soya** *m* Sojabohne *f.*

sole *f* Seezunge *f; ~* **à la bretonne** ~ mit Champignons und Weißweinsauce; **~ à la deauvillaise** ~ in Fischfond mit gehackten Zwiebeln pochiert, mit Fleurons garniert; **~ à la dieppoise** ~ mit Champignons, Krabben, Muscheln, Sahnesauce; **~ à la fermière** ~ in Weißwein mit fein geschnittenem Wurzelgemüse pochiert, Fond mit Rahm eingedickt und übergezogen; **~ à la havraise** ~ in Weißwein pochiert, mit Berrysauce bedeckt, mit panierten gebackenen Muscheln garniert; **~ à la jardinière** ~ mit Gemüsesalat kalt serviert; **~ à la rochelaise** ~ in Rotwein pochiert, mit Austern und Muscheln garniert, mit eingekochtem Fonds und Demiglace bedeckt; **~ Bedford** ~ gegrillt, mit gefüllten Croûtons und Kräuterbutter; **~ Bercy** ~ in Butter und Schalotten ausgebraten, mit Fonds aus dem Sud und Weißwein überzogen, im Ofen überbacken; **~ cardinal** ~filets pochiert, mit Rahmsauce auf Krebsbasis; **~ Gisèle** ~ pochiert, mit Garnelensauce übergossen, mit Spargelköpfen garniert; **~ Marguery** ~ mit Krebsen und Muscheln in Weißwein; **~ Marigny** ~ in Butter gebraten, auf geschmolzenen Tomaten dressiert, mit gefüllten Mundbissen garniert; **~ Montreux** ~ pochiert, mit Mornaysauce nappiert, mit Kartoffel- und Trüffelscheiben umlegt, glaciert; **~ Rémy-Martin** ~ in Fischfond mit Butter, Mirepoix und Rémy-Martin pochiert, mit Champignonköpfen garniert; **~ Saint-Michel** ~filets mit Fischfarce und Gänseleberpüree gefüllt, auf grünen Erbsen dressiert, Nantuasauce mit Krebsschwänzen; **~ Sully** ~ pochiert, in Fett ausgebacken.

solette *f* kleine Seezunge *f.*

solferino, à la ~ reduzierte Tomatensauce mit Fleischglace verrührt, mit Kräuterbutter aufgeschlagen, mit Zitronensaft und Cayennepfeffer gewürzt.

solilemme *m* Brioche *f* mit viel Butter, Rahm und vielen Eiern, die nach dem Backen – noch heiß – aufgeschnitten und mit geschmolzener Salzbutter beträufelt werden *(als Teegebäck serviert od. mit Scheiben von Räucherfisch belegt, als Imbiss).*

sommaire *(Mahlzeit:)* spärlich, karg.

somme *f* Summe *f* Betrag *m;* **en somme** insgesamt, mit einem Wort.

sommelier *m* Weinkellner *m.*

son et lumière *m (Show:)* Ton- und Lichtschau *f.*

sonnette *f* Klingel *f.*

sorbet *m* Sorbet *n (Speiseeiszubereitung aus reinem Fruchtmark mit Zuckersirup und Branntwein / Wasser, Wein).*

sorbetière *f* Gefrierbüchse *f,* Eismaschine *f.*

sortie *f* Ausgang *m, (für Fahrzeuge:)* Ausfahrt *f; (Bus:)* Ausstieg *m;* ~ **de voitures** Ausfahrt freihalten; ~ **de secours** Notausgang; ~ **en voiture** Spazierfahrt *f.*

sortir *v. tr.* hinaus-, herausgehen; *(Geldbörse:)* zücken; *(Auto:)* **sortir du garage** aus der Garage herausfahren; *v. itr. (Abendessen, Theater usw.:)* ausgehen; *(Gas, Wasser:)* ausströmen, austreten; **sortir de manger** gerade vom Essen kommen.

SOS Racines Organisation *f* von Köchen, die sich für die Bewahrung französischer Lebensart und Lebenskunst einsetzt. Ziel ist auch die Herausgabe eines ständig aktualisierten Almanachs aller bedrohten Gerichte, Bräuche, Produkte und Verfahren.

soubise *f* Zwiebelpüree *n* mit Béchamelsauce, Muskat, Pfeffer, Salz.

soubressade *f* mit rotem Paprikapulver gewürzte Wurst *f.*

souchet *m* Löffelente *f.*

souci *m* Sorge *f,* Besorgnis *f,* Ringelblume *f.*

soucoupe *f* Untertasse *f.*

soude *f* Natron *n.*

sou fassum *m* mit Hackfleisch und Reis gefüllter Kohl *m* (Provence).

soufflé *m* Soufflé *n,* Eierauflauf *m;* ~ **au chou-fleur** Blumenkohlauflauf; ~ **aux légumes** Gemüse~; ~ **aux pralinés** Krokant~; ~ **dame blanche** Mandel~; ~ **d'ananas** Ananas~ *(mit in Alkohol mazerierten Ananasstücken);* ~ **de jambon** ~ mit Béchamelsauce, Eigelb, Rahm, rohem Schinken; im Wasserbad gegart; ~ **de jambon** Auflauf mit Béchamelsauce, Eigelb, Rahm, Rohschinken, im Wasserbad gegart; ~ **de pommes** Apfel~ (mit Apfelmus); ~ **de pommes de terre** Kartoffel~; ~ **glacé** Eiscreme-Auflauf; ~ **Montmorency** Kirschen~ *(mit in Alkohol mazerierten Kirschen);*

~ **normand** ~ mit Calvados und Makronen; ~ **Rothschild** ~ mit Erdbeeren, kandierten Früchten, Likör, Vanilleeis; ~ **surprise** Eiscreme, mit Baiser und Biskuit überbacken.

souffler aufblähen, -laufen.

souk *m* Basar *m;* Laden *m,* Geschäft *n* (argot).

soûl *adj.* betrunken, besoffen; *m* Überfülle *f; manger tout son soûl* sich satt essen.

soûlard *m* Säufer *m,* Trunkenbold *m.*

soûlarde *f* Säuferin *f.*

soûler qn jemand betrunken machen, jemand ‚abfüllen' (fam); *se soûler* sich betrinken (fam).

soûlerie *f* Sauferei *f.*

soumaintrain *m* Weichkäse *m* aus Kuhmilch, mit geschmierter, rötlicher Rinde, 45 % Fett i. Tr. (Yonne).

soupe *f* Suppe *f;* ~ **aïgo bouido aux œufs pochés** Knoblauch~ mit verlorenen Eiern, auf Weißbrot (Provence); **à la bière** Bier~ mit Brotkrumen, Geflügelfleisch, Zwiebeln; ~ **à l'ail** Knoblauch~; ~ **à la reine** Königin~, mit Kalb- und Rindfleisch, Suppenhuhn; ~ **albigeoise** Gemüseeintopf *m* mit weißen Rüben, Kohl, Kartoffeln, Karotten, Lauch, Zwiebeln, Knoblauch; ~ **à l'oignon** Zwiebel~; ~ **ardennaise** ~ mit Brot, Chicorée, Kartoffeln, Lauch; ~ **arlésienne** ~ aus Kichererbsen, Spinat, Nudeln und geriebenem Käse (Arles); ~ **au lait** Milch~; ~ **au pistou** ~ aus zarten Gemüsen, Knoblauchsauce, mariniertem Basilikum, Nudeln (Nizza); ~ **auvergnate** ~ mit Kohl, Brotscheiben, Lauchstangen, Möhren, weißen Rüben, gepökeltem Schweinskopf; ~ **au vin** Wein~ mit Gemüsen; ~ **aux choux** Kohl~; ~ **aux fèves des marais** ~ mit Brot, Butter, Kerbel, Sauerampfer, zerdrückten Saubohnen; ~ **aux herbes** Kräuter~; ~ **aux légumes** Gemüse~; ~ **basque** baskische Fisch~; ~ **biarotte** Fisch~ (Biarritz); ~ **bijane** kalte ~ *f* mit weichen Brotstückchen, die in gesüßten Rotwein eingelegt wurden; ~ **bonne femme** ~ mit Kartoffeln, Gurken, Lauch; ~ **champenoise** ~ mit Gemüse, Bacon und geräuchertem Schweinespeck; ~ **courquignoise** ~ aus versch. Fischen, Lauch, Muscheln, Schalotten, Weißwein, mit Käse überstreut; ~ **cultivateur** ~ mit Gemüsen der Jahreszeit; ~ **de cagouilles** Schnecken~; ~ **de courge à la crème** Kürbisrahm~: ein ausgehöhlter großer Kürbis wird lagenweise mit gerösteten Brotwürfeln und Schweizer Käse gefüllt, mit Crème fraîche übergossen, mit dem Kürbisdeckel verschlossen und zwei Stunden im Ofen gebacken; ~ **d'ortie de mer** Seeanemonensuppe *f;* ~ **de poisson** passierte Fisch~, mit geriebenem Käse und gerösteten Brotwürfeln serviert; ~ **de pois secs au collier de porc** passierte Erbsen~ mit Kartoffeln, Speck, Gemüsen und Halsstück vom Schwein; **~ de viande** *(Art)* Suppeneintopf mit Kochschinken, Lauch, Sellerie, Räucherspeck, Zwiebeln; über Bauernbrotscheiben serviert, Rindfleisch, Hühnerfleisch und Gemüse dazu; **~ fermière** ~ mit weißen Rüben, Kohl, Kartoffeln, Lauch und Röstbrotwürfeln; **~ froide aux lilas** Holunder-/Fliederkaltschale; **~ godaille** ~ mit Entenfett, kl. Fischen, Knoblauch, Schalotten, auf Brotscheiben; **~ ménagère** ~ mit Brot, Kartoffeln, Kohl, Lauchstangen, Möhren, weißen Rüben, Speck; **~ nîmoise** ~ mit Basilikum, Gruyère, Kohl, Lauchstangen, Perlgraupen, Sellerie; **~ populaire** Volksküche *f;* **~ printanière** Frühlings~; **~ savoyarde** ~ mit Brot, Käse, Lauch, Milch, Sellerie, Speck.

souper *v. i.* zu Abend essen; *m* Souper *n,* exklusives Abendessen *n,* Nachtmahl *n.*

soupier *m* winziger Tintenfisch *m,* frittiert (Südfrankreich, reg.).

soupière *f* Suppenschüssel *f.*

soupion *m* winziger Tintenfisch *m,* frittiert (Südfrankreich).

soupirs-de-nonne *m pl* mit Puderzucker bestreute kleine Brandkrapfen *m pl.*

source *f* Quelle *f; eau f de* ~ Quellwasser *n.*

souris *f (Tier:)* Maus *f; (Keule:)* Nuss *f* vom Schwein.

sous unter; **~ la cendre** unter Asche gegart; **~-chef** Stellvertreter des Küchenchefs; **~ vide** vakuumverpackt.

soya od. **soja** *m* Sojabohne *f.*

spaghetti *m pl* Spaghetti (nur:) *pl;* **~ aux œufs** ~auflauf *m* mit Eiern, Käse, Sahne, Speckwürfeln.

sparaillon *m* Brasse *f.*

spatzelli *m pl* Spätzle (nur:) *pl.*

spatule *f* Spachtel *f,* Spatel *m,* Rührlöffel *m;* **~ à poisson** Fischschaufel *f;* **~ en bois** Holzspatel.

spécial, spéciaux *m pl* besonder, speziell, Fach-, Sonder-, Spezial-; *huîtres f pl spéciales* Austern *f pl,* die 6 Monate gereift sind.

spécialement *adv.* besonders, insbesondere, speziell.

spécialiste *m (f)* Fachmann *m,* Fachfrau *(f),* Spezialist (-in) *m (f).*

spécialité *f* Fachgebiet *n;* Spezialität *f;* **~ de la maison** ~ des Hauses; **~ du jour** ~ des Tages.

speculoos *m* Spekulatius *m* (belg.).

spet *m (Art)* Pfeilhecht *n.*

spiritueux, spiritueuse *adj.* stark alkoholhaltig; *m* Spirituose *f,* alkoholisches Getränk *n.*

spoom *m* Sorbet *m* od. *n* mit Meringe.

sprat *m* Sprotte *f.*

squille f Heuschreckenkrebs m.

steak m Steak n; ~ **à cheval** ~ mit Spiegelei obenauf; ~ **au poivre** Pfeffer~; ~ **au poivre vert** ~ mit grünem Pfeffer; ~ **de canard au poivre vert** Filets von Mastentenbrust, mit grünem Pfeffer gewürzt; ~ **haché au gruyère** Hack~ mit Käsefüllung; ~ **marchand de vin** Grill~ mit Rindermark und Schalotten in Rotwein, ~ **tatar** rohes Hackfleisch aus Rinderlendenfleisch.

stériliser sterilisieren, keimfrei machen.

sterlet m Sterlett m, Stör m (Fisch).

stockfisch m Klipp-, Stockfisch m.

stoficado m Stockfisch m.

stroudel m Strudel m; ~ **au pavot** Mohnkuchen m; ~ **aux pommes** Apfel.

subrics m pl kleine Vorspeisezubereitungen f pl.

substantiel, substantielle wesentlich, nahrhaft; *nourriture f substantielle* gehaltvolle Nahrung f.

suc m Saft m.

succédané m Surrogat m, Ersatz m.

succulant lecker, schmackhaft; *viande f succulente* saftiges Fleisch n.

sucer lutschen, saugen; trinken (pop.).

sucette f Lutschbonbon m od. n.

suchet m Gericht m aus Krustentieren, mit Weißwein in einer Julienne aus Sellerie, Karotten und Lauch.

sucrage m (Wein:) Zuckern n.

sucre m Zucker m; ~ **brut** Roh~; ~ **candi** Kandis~; ~ **caramélisé** Karamell~; ~ **cristallisé** Kristall~; ~ **de betterave** Rüben~; ~ **de canne** Rohr~; ~ **de fruits** Frucht~; ~ **de lait** Milch~; ~ **d'orge** Zuckerstange f, Lutscher m; ~ **de raisin** Trauben~; ~ **en morceaux** Würfel~; ~ **en poudre** Puder~; ~ **glace** Staub-, Puder~; ~ **raffiné** Raffinade f; **semoule** Streu~; ~ **vanillé** Vanille~; **sucres** m pl Zuckerarten f pl; *un sucre* ein Stück Zucker; *confiture f pur sucre* mit reinem Zucker hergestellte Marmelade f; *pain m de sucre* Zuckerhut m; *pince f à sucre* Zuckerzange f; *vin m de sucre* Tresterwein m, Nachwein m.

sucré 1. süß; *un fruit bien sucré* eine sehr süße Frucht; **2.** gezuckert, (mit Zucker) gesüßt, Zucker-; (Dosenmilch etc.) *non sucré* ungezuckert; *eau f sucrée* Zuckerwasser n.

sucrer (ein)zuckern, (mit Zucker) süßen; *sucrer au miel* mit Honig süßen; *sucrez-vous!* nehmen Sie (doch) Zucker!

sucreries f Süßigkeiten f pl.

sucrier, sucrière adj. Zucker-; *betterave f sucrière* Zuckerrübe f; **sucrier** m Zuckerdose f.

suif *m* Talg *m;* ~ **d'os** Knochenfett *n.*

suisse *adj.* schweizerisch; *m* **petit** ~ rahmiger Frischkäse *m,* 60–75 % Fett i. Tr.

sup. *Abk. für* **1. supérieur**; **2. supplément** *m;* **3.** *adj.* **supplémentaire** *adj.*

supérette *f* kleiner Supermarkt *m (Ladenfläche 120 – 400 qm).*

supérieur höher, höher gelegen, höher stehend, ober, vorzüglich, besser.

supermarché *m* Supermarkt *m.*

supplément *m* Aufpreis *m,* Ergänzung *f,* Zulage *f,* Preisaufschlag *m,* Zuschlag *m;* ~**aire** ergänzend, zusätzlich, Mehr-; *en* ~ wird extra berechnet.

support *m* Stütze *f,* Träger *m,* Halter *m;* ~ **pour gâteaux** Kuchenständer *m;* ~ **pour petits pains** Brötchenaufsatz *m.*

suprême *adj.* höchst, unübertrefflich, vollkommen; *au suprême degré* im höchsten Maße; *sauce f suprême* helle Sauce *f* aus Geflügelbrühe; *m* **1.** die feinsten Teile vom Fleisch; **2.** Béchamelsauce *f,* mit Eigelb und Sahne legiert; ~ **au fromage** Eier-Käse-Creme *f,* warm serviert; ~ **de poissons** Fischfilet *n* mit Sahnesauce; ~ **de volaille** Gericht *n* aus Geflügelbrustfleisch; ~**s de barbue à la poutargue** Glattbuttfilets *n pl,* zubereitet mit Crème fraîche, getrocknetem Rogen, Schalotten, Weißwein, Zitronensaft (Flandern).

sur auf; ~ *commande* auf (Vor-)Bestellung; ~ *demande* auf Anfrage; ~ *la droite, la gauche* auf der rechten, linken Seite; ~ *le soir* gegen Abend; ~ *l'heure* sofort.

sûr gewiß, sicher, zuverlässig.

surcoût *m* Mehrkosten *f pl.*

sureau *m* Holunder *m.*

suret, surette säuerlich.

sûreté *f* Gewißheit *f,* Sicherheit *f,* Zuverlässigkeit *f; sûreté f du goût* Geschmackssicherheit *f,* Unfehlbarkeit des Geschmacks *f.*

surfin hochfein.

surgelé tiefgekühlt, -gefroren; ~**s** *m pl* Tiefkühlkost *f.*

surir säuern, sauer werden.

süri rüewe *f pl* Colmarer Eintopf *m,* mit Scheiben weißer Rüben in Schmalz gekocht, Schweinehaxen und -schulter, Zwiebelringen.

surmulet *m* Streifenbarbe *f (Rotbarbenart).*

surprise *f* Überraschung *f;* Überraschungs- *(was die Karte nicht verrät, wie Füllungen, Garnierungen, Zubereitungen).*

sus *adv.* ***courir sus à qn*** auf jemand losgehen; ***en sus*** noch dazu, zusätzlich (zu etwas); ***payement m en sus*** Zuzahlung *f.*

suze *m* Enzianaperitif *m (Marke).*

S.V.P. *Abk. f.* **s'il vous plaît** bitte.

sybaritique genießerisch.

sybaritisme *m* Genusssucht *f.*

T

tabac *m* Tabak *m; bureau de* ~ Tabakwarengeschäft *n; café* *m* ~ Café mit Tabakwarenverkauf; *bar* *m* ~ Stehkneipe *f.*

table *f* **1.** Tisch *m;* ~ **abattante** Wandklapp~; ~ **à flamber** *(im Restaurant:)* fahrbarer Flambier~ *(zum Flambieren von Gerichten am Tisch des Gastes);* ~ **à rallonges** Auszieh~; ~ **côte fenêtre** Fenster~; ~ **dans le coin** ~ in der Ecke; ~ **de cuisson** Kochfeld *n,* Kochmulde *f;* ~ **de desserte** od. ~ **de service** Beistell~; ~ **des habitués** Stamm~; ~ **d'hôte 1.** Wirtstafel *f;* **2.** Wirts~, an dem zu festen Zeiten und Preisen gemeinsam eingenommene Mahlzeiten serviert werden; **3.** Stamm~; ~ **pliante** Klapp~; ~ **ronde** Runder Tisch *m, auch:* Gesprächsrunde *f;* ~ **roulante** Teewagen *m; dessus de table* Tischplatte *f; dresser* od. *mettre la table* den Tisch decken; *être à table* zu Tisch sein; *passer à table* zu Tisch gehen; *se lever de table* vom Essen aufstehen; *se mettre à table* sich zu Tisch setzen; *réserver une table* einen Tisch reservieren, vorbestellen; *linge m de table* Tischwäsche *f; manger à la table d'hôte* an der gemeinsamen Tafel teilnehmen; *mettre la table* den Tisch decken; *réserver une table* einen Tisch reservieren; *rouler sous la table* sich unter den Tisch trinken; *service m de table* Speiseservice *n,* Tafelgedeck *n,* Tischtuch *n* mit Servietten; *tapis m de table* **1.** Tischdecke *f;* **2.** Kost *f,* Essen *n; avoir une bonne table* einen guten Tisch führen; *bonne table f* gutes Restaurant *n; plaisirs m pl de la table* Tafelfreuden *f pl;* **3.** Tafel *f,* Tabelle *f,* Verzeichnis *n;* ~ **de conversion** Umrechnungstabelle *f;* **4.** Tischgesellschaft *f,* Tafelrunde *f; présider la table* den Ehrenplatz an der Tafel einnehmen.

tablier *m* Schürze *f;* ~ **de cuisine** Küchen~; *(Gericht:)* ~ **de sapeur** gegrillte Kutteln *f pl* mit Béchamelsauce und Schneckenbutter, paniert, im Ofen überbacken (Lyonnais).

tabouret *m* Hocker *m;* ~ **de bar** Barhocker *m.*

tacaud *m* Dorsch *m,* Köhler *m,* Seelachs *m.*

tache *f (Schmutz:)* Fleck *m,* Flecken *m;* ~ **de graisse** Fett~; ~ **de rousse** Rost~.

tafia *m* Schnaps *m* aus Zuckerrohr.

talé od. **meurtri** *adj. (Früchte:)* mit Druckstellen, gequetscht.

talon *m (Körperteil:)* Ferse *f; (Schuh:)* Absatz *m; (Käse, Schinken, Wurst:)* letztes Stück *n,* Ende *n,* Reststück *n; avoir l'estomac dans les talons* einen Bärenhunger haben; ~ **de contrôle** Kontrollabschnitt *m.*

talmouse *f* Törtchen *n;* Krapfen *m* mit Béchamelsauce und geriebenem Käse.

tamarille *f* Tamarillo *n (pflaumenartige Frucht, ähnlich der Blasen- od. Judenkirsche; der Geschmack des rötlich braunen Fruchtfleisches ist herbsüß, Verwendung überwiegend zu Kompott, gedünstet auch als Beilage zu Fleischgerichten).*

tamarin *m* Tamarinde *f* od. Sauerdattel *f (tropische Hülsenfrucht, deren Hülsen als Obst, das süßliche Fruchtmus als Gewürz und als Abführmittel verwendet wird).*

talmouse *f* süßer Käse- od. Kartoffelkrapfen *m.*

tambouille *f* Essen *n* (fam.); mittelmäßige Küche *f;* Fraß *m* (pop.); *faire la ~* kochen.

tamié *m* Trappistenkäse *m*, 40 – 45 % Fett i. Tr.

tamis *m* Sieb *n; ~ métallique* Draht~; *passer qc au ~* etwas durchsieben.

tamiser durchsieben, durch ein Sieb geben.

tampon *m* Stopfen *m*, Spund *m*, Stempel *m.*

tanche *f* Schei *m*, Schleie *f; ~ à la bière* ~ in Butter angebräunt, in hellem Bier mit Petersilie, Sellerie und gehackten Zwiebeln gedünstet; *~ à la poitevine* ~ in Butter gebraten, mit Bratenfond, Essig, Knoblauch und Schalotten übergossen.

tangelo *m* od. **pomelo** *m* Tangelo *m* od. Pomelo *m (große Zitrusfrucht mit herbsäuerlichem Fruchtfleisch, der Grapefruit sehr ähnlich).*

tangérine *f* Tangerine *f (Zitrusfrucht, im Geschmack ähnlich der – etwas größeren – Mandarine; als Konserve im Handel als „Mandarin-Orange").*

tango *adj. invar.* orangefarben; *m* Bier *n* mit Grenadine (arg.).

tannin *m* od. **tanin** *m* Gerbsäure *f,* Tannin *n.*

tannique gerbsauer.

tapas *f pl* Appetithäppchen *n pl* (spanisch).

tapenade *f* **1.** pikant gewürztes Gericht *n* aus zerstoßenen und im eigenen Öl eingelegten Oliven; **2.** Paste *f* aus grünen und schwarzen Oliven mit Anschovis und Kräutern der Provence; *(als Vorspeise:)* auf Brot oder zum Füllen von Eiern (Provence).

tapioca *m* Sago *m*, Tapioka *f,* gereinigte Stärke aus Maniokwurzeln; *auch:* Tapiokasuppe *f.*

tartaranides *f pl* Schokoladenbonbons *n* od. *m pl* (Tarascon).

taro *m* Taro *m, (essbare)* Wurzelknolle der Kolokasie.

tartare *f* helle Sauce *f* aus Eigelb von hart gekochten Eiern, Kapern, Mayonnaise, Schnittlauch, Zwiebeln.

tarte *f* (Obst-)Kuchen *m,* -torte *f; ~ à la crème aux marrons* Kastaniencreme~; *~ à la crème fouettée aux frai-*

ses ~ Erdbeerschaum~; **~ à l'ananas** Ananas~;
~ à l'écoloche ~ mit karamellisiertem Apfelkompott,
braun gebratenen Äpfeln, Vanillepudding (Flandern);
~ al jotte heiß servierte Käse~ mit Eiern und Sahne
belegt (Belgien); **~ à l'oignon alsacienne** Elsässer
Zwiebel~; **~ alsacienne** Elsässer Mandel~; **~ à pâte
brisée** mürber Apfel~; **~ au maton** ~ mit Quark und
Mandeln (Belgien); **~ au megin** Quark~ (Provence); **~
aux abricots** Aprikosen~; **~ aux figues** Feigen~; **~ aux
noisettes** Haselnuss~; **~ aux noix** Nuss~; **~ aux oignons**
Zwiebel~; **~ aux pavots** Mohn~; **~ aux poireaux**
Lauch~ (Picardie); **~ aux pommes** Apfel~; **~ aux
pommes à la normande** normannische Apfel~, mit
dünnen Apfelscheiben und Apfelmus belegt; **~ aux
prunes** Pflaumen~; **~ de brie** Briekäse *m* in Torten-
form; **~ de courge** gezuckerte Kürbis~ mit Orangen-
scheiben; **~ de groseilles à maquereaux** Stachelbeer~;
~ de groseilles en grappes Johannisbeer~; **~ de mouton**
Hammel~: Brotteig, Gehacktes, Granatapfelsaft mit
Pinienkernen, Zwiebeln und Knoblauch; im Ofen
gebacken (Provence); **~ des demoiselles Tatin** gestürz-
te Apfel~; **~ feuilletée aux pommes** Blätterteig-Apfel~;
~ Fôret Noire Schwarzwälder Kirsch~; **~ frangipane à
l'orange** Mandel-Orangen~; **~ méringuée** zwei Böden
aus Meringemasse mit u. a. Eis, Früchten, Schlagsahne;
~ renversée aux poires gestürzte Birnen~; **~ solognote**
gestürzte Apfel~ (Sologne); **~ Tatin** gestürzte Apfel~,
heiß serviert.

tartelette *f* Törtchen *n;* **~ à la crème** Creme~; **~ à la rou-
ennaise** ~ mit Würfeln von Entenfleisch und Enten-
farce; **~ à l'orange** Orangen~; **~ aux foies de volaille** ~
mit einer Masse aus Hühnerfarce, pürierter Hühner-
leber und Madeira gefüllt, im Ofen gegart, mit Trüffel-
scheiben garniert; **~ aux fruits** Obst~; **~ aux pommes**
Apfel~; **~ Cavour** ~ mit Trüffelwürfeln, mit Hühner-
schaumfarce bedeckt, im Ofen gegart *(Graf di Cavour,
1810–1861, italienischer Staatsmann);* **~ de foie gras**
(kalt:) Gänseleber~; **~ d'oignon Mornay** Blätterteig~,
mit gedünsteten Zwiebelringen, Rahmsauce, geriebe-
nem Käse gefüllt, im Ofen gratiniert.

tartibas *m* Rosinenpfannkuchen *m.*

tartine *f* **1.** bestrichene (Brot-)Schnitte *f,* Klappstulle *f;*
2. großes Landbrot *n* mit Eiern, Rahm, Rosinen; **~ de
beurre** Butterbrot *n;* **~ de confiture** Marmeladen~.

tartiner bestreichen; Butterbrote streichen, machen.

tartinette *f* (weiche) Mettwurst *f* (Elsass).

tartisseaux *m pl* Krapfen *m pl.*

tartre *m* Weinstein *m.*

tartreux, tartreuse weinsteinhaltig.

tartrique weinsteinsauer; *acide f* ~ Weinsäure *f.*

tasse *f* Tasse *f;* **demi-~** Mokka~; **~ à café** Kaffee~; **~ à consommé** Bouillon~; **~ de café** Tasse Kaffee; **~ de thé** Tasse Tee; *boire dans une tasse* aus einer Tasse trinken.

tassé, bien ~ *(Glas:)* randvoll; *(Kaffee:)* sehr stark.

tassergal *m* Blaufisch *m.*

tastevin *m invar.* Weintester *m; (Wein:)* Probierglas *n.*

taulier *m,* **taulière** *f* (Haus-)Wirt *m,* Wirtin *f,* Hotelbesitzer, -in (fam.).

taupe *f* od. **touille** *f* Heringshai *m.*

tavelure *f (am Obst:)* das Gesprenkelte *n.*

taverne *f* Kneipe *f,* Schenke *f,* Weinstube *f.*

tavernier *m* Schankwirt *m.*

tc. *Abk. für:* **tout compris** alles einbegriffen.

telline *f* länglich flache Muschel *f,* ‚Tell-Muschel‘ *f.*

température *f* Temperatur *f.*

temps *m* Zeit *f,* Zeitraum *n,* Zeitdauer *f,* Zeitpunkt *m;* **~ de cuisson** Kochzeit *f.*

tenancier *m* **de bar** Barmixer *m.*

tende *f* **de tranche** *(Schlachtfleisch:)* Unterschale *f.*

tendineux, tendineuse *(Fleisch:)* sehnig.

tendre mürbe, zart.

tendron *m (Kalb, Rind:)* Brustknorpel *m;* **~s de veau** Kalbsbrustspitzen *f pl;* **~ à la bourgeoise** Kalbsragout *n* mit verschiedenen Gemüsen.

teneur *m* Halter; *teneur m* **en alcool** Alkoholgehalt *m; teneur m* **en matière grasse** Fettgehalt *m.*

tenir halten, enthalten, festhalten; *cette bouteille tient un litre et demi* diese Flasche fasst eineinhalb Liter; *tenir un restaurant* ein Restaurant bewirtschaften.

térée *f* Muschelgericht *n,* über Piniennadelfeuer gegrillt.

terminer beenden, abschließen, fertigstellen.

terrain *m* Gebiet *n,* Terrain *n,* Aufgabenbereich *m,* Fachgebiet *n,* Grundstück *n.*

terrapène *f* kleine Schildkröte *f.*

terrasse *f* Terrasse *f; ~* **d'un café** Caféterrasse *f; café m* **avec terrasse** Straßencafé *n.*

terrine *f* **1.** Schüssel *f;* **2.** in der Terrine zubereitete Pastete, Topfpastete *f;* **~ à la ménagère** Kalbsnuss in Streifen ~ mit Madeira, Schinken, Speckstreifen und Weinbrand mariniert; **~ de brochet** Hecht~; **~ de chevreuil** Wild~; **~ de dinde** Truthahn~; **~ de foie gras** Gänseleber~; **~ de lapereaux** Wildkaninchen~ mit Pökelfleisch und Steinpilzen; **~ de pâté de foie** Gänseleber~; **~ du chef** hausgemachte ~; **~ maison** ~ nach Art des Hauses, meist mit versch. Fleischsorten, Gewürzen, Leber, Rinderzunge, Schalotten, Speck, Weinbrand; geschnitten.

terrinée *f* Fleischknochen und -stücke, Schweineschwarten mit versch. Gemüsen im Ofen gebraten (Rennes).

terroir *m* Gegend *f; (besonders für den Weinbau geeigneter:)* Boden *m;* das ländliche Gebiet *n (in dem Dialekt und Bräuche noch erhalten sind); du terroir* bodenständig, erdverbunden; *(vom Wein:) il a un goût de terroir, il sent le terroir, il sent son terroir* an seinem Geschmack lässt sich seine Herkunft erkennen.

tête *f* Kopf *m;* ~ **de moine** „Mönchskopf", schweizerischer Hartkäse *m* aus Kuhmilch, in Tonnenform, ca. 50 % Fett i. Tr.; ~ **de veau Caillon** zerteilter Kalbs~ *m* mit Kalbszunge, vorgekocht in Sauce aus Bouillon, Champignons, Kräutersträußchen, Madeira, Maronen, Oliven, rohem Schinken und gehackten Zwiebeln; ~ **de veau en tortue** Kalbs~ *m* in Sauce aus Kräutern, Madeira, Tomaten; ~ **marbrée** Schwartenmagen *m;* ~ **pressée** halber Schweins~, zusammen mit einem Ohr und zwei Schweinsfüßen gekocht, das Fleisch abgelöst, durch ein grobes Sieb gegeben, mit reduzierter Bouillon übergossen, gepresst, in Scheiben geschnitten; kalt serviert.

tête-à-tête *m invar.* **1.** vertrauliches Gespräch *n;* **2.** Kaffee-, Tee-, Frühstücksservice *n* für zwei Personen.

tetine *f* (Kuh-, Kalbs-)Euter *n (gekocht zubereitet).*

tétragone *f* Neuseeländer Spinat *m (dem Spinat ähnlich und wie dieser zubereitet).*

thazard *m* Königsmakrele *f.*

thé *m* Tee *m;* ~ **dansant** Tanz~; ~ **noir** schwarzer ~; ~ **vert** grüner ~; **mélange de ~** Teemischung *f; arbre m à ~* ~strauch *m; bouilloire f à ~* ~kessel *m; mélange m de ~* ~mischung *f; œuf m à ~* ~ei *n; prendre du ~* ~ trinken; *sachet m de ~* ~beutel *m; service m à ~* ~service *n; table f roulante* ~wagen *m; tasse f à ~* ~tasse *f; tasse f de ~* Tasse *f* Tee.

théière *f* Teekanne *f.*

thermostable hitzebeständig.

thon *m* Thunfisch *m;* ~ **à la basquaise** ~ in Sauce aus Knoblauch, Paprika, Tomaten, Zwiebeln; ~ **à l'huile** ~ in Öl; ~ **de Saint-Jean** ~scheiben mit Paprikaschoten, Tomaten und Weißwein geschmort.

thonine *f* falscher Bonito *m.*

thym *m* Thymian *m.*

tian *m* Überbackenes *n* (provenzalisch); ~ **de courgettes** Auflauf *m* aus Eiern, Mangold, Reis, Zucchinipüree.

tiède lauwarm, mild, lau; *boire ~* lauwarm trinken.

tiédir abkühlen.

tielle *f* Tintenfischsuppe *f* (Südfrankreich).

tiers *m* Drittel *n,* Dritter *m,* dritte Person *f.*

tige *f* Stiel *m,* Stengel *m; (Getreide:)* Halm *m.*

tilleul *m* Lindenblüte *f;* Lindenblütentee *m.*

timbale *f* **1.** Becher-, Füllpastete *f;* Timbale *f;* **2.** *(Art)* Auflauf *m* in Teighülle, gefüllt mit Makkaroni, Fleisch od. Krebsen u. a.; **3.** Auflaufform *f* aus Metall, Porzellan od. Steingut; **4.** Trinkbecher *m (aus Metall);* ~ **à la duchesse** ~ mit Champignons, Hühnerfleisch und Trüffeln in weißer Rahmsauce gefüllt; ~ **à la financière** warme ~ mit Hammelragout und Madeira-Trüffelsauce gefüllt; ~ **de foie gras** Gänseleberbecher *m;* ~ **de macaronis** Makkaroniauflauf *m;* ~ **de pigeons** Tauben *f pl* in der Kruste; ~ **Louis Napoléon** in Charlottenform gebackener Briocheteig, mit Fruchtwürfeln gefüllt, mit Meringemasse garniert; im Ofen überbacken; ~ **normande** Fischfilets und Langustenschwänze in Muschelsud pochiert; ~ **Pompadour** Sauerkirschbombe *f.*

tintaine *f* Kräuterlikör *m* mit Anisgeschmack.

tioro *od.* **ttoro** Bouillaibaisse *f* aus Atlantikfischen und Langusten.

tire-bouchon *m* Korkenzieher *m;* ~ **à levier** Hebel~.

tire-larigot sehr viel, in rauhen Mengen; *boire à* ~ sehr viel trinken (fam.).

tirer ziehen; *(mil.:)* schießen; *(Schriftstück:)* drucken; *(Kopie:)* ziehen; *(Scheck:)* ausstellen; *(Tür:) tirez!* ziehen!; *(Wein:)* ~ *du vin au tonneau* Wein abzapfen.

tiroir *m* Schublade *f,* -kasten *m;* ~ **à couverts** Besteck~.

tisane *f* Aufguss *m,* Kräutertee *m;* ~ **de champagne** leichter (süßer) Wein *m.*

titre *m* Bezeichnung *f,* Titel *m,* Überschrift *f,* Schein *m,* Dokument *n;* ~ *m de transport* Fahrschein *m.*

tlj. *Abk. f.* **tous les jours** alle Tage.

toast *m* **1.** Toast *m,* Röstbrot *n;* **2.** Trinkspruch *m; porter un toast à qn* jm. mit einem Trinkspruch begrüßen.

toile *f*

toilette *f* Toilette *f,* Körperpflege *f,* Reinigung *f,* WC *n,* Waschtisch *m; faire la toilette de qch* etwas putzen, reinigen; *faire sa toilette* sich waschen; *(Stoff:)* Leinen *n;* ~ **à laver** Scheuerlappen *m;* ~ **cirée** Wachstuch *n;* ~ **de gigot d'agneau** Kalbskeule *f,* im Schweinsnetz gebraten.

tomate *f* Tomate *f;* ~ **à l'antiboise** ~ gefüllt mit Eiern, Kräutern, Thunfisch, im Ofen überbacken; ~ **à la portugaise** ~ portugiesisch: mit Reisfüllung, überbacken; ~ **allongée** längliche ~; ~ **charnue** fleischige ~; ~ **côtelée** gerippte ~; **tomates** *f pl* Tomaten *f pl;* ~ **garnies** ~ mit Anchovis, Kräutern, Mayonnaise; ~ **ninette** gefüllte ~ mit einer Masse aus hart gekochten Eiern, Mayonnaise, Thunfisch, mit schwarzen Oliven, Mischgemüse und Sardellen garniert.

tombe *f auch:* **grondin** *m* **perlon** (Atlantik) und **galinette** *f* (Midi) roter und grauer Knurrhahn *m* od. Seehahn *m; (große, sehr schmackhafte Fische tropischer und gemäßigt warmer Meere).*

tomber fallen; *(Früchte vom Baum:)* abfallen.

tomme *f* od. **tome** *f* Bezeichnung für verschiedene Schnittkäse von 110 g bis 3,5 kg, meist solche aus Savoyen und den angrenzenden Bergregionen; ~ **au marc** Käse *m* aus teilentrahmter Kuhmilch, 20 – 40 % Fett i. Tr., nach dem Reifen mehrere Wochen in Tresterschnaps (Marc) eingelegt, sehr pikant; ~ **de Bellay** Käse *m* aus Ziegenmilch od. Ziegen-Kuhmilchgemisch, 40 – 45 % Fett i. Tr.; ~ **de Camargue** kleiner Käse *m* aus Schafmilch, mit Lorbeer und Thymian gewürzt, 45 % Fett i. Tr.; ~ **de Savoie** milder Schnittkäse *m* aus Kuhmilch, haselnussartiger Geschmack, bis 3,5 kg schwer, 20 – 40 % Fett i. Tr.

tom-pouce *m invar.* **1.** Taschenschirm *m;* **2.** kleines Gebäckstück *n,* mit Buttercreme und gemahlenen Nüssen, mit Mokkaglasur überzogen.

tonic (water) *m* Schweppes ® *m.*

tonifiant kräftigend, stärkend.

tonique *m* Tonikum *n,* Stärkungsmittel *n.*

tonneau *m* Fass *n; tonneau m de vin* Weinfass *n, (Inhalt:)* Fass *n* Wein.

tonnelet *m* Fässchen *n,* kleines Fass *n.*

topette *f* Fläschchen *n.*

topinambour *m* Topinambur *f,* Erdartischocke *f,* Erdbirne *f.*

toque *f* Mütze *f; toque f de cusinier* Kochmütze *f, toque f de pâtissier* Konditormütze *f.*

torcher *(Mahlzeit:)* beenden, wegputzen; *(Flasche:)* leeren.

torchon *m* **(à nettoyer)** Spül-, Putz-, Scheuerlappen *m;* Geschirrtuch *n;* ~ **à vaisselle** Abwaschlappen *m donner un coup de torchon sur la table* den Tisch abwischen.

torrée *f* Grillfeuer *n,* Grillen *n* von Würsten, Fleisch, Kartoffeln im Freien (Schweiz).

torréfier *(Kaffee:)* rösten.

tortillon *m* Trockengebäck *n,* mit kandierten Früchten und Mandelsplittern.

tortue *f* Schildkröte *f;* ~ **claire au sherry** klare Schildkrötensuppe *f* mit Sherry.

tôt-fait *m* **à la crème** Krausgebackenes *n.*

toujours *adv.* immer, unaufhörlich, immer noch.

toulia *f* Zwiebelsuppe *f,* mit geriebenem Käse, Knoblauch, Lauch, Tomaten verfeinert (reg.).

200

toulousaine, à la ~ „nach Art von Toulouse" *(Fisch:)* mit Wittlingsfarce gefüllt, pochiert, mit Muscheln und gebuttertem Fischvelouté.

toupin *m* Hartkäse *m* mit Rotschmiere (regional).

tour *m* Rand *m,* Drehung *f,* Umdrehung *f; à qui le tour?* wer ist dran?, wer ist an der Reihe?

tourangelle, à la ~ *(Fleisch:)* grüne Bohnenkerne, Prinzessbohnen mit Rahmsauce gebunden, gebundener Fleischsaft.

tourgoule *f* normannisches Dessert *n* auf Milchreisbasis.

tourin *m* mit Eigelb legierte Zwiebelsuppe *f,* mit Fleisch und Gemüse auf altbackenen Brotscheiben (Lot).

tournant *m* Vertretungskoch *m,* Springer *m.*

tourne-broche *m* Bratenwender *m.*

tournedos *m* Lendenschnitte *f,* Lendenfilet *n* vom Rind, ca. 100 g, rund, mit grünem Speck umwickelt, rundum gebunden, (kurz) gegrillt od. sautiert; **~ à la bayonnaise** ~ garniert mit Makkaronikroketten, gehacktem Schinken, Tomatensauce; **~ à la forestière** ~ gebraten, mit geschmorten Morcheln, Parmentierkartoffeln, gebratenem Räucherspeck; **~ à l'ambassade** Lendenschnitte *f* Botschafterart: mit Choronsauce nappiert, mit Artischockenböden garniert; **~ Alexandra** Rindsfilet *n* mit Artischockenböden und Trüffeln; **~ au poivre vert** gebratene ~ in Sahnesauce mit grünen Pfefferkörnern; **~ aux morilles** ~ auf gebratenen Weißbrotscheiben mit Morcheln und Madeira; **~ Bercy** ~ auf geröstetem Toast mit feiner Weinsauce; **~ Carême** ~ mit Kartoffelkroketten und mit Schinkenpüree gefüllten großen Oliven garniert, dazu Madeirasauce *(Marie Antoine Carême, 1784 – 1833, Gastronom);* **~ chasseur** mit Champignonscheiben; **~ choron** ~ gebraten und gewürzt auf Artischockenböden, welche mit Spargelspitzen gefüllt sind, Choronsauce, Strohkartoffeln; **~ Curnonsky** in Butter gebratene ~, Bratsatz mit Portwein und Cognac abgelöscht, braune Demiglace mit gehackten Trüffeln untergerührt, eingekocht; die mit Salz und Pfeffer gewürzten Tournedos auf einer Servierplatte mit der Sauce übergossen, mit gegrillten Tomatenhälften und Rindermark garniert *(Maurice-Edmond Curnonsky, 1872–1956, Gastronom, 1927 zum „prince des gastronomes" gewählt);* **~ Henri IV** Rindsfilet *n* mit Artischockenböden *(Henri IV, 1553–1610, frz. König);* **~ Mignonarigny** ~ Tournedos *m* gebraten, mit flachen Geflügelklößchen und Trüffelscheibe belegt, mit Artischockenböden, die mit grünen Erbsen gefüllt werden, belegt; **~ monégasque** ~ in Butter geschmort, mit Tomatenfondue und schwarzen Oliven auf Auberginenscheibe garniert; **~ Pompadour** Tournedos gebraten, mit Trüffelscheibe belegt, mit kleinen Kartoffelkroketten und mit Linsenpüree gefüllten

Artischockenböden garniert; dazu Trüffelsauce; ~
Rohan ~ gebraten, mit Sherry deglaciert, mit Gänse-
leber und Trüffeln gefüllte Artischockenböden, Tört-
chen mit Hahnenkämmen und -nieren *(Louis, Prince
de Rohan-Guémené, 1734 – 1803, Fürstbischof von
Straßburg);* ~ **Rossini** ~ 5 cm hohes, ganz zartes ~, mit
einer Scheibe Gänseleber belegt, mit Madeirasauce
und Trüffelscheibe garniert; ~ **tourangelle** Lenden-
schnitten „nach Art der Touraine": in der Pfanne
gebraten, mit Madeira-Trüffel-Sauce, garniert mit
Backpflaumen, die mit Gänselebercreme gefüllt wer-
den; ~ **Turbigo** Tournedos gebraten, mit Weißwein und
Demiglace deglaciert, mit Champignonköpfen und
Chipolatas garniert; ~ **Zola** ~ ,saignant' gebraten, mit
Sardellenfilets belegt, in Briocheteig gebacken, dazu
Trüffelsauce.

tourner wenden, (um-)drehen; *(Gemüse:)* tournieren: in
dekorative Formen zurechtschneiden oder ausstechen;
(Salat, Sauce:) mischen, umrühren; *la bière tourne* das
Bier wird schal; *le lait tourne* die Milch gerinnt; *le vin
tourne à l'aigre* der Wein schlägt um.

tournesol *m* Sonnenblume *f; huile f de ~* ~nöl *n.*

touron *m* Gebäck *n* mit eingelegten Früchten, Lam-
bertsnüssen, Mandeln, Pistazien (Roussillon).

tourta *f* **de bléa** Mürbeteigkuchen *m* mit Mangold,
Rosinen, Zwiebeln, mit Salz oder Zucker bestreut
(Provence).

tourte *f* Torte *f,* Pastete *f,* Blätterteigtorte *f,* flache, mit
Fisch, Fleisch od. Gemüse gefüllte Blätterteigpastete
f; ~ **à la viande** Fleischpastete *f; ~* **au poisson**
Fischpastete *f; ~* **au poulpe** Tintenfischpastete (Süd-
frankreich); ~ **aux grenouilles** Torte *f* mit gebratenen
Froschschenkeln in Eier-Rahm-Sauce (Lothringen); ~
aux oignons Zwiebeltorte; ~ **charolaise** Birnentorte
mit Sahne; ~ **de blettes** Obsttorte; ~ **de poulet olivade**
Mürbeteigtorte mit Hühnerfleisch und Oliven; ~ **de
truffes** heiß servierte Torte mit Gänseleberpastete und
Trüffeln; ~ **gasconne** Apfeltorte mit Armagnac; ~ **lor-
raine** ~ mit Eiern, Kalb- und Schweinefleisch, Sahne,
Zwiebeln (Lothringen); ~ **picarde aux pintadeaux et
aux endives** herzhafter Kuchen *m* mit Crème fraîche,
Endivien und Perlhuhnfleisch (Picardie).

tourteau *m,* **tourteaux** *m pl* Taschenkrebs *m; ~* **fromagé**
Kuchen *m* mit frischem Ziegenkäse.

tourtière *f* **1.** runde Pasteten-, Tortenform *f,* Kuchen-
blech *n;* **2.** *(Gericht:)* Hühnchen *n* mit Schwarzwur-
zeln im Teigmantel, über Holzkohlenfeuer gebraten.

tourtous *m* Buchweizenpfannkuchen *m* (reg.).

tout tous *m pl* **toute** *f* **toutes** *f pl* ganz, ungeteilt, *pl*
alle; *tous les jours* jeden Tag; *toutes les deux semaines*
jede zweite Woche.

tout-épice *f* **toutes-épices** *f pl* Piment *m od. n* und Nelkenpfeffer *m; auch:* gemischt mit gemahlenenen Schwarzkümmelkörnern.

toxique giftig.

train *m* Gang *m,* Gangart *f,* Lauf *m; (Verkehrsmittel:)* Bahn *f,* Eisenbahn *f; (Tier:)* ~ *m* **arrière** Hinterteil *n,* ~ *m* **de devant** Vorderteil *n;* ~ **de côte** Hochrippe *f,* Rippenreihe *f,* Rostbratenstück *n;* ~ **de lièvre rôti** gebratenes Hasenrückenstück *n.*

trait *adj.* gemolken; *n* kleine, abgemessene Alkoholmenge *(für Cocktails); boire qc d'un* ~ etwas mit einem Zug trinken, austrinken.

traiteur *m* Hersteller *m* fertiger Gerichte, Speisewirt *m.*

tranche *f* **1.** *(Rind:)* Mittelschwanzstück *n;* **2.** Scheibe *f,* Schnitte *f;* ~ **napolitaine** ital. Eisscheibe; ~ **de pain** Scheibe Brot.

tranchelard *m* Messer *n* zum Schneiden von Speck und trockenem Schinken.

trancher tranchieren, durchschneiden, -hacken; **machine à** ~ Allesschneider.

trancheuse *f* (Alles-)Schneider *m.*

tranchoir *m* Holz-, Tranchier-, Hackbrett.

trappiste *m* in einem Trappistenkloster hergestellter Käse.

travailler arbeiten; *(Teig:)* kneten; *(Wein:)* gären, arbeiten.

tremper eintauchen, einlegen, einweichen, wässern, ziehen lassen; *(Bohnen, Erbsen:)* quellen, weichen; *(Bohnen, Erbsen:)* **faire** ~ quellen od. weichen lassen; *(Wein:)* verdünnen; ~ **dans l'eau** ins Wasser tunken; ~ **du pain** Brot einbrocken, einstippen; ~ **la soupe** die Suppe anrichten; ~ **son vin** seinen Wein mit Wasser verdünnen; ~ **ses lèvres dans le vin** am Wein nippen; *(Brot:)* einweichen.

trempette *f* Brotschnitte *f* zum Eintunken; *faire trempette* Brot *n* eintunken.

trénel *m* Kuttelgericht *n* aus Hammelmagen, Weißwein, Tomaten, Schinken (Millau).

tresses *f pl* **de porc à la sauce malgache** zu Zöpfen geflochtene Schweinsfilets *n pl;* mit Salz, Pfeffer, Paprika in Butter rundum gebraten; kalt mit Tomaten und einer Sauce aus Crème fraîche, Ketchup, Pfeffer und Chili serviert.

trianons *m pl* **de légumes** gemischtes Gemüse *n.*

tripade *f* Rührei *n* mit Spargel.

triperie *f* Kaldaunengeschäft *n.*

tripes *f pl* Kaldaunen *f pl,* Kutteln *f pl (in Streifen geschnittene Vormagenteile vom Rind);* ~ **à la lyonnaise** ~ vorgebraten, in Schmalz knusprig geschmort, mit Petersilie und gebratenen Zwiebelringen garniert; ~ **à**

la mode de Caen ~ mit Karotten, Suppengemüse, Zwiebeln gekocht; ~ **à la niçoise** ~ in Weißweinsud mit Karotten, Knoblauch, Zwiebeln (Nizza); ~ **à la paloise** ~ mit Kalbsfüßen, Schalotten, Schinkenwürfeln in säuerlicher Sahnesauce; ~ **à la rébouleto** ~ in Vinaigrette (Provence); ~ **de la Ferté-Macé** ~ am Spieß.

triple-sec *m* Likör *m* (40% Alkohol), der mit – in Wasser mit Alkohol eingelegten – Orangenschalen destilliert wird; *auch:* ergänzende Angabe für Liköre aus Zitrusfrüchten, die mehr als 38 % Alkoholgehalt haben.

tripotcha *f* Hammel- und Kalbsblutwurst *f* (Baskenland).

tripou *m* Kuttelngericht *n:* breite Streifen vom Kalbsmagen gefüllt mit Schinken, Knoblauch, Petersilie, Kutteln, Kalbsnieren, Fleisch von Hammelfüßen (Auvergne).

trognon *m* Kerngehäuse *n* des Obstes, Griebs *m;* (Chicorée-)Herz *n,* ~ **de chou** Kohlstrunk *m;* ~ **de pomme** Apfelgriebs *m.*

trop *adv.* zu viel, zu sehr; ~ **peu** zu wenig; *m* Überfluss *m,* Übermaß *n.*

tropique tropisch.

troque *m* Fächerzüngler *m (Weichtier,* vgl. **abusseau**).

troquet *m* Kneipe *f* (ugs.).

trou *m* Loch *n;* ~ **normand** ‚das normannische Loch' *(in der Normandie trinkt man zwischen den Gängen zur Verdauung einen Calvados, der ein Loch schaffen soll für den nächsten Gang); il boit comme un trou* er säuft wie ein Loch.

trouvillais *adj. zu* Trouville (Stadt in der Normandie); **à la trouvillaise** „nach Art von Trouville": Ragout *n* aus Champignons, Garnelen und Muscheln in Weißweinsauce.

truffado *m* **d'Aurillac** Kartoffelgericht *n,* mit Käse, Knoblauch und Speckwürfeln überbacken (Auvergne).

truffe *f* Trüffel *f;* ~ **au chocolat** Schokolade~; **truffes** *f pl* Trüffeln *f pl;* ~ **à la serviette** ~ in Blätterteigtaschen, in Madeira- od. Sherrysauce, in einer Serviette aufgetragen; ~ **au champagne** ~ gewürzt, mit Champagner und Mirepoix gegart; ~ **sous la cendre** ~ mit Speck umwickelt, in Alufolie in heißer Asche gegart, gebuttert.

truffé getrüffelt.

truffiat *m* Kartoffelkuchen *m* (Berry).

truffier, truffière Trüffel-; *chêne m truffier* ~eiche *f.*

truie *f* Sau *f,* Mutterschwein *n;* ~ **de mer** Drachenkopf *m,* Meersau *f (Knochenfischart;* pop.).

truite *f* Forelle *f;* ~ **à la mont-Dore** ~ mit Butter, Käse und Wermut bereitet; ~ **à la Saint-Florentin** ~ mit Muskat und Nelke gewürzt, in heißem Chablis-Wein; ~ **arc-en-ciel** Regenbogen~; ~ **au bleu** ‚blau' gekocht; ~ **commune** Bach~; ~ **aux amandes** ~ mit gerösteten Mandeln; ~ **commune** Bach~; ~ **d'élevage** Zucht~; ~ **de rivière** Bach~; ~ **de rivière à la meunière** Bach~ „Müllerin": mit Butter, Mehl, Öl, Petersilie, Pfeffer, Salz und Zitronensaft, in der Pfanne gebraten; ~ **fumée** Räucher~; ~ **du lac** See~; ~ **fario** Berg~; ~ **de mer** Meer~; ~ **navarraise** ~ gebraten, mit Kräuter-Tomaten-Sauce; ~ **saumonée** Lachsforelle.

trulet *m* Blutwurst *f* mit Bries, Mangold, Zwiebeln, Speck (Nizza).

T.T.C. *Abk. f.* **toutes taxes comprises** einschließlich aller Gebühren und Abgaben.

ttoro od. **tioro** *m* Bouillabaisse *f* aus Atlantikfischen, mit Semmelbröseln überbacken (Baskenland).

tube *m* Tube *f,* Röhre *f;* ~ **de néon** Neonröhre.

tubiforme knollenförmig.

tuile *f* Ziegel *m;* **tuiles** *f pl* **aux amandes** ‚Mandelziegel', Gebäck *n* mit Orangen- od. Zitronengeschmack.

turban *m* **1.** Zurichtung *f* eines Gerichts in Form einer Krone; **2.** Gericht *n* *(Geflügel, Wild, Fisch, Krustentiere)* in einer Form gebacken, die eine Krone, einen Turban trägt; ~ **de sole Nantua** Seezungenfilets *n pl* mit Nantuasauce.

Turbigo *(Stadt in der Lombardei);* **à la** ~ *(zu kleinen Fleischstücken:)* gegrillte Champignons, Chipolatas, tomatisierte Demiglace, Weißwein.

turbin *m* Arbeit *f* (argot).

turbot *m* Steinbutt *m;* ~ **à la betterave** ~ mit Butter, Karotten, Kräutersträußchen, Lauch, Rüben, Schalotten, Sellerie, Spinat, Wein, Zwiebeln; ~ **à l'arlésienne** ~ in Fischfond mit Weißwein geschmort, mit Bercysauce bedeckt, mit gebratenen Zwiebelscheiben gefüllt, mit Tomatenhälften garniert; ~ **aux amandes** ~ gekocht, mit Mandeln überbacken; ~ **Cambacérès** *(Cambacérès, Jean-Jacques, 1753 – 1824, Jurist und Staatsmann)* ~ mit Julienne aus Sellerie, Pilzen, Lauch, Trüffeln; garniert mit Froschschenkeln, Krebsfleischbällchen, Muscheln; ~ **feuillantine** ~ mit Austern und Trüffelscheiben belegt, mit dem mit Rahm eingekochten Fond übergossen; ~ **Saint-Jacques** ~ in Weißwein mit frischer Sahne und Jakobsmuscheln gedünstet.

turbotin *m* junger Steinbutt *m;* ~ **braisé à l'amiral** ~ in einer Sauce aus Austern, Krabben, Krebsbutter, Muscheln, Weißwein, Zwiebeln.

tutti frutti *adj. invar.* **1.** Dessert *m* aus mehreren Früchten, Geschmacksrichtungen, Eissorten; **2.** Gebäckstück *n:* auf gezuckertem Kuchenboden eine Lage klein gewürfelter Früchte, darüber eine zweite Teigschicht, die mit eingekochter Aprikosenmarmelade („Aprikotur") überzogen und mit Mandelsplittern oder mit kandierten Orangenschalen belegt ist.

T.V.A. *Abk. f.* **taxe** *f* **à valeur ajoutée** Mehrwertsteuer *f.*

U

un, une **1.** *adj.* ein, eine; einheitlich, eingeteilt; *c'est tout un* das ist einerlei; *un jour* eines Tages; **2.** *pron.* einer, eine, eins; *les uns et les autres* die einen und die anderen.

un *m* Eins *f,* Nummer *f* eins.

unicolore einfarbig.

uniforme einheitlich.

unité *f (Maß, Gewicht, Stück, Zeit:)* Einheit *f; prix m à l'unité* Einzelpreis *m,* Preis *m* pro Stück.

urbain städtisch; *chauffage m urbain* Fernheizung *f; (Telefon:) réseau m urbain* Ortsnetz *n.*

urinoire *m* Bedürfnisanstalt *f.*

usé abgenutzt, *(Kleidung:)* abgetragen; *eaux f usées* Abwässer *n pl.*

user (de qc) verbrauchen; (etwas) anwenden, gebrauchen, benutzen.

usine *f* **de produits alimentaires** Lebensmittelfabrik *f.*

ustensile *m* Gerät *m,* Werkzeug *n; ustensiles m pl* Utensilien *m pl,* Gerätschaften *f pl.*

ustensiles *m pl* **de cuisine** Küchengerät *n.*

utile nützlich, zweckmäßig.

utiliser anwenden, gebrauchen, in Benutzung nehmen.

utilitaire *adj.* Nutz-, Gebrauchs-; *article m* ~ Gebrauchsartikel *m,* Gebrauchsgegenstand *m.*

uval, *pl* **uvaux** *adj.* Trauben-; *cure f uvale* Traubenkur *f.*

V

vacances *f pl* Urlaub *m,* Ferien *pl; vacances f pl d'été* Sommerferien *pl.*

vacarme *m* Lärm *m.*

vachard *m* Schnittkäse *m* aus Kuhmilch, 45 % Fett i. Tr. (Auvergne).

vache *f* Kuh *f; lait m de vache* Kuhmilch *f; manger de la vache* Rindfleisch essen.

vacherin *m* **1.** Weichkäse *f* aus Kuhmilch; **2.** Vacherin *m,* Torte *f* aus Baisermasse, Eiscreme, Sahne.

vacherin *m* **d'abondance** Weichkäse *m* aus Kuhmilch, in der Schachtel von einem Fichtenzweig umwickelt; schmeckt am besten, wenn er läuft und mit einem Teelöffel gelöffelt wird; 45 % Fett i. Tr. (Savoyen).

vacherin *m* **fribourgeois** Kuhmilchkäse *m,* leicht säuerlich, bis 10 kg schwer, bevorzugt für Fondue, 45 % Fett i. Tr. (Kanton Fribourg, Schweiz).

vacherin *m* **glacé** halb gefrorene Torte *f* mit Früchten.

vacherin *m* **glacé aux myrtilles** Meringe *f* mit Heidelbeeren und Sorbet.

vacherin *m* **Mont-d'or** mildsahniger Kuhmilchkäse *m,* 45 % Fett i. Tr., dickflüssig, wird aus der Schale gelöffelt.

vaisselle *f* (Tafel-, Tisch-)Geschirr *n;* ~ **à l'usage unique** Einweg~; ~ **plate** Tafelgeschirr; *faire* od. *laver la ~* abspülen, Geschirr spülen; *eau f de ~* Spülwasser *n.*

vaisselier *m* Tellerbord *n,* Geschirrschrank *m.*

valençay *m* **fermier** Weichkäse *m* aus Ziegenmilch, in Pyramidenform, aus Rohmilch, 200 – 300 g, 45 % Fett i. Tr.

valençay *m* **laitier** Weichkäse *m* aus Ziegenmilch, in Pyramidenform, 200 – 300g, 45 % Fett i. Tr.

valencienne, à la ~ „nach Art von Valenciennes": Pilawreis *m* mit Kochschinkenwürfeln, gewürfelten roten Paprikaschoten, Geflügelrahmsauce, Kalbsjus, *(zu Geflügel:)* tomatierte Geflügelrahmsauce *f.*

valériane *f* Baldrian *m.*

valet *m* Diener *m,* Bedienter *m.*

valise *f* Koffer *m.*

valois, à la ~ *(zu Fisch:)* ganze Krebse, gedünstete Fischmilcher, gekochte Kartoffelkugeln, Valoissauce; *(zu Geflügel und kleinen Fleischstücken:)* Artischocken und Scheiben von rohen Kartoffeln in Butter sautiert, der mit Weißwein deglacierte Bratensaft wird mit Kalbsjus eingekocht und mit Butter aufgeschlagen; in der Cocotte angerichtet.

Vallée d'Auge Sauce *f* mit Calvados od. Cidre und Sahne *(Auge, Landschaft in der Normandie).*

valse *f* Bier *n* mit Pfefferminzlikör (ugs.).

valve *f* Muschelschale *f*.

valves *f pl* Anschlagtafel *f* (Belgien).

vandoise *f* Lauben *m*, Ukelei *m*, Weißfisch *m* *(Süßwasserfische)*.

vanille *f* Vanille *f*.

vanillé *adj.* mit echter Vanille aromatisiert.

vanneau *m* **1.** Kiebitz *m;* **2.** Muschel *f,* ähnlich *coquille Saint-Jacques*.

vanner *(Getreide:)* wofeln; *(Creme, Sauce:)* umrühren.

vapeur *f* Dampf *m; à la vapeur* in Dampf gegart.

vaporisateur *m* Verdampfer *m*, Zerstäuber *m*.

variable *adj.* veränderlich.

variante *f* Variante *f,* Abwandlung *f;* Konserve von gemischten Gemüsen, roten Paprikaschoten, Geflügelrahmsauce, Kalbsjus, *(zu Geflügel:)* tomatierte Geflügelrahmsauce *f*.

varié *adj.* abwechslungsreich, mannigfaltig, verschieden, verschiedenartig.

variété *f* Vielfalt *f*.

vase *m* Vase *f,* Gefäß *n,* ~ **à fleurs** Blumenvase *f*.

vauclusienne, à la ~ „nach Art von Vaucluse" *(Filets und Fische:)* in Olivenöl gebraten, mit Petersilie bestreut, mit Bratöl und brauner Butter übergossen.

V.C.C. *Abk. f.* **Vin de consommation courante** einfacher Tafelwein *m* mit mindestens 8,5 % Alkoholgehalt.

V.C.N. *Abk. f.* **Véritable Camembert de Normandie** („Echter Camembert"). Da der Camembert nicht mehr gesetzlich geschützt ist und auch nicht in die Gruppe der Käse aufgenommen wurde, die mit Dekret vom 21. Dezember 1973 durch eine vorgeschriebene Herkunftsbezeichnung (A.O.C.) geschützt werden, wird inzwischen weltweit Camembert hergestellt, überwiegend industriell. Der echte Camembert, der in dem normannischen Dörfchen Camembert bei Vimoutiers seinen Ursprung hat, ist rund, hat 10 cm Durchmesser und ein Gewicht zwischen 250 und 280 g und mindestens 45 % Fett i. Tr; beste Qualität hat der handgeschöpfte, aus Rohmilch hergestellte Käse, der traditionell in Holzspanschachteln verkauft wird. Ein Konsortium von Produzenten wacht darüber, welche Betriebe aufgrund ihrer traditionsbewussten Produktionsweise die Aufschrift V.C.N. auf den Schachteln verwenden dürfen.

V.D.Q.S. *Abk. f.* **Vin délimité de qualité supérieure** ausgewählter Wein *m* höchster Qualität, muss zu 100% aus dem (begrenzten) Anbaugebiet sein.

veau *m* Kalb *n*, Kalbfleisch *n*.

veau *m* **à la bourgeoise** Kalbfleisch *n* gespickt, geschmort.

veau *m* **de mer** *(Handelsname für)* Haifisch *m.*

veau *m* **farci** Kalbsfilet *n* mit u. a. Geflügelleber, Kräutern, Pilzen, Speck gefüllt.

veau *m* **Marengo** Kalbsragout *n* mit gerösteten Brotwürfeln, Kräutern, Pilzen, gedünsteten Tomaten, Zwiebeln *(Marengo, Dorf in Piemont, wo Napoleon am 14. Juni 1800 die Österreicher besiegte).*

veau *m* **matelote** Kalbsbruststücke *n pl* angebraten, mit brauner Sauce und Rotwein gekocht, mit Champignons garniert.

veau *m* **rôti** Kalbsbraten *m.*

végétarien, végétarienne vegetarisch, fleischlos.

végétarien *m* Vegetarier *m.*

végétarisme *m* Pflanzenkost *f*, fleischlose Ernährung *f;* vegetarische Küche *f.*

veilleur *m* **de nuit** Wächter *m,* Nachtwächter *m.*

veilleuse *f* Nachtbeleuchtung *f*, Nachtlicht *n.*

velouté *m* **1.** Schwitze *f* für Saucen; **2.** Samtsuppe *f*, Cremesuppe *f* *(Grundbestandteile:* Butter, Eigelb, Mehl, Sahne, Wasser); **3.** *adj. (Suppe:)* samtig, sämig, legiert; *(Wein:)* mild, weich; **~ à la reine** Königinsuppe *f;* **~ à la tomate** pürierte Tomatensuppe *f;* **~ à la toulousaine** Geflügelcremesuppe *f* mit gewürfelter Gänseleber, Geflügelklößchen, Hahnenkämmen, Trüffeln; **~ à la trouvillaise** Fischsuppe *f* mit Garnelenschwänzen; **~ Brillat-Savarin** *(Brillat-Savarin, Anthelme, 1755–1826, berühmter Feinschmecker)* Püree *n* von Hühner- und Kaninchenfleisch, mit Madeira gewürzt, mit Mohrrüben, Champignons, und Trüffelscheiben garniert; **~ d'asperges** Spargelcremesuppe *f;* **~ de tomates** Tomatensamtsuppe *f;* **~ de volaille** Geflügelsamtsuppe *f;* weiße Geflügelgrundsauce *f;* **~ dieppoise** Fischsuppe *f* mit Champignons, Lauch, Muschelfond, Rahm; **~ d'oignons** Zwiebelsamtsuppe *f;* **~ Dominique** Samtsuppe *f* mit geriebenem Emmentaler, Sahne und Sellerie; **~ princesse** Geflügelcremesuppe *f* mit Kerbel und gewürfelten Wurzelgemüsen.

venaison *f* Wildbret *n.*

vendange *m* Weinlese *f; vendange f tardive* Spätlese *f.*

vendangeur *m* **1.** Weinleser *m;* **2.** ~ od. **rouget** *m* **de roche** Streifenbrasse *f (Meerfisch).*

vendangeuse *f* Weinleserin *f.*

vendeur *m* Verkäufer *m.*

vendeuse *f* Verkäuferin *f.*

vendre verkaufen; *à vendre* zu verkaufen.

vendredi *m* Freitag *m;* **Vendredi saint** *m* Karfreitag *m.*

vengeron *m* Plötze *f,* Rotauge *n (Weißfisch m in Bächen und Binnenseen).*

venir kommen, ankommen, erreichen; *bien venir* gut geraten; *venir à l'échéance* fällig werden, verfallen.

ventadour *(für Tournedos und Kalbsnuss:)* dünne Mark- und Trüffelscheiben, mit Artischockenpüree und oval geschnittenen, braun gebratenen Kartoffeln; nebenbei Châteaubriandsauce.

vent *m* Wind *m.*

vente *f* Verkauf *m;* ~ **au rabais** od. **totale** Aus~; ~ **aux enchères** Versteigerung *f;* ~ **de boissons alcoolisées** Ausschank ~ *m* alkoholischer Getränke; ~ **par distributeurs de boissons** *(Getränke:)* Automaten~; ~ **totale** Ausverkauf.

ventilateur *m* Ventilator *m.*

venter wehen; *il vente* es geht Wind, es ist windig.

ventre *m* Bauch *m,* Leib *m; avoir le ventre plat* einen leeren Magen haben.

ventrèche *f* geräucherte und gesalzene Schweinsbrust *f* (Rouergue).

ver *m* Wurm *m, (in Nahrungsmitteln:)* Made *f; piqué des vers* wurmstichig; *(Frucht:) plein de vers* wurmig, madig.

verdâtre grünlich.

verdelet, verdelette säuerlich, unreif; *(Wein:)* herb.

verdure *f* Grünzeug *n* (fam.), Salat *m.*

véritable *adj.* echt, wirklich.

verjus *m* **1.** Sauertraube *f;* **2.** Saft *m* von unreifen, sauren Trauben, saurer Wein *m.*

vermicelle *m* Fadennudel *f,* Fadennudelsuppe *f.*

vermine *f* **1.** Ungeziefer *n;* **2.** Gesindel *n,* Geschmeiß *n,* Abschaum *m; auch:* Tagedieb *m* (ugs.).

vermouth *m* Wermut(wein) *m.*

vernis *m* Sandmuschel *f,* bräunlichrote, glänzende Schale, bis 10 cm groß.

véronique Kopfsalat *m* in Streifen geschnitten, mit Streifen von Roten Rüben und Staudensellerie; Garnitur: Eierscheiben, gebratene Speckwürfelchen, Essig-Öl-Sauce.

verre *m* Glas *n;* ~ **à apéro** Aperitif~; ~ **à bière** Bier~; ~ **à boire** Trink~; ~ **à bourgogne** Burgunder~; ~ **à conserve** Konserven~; ~ **à couvercle** Deckel~; ~ **à dessert** Dessert~; ~ **à eau** Wasser~; ~ **étalloné** geeichtes ~; ~ **à liqueur** Likör~; ~ **à pied** Stengel~; ~ **à vin** Wein~; ~ **de vin** *(Inhalt:)* ~ Wein; *offrir, payer un verre à qn* jm. zu einem Glas Bier, Wein einladen.

verser 1. (aus-, ver-, weg-)schütten; **2.** (ein-)gießen, -schenken; *verser goutte à goutte* tropfen; tropfenweise gießen.

verseuse *f* Kanne *f;* ~ **isolante** Isolier~.

vert grün, unreif.

vert-pré *m* Garnitur *f* aus grünem Gemüse, Kräuterbutter, Kresse, Strohkartoffeln.

verveine *f* Eisenkraut *n*, Eisenkrauttee *m; verveine f du Velay* Eisenkrautlikör *m* mit ca. 35 weiteren Kräutern *(Marke)*.

vesse-de-loup *f (Art)* Bovist *m (Pilz);* ~ **ciselée** Hasen~; ~ **perlée** Flaschen~.

vessie *f* **de porc** Schweinsblase *f; en* ~ in der ~.

viande *f* Fleisch *n;* ~ **à la gelée** Sülze *f;* ~ **bien cuite** durchgebratenes ~; ~ **blanche** weißes ~; ~ **de boucherie** Schlacht~; ~ **congelée** Gefrier~; ~ **coriace** zähes ~ *(wie Leder);* ~ **de conserve** Büchsen~; ~ **découpée en morceaux** Geschnetzeltes *n;* ~ **des Grisons** Bündner Fleisch; ~ **en boîte** Büchsen~; ~ **en conserve** Büchsen~; ~ **fraîche** Frisch~, frisches ~; ~ **froide** kalter Braten *m*, Aufschnitt *m;* ~ **fumée** Rauch~; ~ **grasse** fettes ~; ~ **grosse** Schlacht~; ~ **hachée** Gehacktes, Hack *n;* ~ **grillée** Röst~; ~ **immangeable** ungenießbares ~; ~ **lardée** gespicktes ~; ~ **maigre** mageres ~; ~ **marinée** Pökel~; ~ **nerveuse** sehniges ~; ~ **noire** Wildschwein-, Reh-, Hasen~; ~ **persillée** durchwachsenes ~; ~ **rôtie** gebratenes Fleisch *n;* ~ **rouge** Hammel-, Pferde-, Rind~ *n;* ~ **salée** Pökel ~*n;* ~ Dörr-, Trocken ~*n;* ~ **séchée** Räucher ~ *n; un plat de viande* Fleischgericht *n; bouillon m de viande* Bouillon *f,* ~brühe *f; recouper la viande* Fleisch noch einmal (ab)schneiden; *larder de la viande* Fleisch spicken; *débiter de la viande* Fleisch zerlegen; *découper la viande* das Fleisch in Stücke schneiden; *faire revenir la viande* das Fleisch anbraten.

viandox *m* Trinkbouillon *f* aus Fleischextrakt.

Vichy *(Thermalbad im Zentralmassiv); eau f de ~* Mineralwasser *n* aus Vichy.

vichyssoise *f* kalte Suppe *f* (Kartoffeln, Lauch, Sahne, Schnittlauch).

Victoria, à la ~ *(für kleine Fleischstücke:)* überkrustete, mit Champignonpüree gefüllte Tomaten, geviertelte Artischockenböden in Butter gedünstet, den Bratsatz mit Portwein abgelöscht, mit Kalbsjus verkocht; *(für Fisch:)* Hummer oder Langusten und Trüffel in Scheiben od. Würfel geschnitten, mit Victoriasauce glaciert.

vide *adj. invar. (Gefäß:)* leer; *(Stuhl, Platz:)* unbesetzt; *(Haus:)* unbewohnt.

vide *m* Leere *f,* Lücke *f,* Hohlraum *m,* Vakuum *n;* ~~**ananas** *m invar.* Ananasbohrer *m;* ~~**pommes** Apfelausstecher, -entkerner *m; emballage m sous vide* Vakuumverpackung *f.*

vieille *f* Lippfisch *m (ähnlich dem Barsch).*

vieilli gealtert; ~ **en cave** *(Wein:)* abgelagert.

vieillissement *m (vom Wein:)* Alterung *f*, Altern *n*.

viennois *adj.* wienerisch; *escalope f viennoise* Wiener Schnitzel *n; pain m viennois* Milchweißbrot *n; saucisses f viennoises* Wiener Würstchen *n pl.*

viennoiserie *f* Milchweißbrot *n* mit Zucker, Hefe- und Blätterteiggebäck *n*.

vieux *(vor Vokal und „stummem' h:* **vieil**), **vieille** alt; *les vieux quartiers* Altstadt *f;*

vieux pané *m* Rotschmierekäse *m* aus Kuhmilch, 50 % Fett i. Tr.

vigne *f (Pflanze:)* Wein *m*, Weinrebe *f; (Terrain:)* Weinberg *m; (landwirtschaftlich:)* Weinbau *m; cep m de* ~ Rebstock *m*, Weinrebe *f; feuille f de* ~ Weinblatt *n; clos m de* ~ eingezäunter Weinberg *m*.

vigneau *m* od. **vignot** *m* gemeine Strandschnecke *f* (Bretagne).

vigneron *m* **vigneronne** *f* Winzer *m* Winzerin *f.*

vignoble *m* Rebberg *m*, Weinberg *m*.

ville *f* Stadt *f*.

vin *m* Wein *m; au vin* mit Wein zubereitet; *grand vin m* erlesener Wein *m; gros vin m* einfacher Tischwein *m; petit vin m* Landwein *m*, einfacher Wein *m; fumet m du vin* Blume *f; ce vin sent le bouchon* der Wein schmeckt nach Korken; *le vin pétille* der Wein perlt; *le vin se gâte* der Wein wird sauer; *avoir une pointe de vin* einen Schwips haben; *être entre deux vins* einen Schwips haben; *tenir bien le vin* trinkfest sein; *un sac à vin* ein Saufloch; *bouteille f de vin* Weinflasche *f, (Inhalt:)* Flasche *f* Wein; *(Gericht:) coq m au vin* Hahn od. Huhn in Rotweinsauce ~ **aigre** Kratzer *m*, saurer, säuerlicher ~ *m;* ~ **à la cannelle** Glüh~; ~ **au verre** Schoppen~; ~ **âpre** herber ~; ~ **baptisé** verdünnter ~; ~ **blanc** Weiß~; ~ **bouché** *m* Flaschen~; ~ **bourru** Federweißer *m;* ~ **brûlé** Glüh ~; ~ **chaud (épicé)** Glüh~; ~ **clairet** blassroter ~; ~ **corsé** schwerer ~; ~ **coupé** verschnittener ~; ~ **courant** Tisch~; ~ **cuit** ~ aus eingedampftem Most; ~ **d'appellation d'origine contrôlée** französischer ~ *m* mit kontrollierter Herkunftsbezeichnung und entsprechendem Gütesiegel; ~ **de Bourgogne** Burgunder; ~ **de comptoir** *(billiger)* offener ~; ~ **de consommation courante (V.C.C.)** einfacher Konsumwein; ~ **de coupage** Verschnitt~, verschnittener ~; ~ **de dessert** Dessert~; ~ **de fruits** Obst~; ~ **de la Moselle** Mosel~; ~ **de l'année** junger ~; ~ **délimité de qualité supérieure (V.D.Q.S.)** Qualitäts~ unterhalb der A.O.C.-Stufe, aber häufig diesen ebenbürtig *(Wein aus begrenztem Anbaugebiet und Hektarertrag);* ~ **de liqueur** Süß~, der meistens gespritet ist; ~ **de messe** Mess~; ~ **de neige** Eis~, Schnee~; ~ **de paille** Stroh~; ~ **de palme** Palm~, aus Blüten verschiedener Palmarten; moussierendes Getränk mit bis zu

18 % Alkoholgehalt; für Arrak ist Palmwein neben vergorenem Reis und Zuckerrohrmelasse ein wesentlicher Bestandteil; **~ de pays** Land~; **~ de Porto** Port~; **~ de riz** Reis~; **~ de sable** Sand~ (Südfrankreich); **~ de sucre** Trester-, Nach~; **~ de table** *(einfacher)* Tisch~; **~ de tête** Spitzen~; **~ de Tokay** Tokayer *m*; **~ d'honneur** *m* Ehrentrunk *m*, Willkommenstrunk *m*; **~ doux** lieblicher, süßer Wein, Most; **~ doux naturel** Weine mit dieser Bezeichnung, überwiegend aus dem Midi sind nicht so natürlich süß wie der Name vermuten lässt. Diese Weine werden gespritet, d. h., die Gärung wird vorzeitig beendet durch Zusatz von hochprozentigem Alkohol. Damit wird ein hoher Alkoholgehalt erreicht und die Weine bleiben süß *(Verfahren in Deutschland verboten);* **~ du buffet** einfacher ~ von guter Qualität; **~ du pays** ~ der Gegend, dieses Landstrichs; **~ du Rhin** Rhein~; **~ en bouteille** Flaschen~; **~ en carafe** offener ~, Schoppen~; **~ en fût** ~ vom Fass, Fass~ ; **~ en pichet** offener ~, ~ im Krug; **~ en tonneau** Fass~, offener ~; **~ fait** ausgegorener ~; **~ fin** Spitzen~; **~ fou** („verrückter") moussierender Weiß~ (Jura); **~ frélaté** gepanschter ~; **~ généreux** edler ~; **~ giclé** Schorle *f;* **~ gris** blassroter ~; **~ jaune** „gelber" ~, eine Spezialität aus dem Gebiet um das Dorf Château-Chalon (Jura); bernsteinfarbig, kräftig, würzig im Geschmack – zwischen elsässischem Traminer und leichtem Sherry –, mindestens 6 Jahre Fassreifung, sehr haltbar; bevorzugt zu Comté-Käse; **~ léger** leichter Wein *m;* **~ liquoreux** leichter ~; **~ mousseux** Schaum~; **~ muté** Most *m,* der in der Gärung durch Zusatz von hochprozentigem Alkohol unterbrochen wurde. Das Verfahren wird angewendet bei der Herstellung von Aperitifs und beim Verschneiden von Weinen, um ihnen mehr Körper und Süße zu geben *(in Deutschland verboten);* **~ naturel** naturreiner ~; **~ nouveau** Federweißer *m,* junger ~; **~ ordinaire** gewöhnlicher Tisch~; **~ ouvert** offener ~; **~ pétillant** Perl~; **~ primeur** Primeur *m,* junger, neuer ~, Heuriger *m (meist Beaujolais, der ab dem 3. Donnerstag im November des Erntejahres verkauft werden darf, zunächst als Kuriosität in den Pariser Restaurants konsumiert, verbreitet sich der Primeur in immer mehr Ländern);* **~ pur** reiner, unvermischter~; **~ rosé** Rosé~; **~ rouge** Rot~; **~ sec** trockener ~; **~ sur lie** ~ *(z. B. Muscadet),* der direkt von der Hefe auf die Flasche gefüllt wird *(leicht moussierend, mit angenehmem Hefegeschmack);* **~ tonique** stärkender Wein *m,* Stärkungstrunk *m;* **vieux** ~ alter ~ im optimalen Reifezustand.

vinage *m* Zusetzen *n* von Alkohol *(zum Wein).*

vinaigre *m* Essig *m;* **~ à l'estragon** Estragon~; **~ au citron** Zitronen~; **~ d'alcool** Alkohol~, Essigessenz *f;* **~ de framboise** Himbeer~; **~ de vin** Wein~.

vinaigré mit Essig zubereitet.

vinaigrette *f* Essigsauce *f; à la ~* in Salatsauce.

vinaigrier *m* **1.** Essighändler *m;* **2.** Essigflasche *f.*

vinasse *f* schlechter, billiger Wein *m,* Nachwein *m.*

viné *m* gespriteter, mit Alkohol verstärkter Wein *m (z. B. Portwein, Sherry und die französischen ,Vins doux naturels').*

viner dem Wein Alkohol zusetzen.

vineux, vineuse alkoholhaltig, weinartig *(Wein:)* alkoholreich; *(Farbe:)* weinrot; *avoir l'haleine vineuse* eine Fahne haben, nach Wein riechen.

vinicole weinanbauend, Wein-, Weinbau-; *région f vinicole* Weingegend *f.*

vinification *f* Weingärung *f,* Weinzubereitung *f,* Keltern *n.*

vinifier keltern.

vinique *adj.* Wein-.

vinosité *f (vom Wein:)* hoher Alkoholgehalt *m.*

violet, violette veilchenblau.

violette *f* Veilchen *n.*

violettes *f pl* **pralinées** kandierte Veilchen *n pl.*

viroflay *f (zu Schlachtfleischgerichten:)* Spinatkugeln in Spinatblättern, geviertelte Artischockenböden mit geriebenem Käse bestreut, mit Butterflöckchen belegt, überbacken, mit Kalbsjus gebunden.

visitandines *f pl* kleine, runde *od.* ovale Kuchen *m pl* mit gemahlenen Mandeln (Lothringen).

visqueux, visqueuse klebrig, dickflüssig.

vitalons *m pl* süße Teigklöße *m pl* (Picardie).

vitamine *f* Vitamin *n.*

vite *adv.* schnell.

viticulteur *m* Weinbauer *m,* Winzer *m.*

Vittel *(Thermalbad in den Vogesen);* **eau** *f* **de Vittel** Mineralwasser *n* aus Vittel.

vive *f* Petermännchen *n (Plattfisch der Küstengewässer).*

viveurs *m pl (Bez. f.)* pikantscharfe Zubereitungen mit Cayennepfeffer und Paprika.

vivier *m* Fisch-, Krustentierbassin *n,* Fischteich *m.*

vivre leben.

vivres *m pl* Lebensmittel *n pl,* Proviant *m; le vivre et le couvert* Unterkunft und Verpflegung.

vivrier, vivrière *adj.* **cultures** *f pl vivrières* der Ernährung (bes. der einheimischen Bevölkerung) dienende Anbauprodukte *f pl.*

voie *f* Fahrbahn *f; ~ d'accès* Zufahrtsstraße *f.*

voisin *m* **voisine** *f* Nachbar *m,* Nachbarin *f.*

volaille *f* weißes Geflügel *n; une volaille rôtie* ein Brathuhn *n.*

vol-au-vent *m* Blätterteigpastete *f;* ~ **à la normande** ~ mit Austern, Champignons, Muscheln, Sahnesauce, Seezungen; ~ **de huïtres** ~ mit Austern, Champignons, Fischbällchen, Krabben, Trüffeln.

volonté *f* Gutdünken *n,* Laune *f,* Wille *m; à volonté* nach Belieben.

volume *m* Umfang *m,* Größe *f.*

volumineux, volumineuse umfangreich, dick.

volvaire *f* **soyeuse** Wulstling *m (essbarer Pilz).*

vomir (er)brechen, sich übergeben.

vorace gefräßig; *appétit m* ~ Gefräßigkeit *f,* Heißhunger *m.*

vorace *m* Fresser *m,* Fresserin *f,* Vielfraß *m.*

vouloir wollen.

vouvraysien *m* Mandelkuchen *m* (Loiretal).

vosgienne, à la ~ „nach Art der Vogesen": mit Mirabellen od. Zwiebeln.

voyage *m* Reise *f.*

voyage *m* **de groupe** Gruppenreise *f.*

voyageur *m* Reisender *m.*

vrai echt, naturgetreu, rein, wahr.

vue *f* Ansicht *f,* Anblick *m,* Aussicht *f;* ~ *panoramique* Fernblick *m.*

W

wagon-restaurant *m* Speisewagen *m.*

waldorf *m* Waldorfsalat *m.*

walewska, à la ~ *(für Fischfilets:)* Medaillons von Langusten, Trüffelscheiben; mit Mornaysauce, die mit Langustenbutter aufgeschlagen wurde, bedecken und gratinieren.

waterzooï *m* Fischsuppe *f* in würziger Sauce aus Bouillon, Eigelb, Lauch, Sellerie; ~ **de volaille** ~ mit Geflügel.

W.C. *m pl* öffentliche Toilette *f.*

whisky *m* Whisky *m.*

witlof *m* Chicorée *f* (flämisch).

X

xérès *m* Sherry *m.*

ximenia *m* od. **ximénie** *f* tropische Frucht *f* mit säuerlichem Geschmack *(keine deutsche Bezeichnung bekannt).*

xylopia *m* **1.** afrikanischer Baum *m* (Annonengewächs), dessen zahlreiche Arten trockene Beeren liefern, die zu Gewürz verarbeitet werden; **2.** Malaguetapfeffer *m,* Mohrenpfeffer *m,* Guineapfeffer *m.*

Y

yaourt *m* od. **yoghourt** Joghurt *m;* ~ **à boire** Trink~;~ **aux fruits** Früchte~; ~ **nature** Natur~.

yaourtière *f* Joghurtbereiter *m.*

yassa *m* Fisch- od. Geflügel- od. Hammelgericht *n* (kreolisch).

yerbilhou *m* Maismehlbrei *m.*

yéti *m* Wassereis *n.*

Z

zampone *m* entbeinter Schweinsfuß *m,* mit Fleischfarce, gewürfelter Pökelzunge, Gänseleber, Speck, dazu Pistazien und Trüffeln, nach Erkalten in Scheiben mit Cumberland-Sauce serviert (ital.).

zée *m* Petersfisch *m,* Christusfisch, Martinsfisch *m.*

zéphir *m* Schaumomelett *n:* feine Farce *(Fisch od. Fleisch od. Krustentiere)* mit Schlagsahne.

zéphir *m* **de homard au coulis** Hummersuppe *f.*

zéro *m* Null *f,* Gefrierpunkt *m; au-dessous de zéro* unter dem Nullpunkt.

zeste *m (äußere)* Orangen-, Zitronen-, Pomeranzenschale *f; (Walnuss:)* Scheidewand *f.*

zester *(Apfelsine, Zitrone)* schälen.

zesteur *m* Zestenmesser *n.*

zikiro *m* Hammel *m* am Spieß gebraten, mit einer Sauce aus Essig, Knoblauch und Piment während des Grillens übergossen (Baskenland).

zinc *m* **1.** Zink *m;* **2.** Theke *f,* Schanktisch *m* (pop.); **3.** kleine Bar *f.*

zymases *f pl* Gärstoff *m,* Hefepilzvergärung *f.*

zingara, à la ~ „Zigeunerart" *(Geflügel- od. Kalbfleisch:)* Demiglace *f* mit Estragon, Julienne von Champignons, Pökelzunge in Streifen geschnitten, Schinken, Tomatenmark, Trüffeln in Kraftsauce.

Welcher Wein zu welchem Essen

Eine Orientierungshilfe

Die Wahl der Getränke zum Essen ist grundsätzlich eine Frage des persönlichen Geschmacks. Dabei sollte jedoch beachtet werden, dass bestimmte Speisen sich aufgrund ihrer Zusammensetzung mit bestimmten Getränken nicht gut vertragen. Wer gut speist und trinkt, der möchte dies nicht mit Beschwerden bezahlen, die vermeidbar sind. Deshalb darf ich Ihnen einige Tips geben, wie Sie unangenehme Überraschungen gar nicht erst riskieren.

Weine sollten nicht zu Vorspeisen und Salaten mit Vinaigrette, zu Rahmfrischkäsen, säuerlichem Obst und zu Zwischengerichten mit Schokolade gewählt werden, *Rotweine* nicht zu Krustentieren, weißen Madeirasaucen, Quark und allen süßen Gerichten.

Kein Wasser zu Käse jeder Art.

Das wäre auch schon die ganze Negativliste. Bei der Wahl der Getränke, besonders der Weine, zu den Gerichten strebt der anspruchsvolle Gast eine geschmackliche Harmonie an. Französische Gourmets beispielsweise sprechen geradezu von einer Vermählung des Weins mit dem Essen. Deshalb sind die wenigen hier gegebenen Empfehlungen nicht als verbindlicher Kanon zu verstehen. Mancher Wein wird Ihnen sogar noch besser schmecken als der hier genannte und Sie werden dabei bleiben, wenn Ihnen, ebenso wie mir, jede besserwisserische Überspitzung zuwider ist. Ein französisches Sprichwort bringt diese lebensnahe Philosophie vom rechten Genießen auf den Punkt: *Un peuple qui sait boire, est un peuple qui sait vivre.* Ganz frei übersetzt also: *Ein Volk, das sich auf's Trinken wohl versteht, beherrscht auch die Kunst des Lebens.* Wer alkoholfreie Getränke oder Bier bevorzugt, kann auf eine Beratung allemal verzichten. In Frankreich, Belgien, Luxemburg und der Schweiz können Sie meist auf den Rat eines guten Kellners oder des Sommeliers vertrauen, wenn Sie Ihre Weine zum Essen auswählen, zumal ein gut sortierter Weinkeller manche Überraschung bereithält.

Grundsätzlich lässt sich sagen, dass alle Gerichte, die überwiegend aus Produkten einer Landschaft stammen, auch mit den Weinen dieser Landschaft gut harmonieren. Ist ein Gericht mit Wein zubereitet, dann empfiehlt sich dieser Wein auch als Getränk zur Mahlzeit.

Diese Gerichte

harmonieren gut

mit diesen Weinen

VORSPEISEN:

Kaviar	Champagner, Sancerre
Stopfleber	Gewürztraminer, Sauternes
Schnecken	würzige Rotweine (Bordeaux, Côtes-du-Rhône, Bourgogne, Beaujolais)
Wurstwaren	trockene Weine
Salate	einfache und leichte trockene Weine
Trüffeln	trockener Champagner, große Weine (Bordeaux, Bourgogne)
kalte Gerichte (Fischpastete, Hähnchen, Ei, Chaud-froid, Rindfleisch in Gelee u. a.)	Weißweine: Châteauneuf-du-Pape blanc, Corton, Meursault, Montrachet, Riesling *und* Champagner Rotweine: Champigny, Beaune, Moulin-à-Vent, Médoc.
(Wildpasteten, Terrinen, Aspik)	Rotweine: Cahors, Châteauneuf-du-Pape, Ermitage, Côtes-de-Nuits, Pomerol.
Suppen	trockene Weine (falls überhaupt Wein!)
‚dicke‘ Suppen	Rotweine: Beaujolais, Corbières
Eierspeisen	
zu Eiern pur	*kein* Wein

mit Kartoffeln, Knoblauch und Rotwein zubereitet	leichte Weine, wie Graves, Riesling
Omeletts	Bordeaux, Graves, Champigny, Pomerol, Clos-du-Vougeot,
Fischsuppen	trockene <u>Weißweine</u>: Blanc de Blanc, Graves, Muscadet. <u>Roséweine</u>
Krusten- und Schalentiere (kalt serviert:)	trockene <u>Weißweine</u>: Aligoté, Chablis, Graves, Riesling, Sancerre *und* Rosés
(warm serviert:)	<u>Rotweine</u>: Anjou, Bourgogne <u>Weißweine</u>: Jura, Côtes-du-Rhône, Côtes du Roussillon
Weißes Geflügel (gegrillt:)	junge Rotweine (Brouilly, Côtes de Beaune, Moulin-à-Vent, Savigny)
(mit Saucen:)	Beaujolais, Condrieu, Gamay, Meursault)
Ente, Gans (gebraten:)	<u>große kräftige Weine</u>: Cahors, Gaillac, Châteauneuf-du-Pape, Nuits-Saint-Georges, Pomerol, Pommard
(Ragout:)	Bergerac und rote Côtes de Beaune
Hase	*je nach Zutaten und Zubereitung:* Aligoté, Gamay, weißer Graves, roter Sancerre
Hasenpfeffer:	Muscadet
Wild dunkles Fleisch (wie Reh, Wildente, Wildschwein,	<u>bukettreiche</u> <u>große Weine</u>: Brouilly, Gigondas,

Schnepfen:)	Châteauneuf-du-Pape, Côtes-de-Nuits, Médoc, Graves, Saint-Emilion, Pomerol, Gewürztraminer
(helles Fleisch wie Wachteln, Fasan, Wildkaninchen)	Chambertin, Clos-de-Vougeot, Margaux, Pomerol, Graves, Médoc.
Schweinefleisch	<u>Rotweine</u> Provence, Chinon, Beaujolais, Cahors, Brouilly, Fleurie *und* Sandweine
(mit Sauerkraut)	Riesling
Kalbfleisch	<u>große Rotweine</u>: Margaux, Sancerre, und <u>weiße</u> Burgunder
Innereien	<u>Weißweine</u>: Hermitage, Meursault <u>Rotweine:</u> Côtes de Beaune; trockene <u>Rosés; Cidre</u>
Lammfleisch (Navarin:)	leichtere <u>Rotweine</u>: Champigny, Chinon
(Lammkoteletts:)	Pommard, Volnay
(Ragout:)	bukettreiche <u>Rotweine</u>: Gigondas, Hermitage
Rindfleisch (gegrillt:)	kleine <u>Rotweine</u> Beaujolais, Bordeaux, Côtes-du-Rhône
(Pot-au-feu:)	Beaujolais, junger Bordeaux,
Moulin-à-Vent (Bœuf bourguignon)	kräftige <u>Rotweine</u>: Givry, Rully
Fisch	frische <u>Rotweine;</u> trockene <u>Weißweine</u>: Chablis, Condrieu,

	Graves, Meursault, Muscadet, Sancerre
Gemüse (Blumenkohl, Erbsen, Rüben, Spinat u. a.:)	leichte <u>Rotweine</u> Blagny, Brouilly, Côtes-de-Beaune, Moulin-à-vent.
(Auberginen, Flageolets, Kohl, Kartoffelgerichte)	Châteauneuf-du-Pape, Nuits-Saint-Georges, Côte-Rôtie, Pomerol, Saint-Emilion
Nudeln, Teigwaren	<u>Rotweine</u> (Bordelais, Provence)
(mit Saucen:)	trockene <u>Weißweine</u>
Backwaren, Kuchen	Banyuls, Muscat, Jura-Strohwein, Sauternes
Obst (Melonen:)	Banyuls, Portwein, trockene <u>Weißweine</u>
(Aprikosen, Pfirsiche, Himbeeren, Birnen, Erdbeeren:)	bukettreiche <u>Rotweine</u>
(andere süße Früchte:)	weiche, volle Weine
(Mandeln, Nüsse:)	alle Weine
Käse Edamer, Gruyère Cantal, Saint Nectaire, Saint-Paulin, Tomme, Blauschimmelkäse aus Kuhmilch:	alkoholreiche Weine leichte, fruchtige, auch trockene Weine leichte Rotweine
Roquefort:	Sherry, Portwein
Camembert, Brie u. ähnliche Weichkäse	Beaujolais, Vougeot, Côtes-du-Rhône,
Livarot, Munster u. a. Rotschmierekäse	kräftige <u>Rotweine:</u> Bergerac, Sancerre

Frischkäse:	Rote und Rosés
Ziegenkäse:	fruchtige Weißweine
Dessert	der Wein vom Hauptgericht oder Champagner.

Im Restaurant essen

In Frankreich ist einiges anders. Man sollte sich, bevor man in ein völlig unbekanntes Restaurant einkehrt, zumindest mit einem Blick auf die Speisekarte informieren. Diese muss, von außen gut sichtbar, ausgehängt sein und die Endpreise inkl. Steuern und Bedienungsgeld enthalten. Nur einige Spitzenrestaurants ignorieren dieses Gesetz. Wenn ein Restaurant viele einheimische Gäste hat, kann man ohne weiteres hineingehen. Auch Mundpropaganda ist hilfreich, um ein geeignetes Lokal zu finden. Es ist ratsam, einen Tisch vorzubestellen und die Zahl der Gäste anzugeben.

Es ist in Frankreich nicht üblich, selbst nach freien Plätzen zu suchen. Man wartet nach dem Eintreten, bis der Kellner einen Tisch vorschlägt, den man aber nicht bedingungslos akzeptieren muss (z. B. wegen Zugluft, Raucherbereich etc.). Man achtet auf Diskretion, spricht nicht zu laut und beachtet einige Grundregeln: Man isst nicht mit den Fingern (von einigen Ausnahmen abgesehen). Vom Brot werden kleine Bissen abgebrochen und zum Mund geführt, man beißt aber nicht von der Scheibe ab. Suppenteller werden zum Auslöffeln nicht angeschrägt, Sauce wird nicht mit Brot aufgetunkt. Salat wird gefaltet, aber nicht zerschnitten.

Getränke sind im Restaurant meist wesentlich teurer als bei uns. Der Wirt ist gesetzlich verpflichtet, dem Gast unberechnet Leitungswasser *(de l'eau du robinet)* zu servieren. Wenn dies nicht unaufgefordert geschieht, können Sie ohne Bedenken darum bitten, auch wenn der Wirt lieber Mineralwasser verkaufen möchte. Brot wird als Beilage unberechnet gestellt *(le pain à discrétion)*. Besonders in Großstädten sind die Getränkepreise in Gaststätten und Bistros vom Standard und der Lage abhängig und steigen am Abend (wegen höherer Personalkosten).

Man sollte – nicht nur in Frankreich – die Rechnung nachprüfen und gegebenenfalls reklamieren.

Trinkgeld ist nicht verpflichtend, man gibt aber je nach Zufriedenheit mindestens 5% des Rechnungsbetrages. Das *pourboire* wird diskret auf den Zahlteller gelegt, auch an der Theke.

Stichwortverzeichnis

Deutsch - Französisch

m = männlich (der); *f* = weiblich (die);
n = sächlich (das); *pl* = Plural (Mehrzahl).

Aal *m*	l'anguille *f*
Abendessen *n*	le dîner
Alkohol *m*	l'alcool *m*
alt	vieux, vieille
Aroma *n*	l'arôme *m*
Apfel *m*	la pomme
Apfelkuchen *m*	la tarte aux pommes
Apfelmus *n*	la purée de pommes
Apfelsaft *m*	le jus de pommes
Apfelwein *m*	le cidre
Aprikose *f*	l'abricot *m*
Artischocke *f*	l'artichaut *m*
Aschenbecher *m*	le cendrier
Aspik *m* od. *n*	l'aspic *m*, la gelée
Auflauf *m*	le gratin, le soufflé
Aufschlag *m*	le supplément
Aufschnitt *m*	la charcuterie, les cochonnailles
Ausländer *m*	l'étranger *m*
Ausländerin *f*	l'étrangère *f*
Austern *f*	les huîtres *f pl*
Auswahl *f*	l'assortiment *m*
Bäcker *m*	le boulanger
Backobst *n*	les fruits secs *m pl*
Backofen *m*	le four
Backpflaume *f*	le pruneau
Baiser *s*	la méringue
Banknote *f*	le billet de banque
Barbe *f*	le barbeau
Barsch *m*	le bar, la perche
Becher *m*	la coupe, le gobelet
Bedienung *f*	le service
Beefsteak *n*	le bifteck
Beilage *f*	la garniture
belegtes Brot *n*	le canapé, le sandwich
Belieben, nach ~	à volonté
besetzt	occupé
Besteck *n*	le couvert
Bestellung *f*	la commande
Betriebsferien *pl*	la fermeture annuelle
betrunken	ivre, soûl
Bier *n*	la bière

Birne *f*	la poire
bitte	s'il vous plaît
bitte *(Antwort auf ‚danke')*	je vous en prie
bitter	amer, amère
Blatt *n*	la feuille
Blätterteig(-kuchen) *m*	le feuilleté
Blume *f*	la fleur
Blumenkohl *m*	le chou-fleur
Blumenvase *f*	le vase à fleurs
blumig	*(Wein:)* bouqueté
blutig	saignant
Blutwurst *f*	le boudin noir
Bohnen *f pl*	les haricots
Branntwein *m*	l'eau - de - vie *f*
Braten *m*	le rôti
Bratspieß *m*	la broche *od.* brochette
Bratwurst *f*	la saucisse *f*
Brei *m*	la bouillie
Brombeere *f*	la mûre
Brot *n*	le pain
Brötchen *n*	le petit pain
Brust *f*	la poitrine
Bückling *m*	le 'hareng fumé *od.* saur
Bündner Fleisch *n*	la viande des Grisons
Butter *f*	le beurre
Butterbrot *n*	la tartine
Buttermilch *f*	le babeurre
Champagner *m*	le champagne
Champignon *m*	le champignon de couche
Chef, Betriebsinhaber *m*	le patron
Chicorée *m od. f*	l'endive *f*
Curry *m*	le cari *od.* kari
Danke	merci
Dattel *f*	la datte
deutsch	allemand
Diät *f*	le régime
diätetisch	diététique
Dill *m*	l'aneth *m*
Dose *f*	la boîte
Dosenöffner *m*	l'ouvre-boîtes *m*
durchgebraten	bien cuit
Durst *m*	la soif
Dutzend *n*	la douzaine
Echt	véritable, vrai
Ei *n*	l'œuf *m*
Eierkuchen *m*	la crêpe

Eierpfannkuchen *m*	l'omelette *f*
Eigelb *n*	le jaune d'œuf
Eiweiß *n*	le blanc d'œuf
einfach	ordinaire, simple
eingelegt, eingemacht	confit
Eis *n*	la glace
Eisbecher *m*	la coupe glacée
Eisbein *n*	le jambonneau
Eiskaffee *m*	le café liégeois
Eiswürfel *m*	le glaçon
empfohlen	recommandé
Endivie *f*	la chicorée
Ente *f*	le canard
entkorken	déboucher
Erbsen *f (Mehrzahl)*	les petits pois
Erdbeere *f*	la fraise
Erdnuss *f*	la cacahuète, l'arachide *f*
Espresso *m*	le café express
essbar	comestible
essen	manger
Essig *m*	le vinaigre
Essiggurke *f*	le cornichon
Essig-Kräuter-Sauce *f*	la vinaigrette
Esskastanie *f*	le marron
Fadennudeln *f (Mehrzahl)*	les vermicelles *m pl*
Fasan *m*	le faisan
Fassbier *n*	la bière à la pression
Feige *f*	la figue
fein	fin
Feinschmecker *m*	le gourmet
Fenchel *m*	le fenouil
fertig (bereit)	prêt
(vollendet)	fini
fett	gras, grasse
Fett *n*	la graisse
Feuer *n*	le feu
Filetsteak *n*	le châteaubriand
Fisch *m*	le poisson
Fischragout *n*	la matelote
Fischscheibe *f*	la darne
Fischsuppe *f*	la bouillabaisse
flambiert	flambé
Flasche *f*	la bouteille
Flaschenöffner *m*	le débouchoir
Fleisch *n*	la viande
Fleischbrühe *f*	le consommé
Fleischerei *f*	la boucherie
Fleischpastete *f*	le pâté, la terrine

Flügel *m*	l'aile *f*
Flunder *f*	le flet
flüssig	liquide
Flusskrebs *m*	l'écrevisse *f*
Folie *f*	la papillote
Forelle *f*	la truite
französisch	français
frei	libre
frisch	frais, fraîche
Frischkäse *m*	le fromage blanc
Frosch *m*	la grenouille
Froschschenkel *m*	la cuisse de grenouille
Frucht *f*	le fruit
Frühstück *n*	le petit déjeuner
Füllsel *n*	la farce
Gabel *f*	la fourchette
Gang *m*	le plat
Gans *f*	l'oie *f*
Gänseklein *n*	les abats d'oie
Gänseleberpastete *f*	le pâté de foie gras
gar (durchgebraten)	bien cuit
Garderobe *f*	la garde-robe
Garnele *f*	la crevette
Gasthof *m*	l'auberge *f*
gebacken	frit
gebeizt	mariné
gebraten	rôti
Gedeck *n*	le couvert
Geflügel *n*	la volaille
Geflügelklein *n*	l'abattis de volaille *m*
Geflügelschere *f*	les cisailles à volaille *f pl*
gefroren	congelé
gefüllt	farci
gegrillt	grillé
gehackt	haché
Gehacktes *n*	le hachis
gekocht	bouilli, cuit, poché
Geld *n*	l'argent *m*
Gemüse *n*	les légumes *f pl*
gepfeffert	poivré
geräuchert	fumé
Gericht *n*	le mets, le plat
gerieben	râpé
Geruch *m*	l'odeur *f*
gesalzen	salé
geschlossen	fermé
Geschmack *m*	le goût
geschmackvoll	savoureux, savoureuse

geschmolzen	fondu
geschmort	braisé, sauté
Getränk *n*	la boisson
Getreide *n (ohne Plural)*	la céréale
getrüffelt	truffé
Gewicht *n*	le poids
Gewürz *n*	l'épice *f*
Gewürznelke *f*	la girofle
Gewürzständer *m*	l'huilier *m*
gezuckert, gesüßt	sucré
Glas *n*	le verre
Glas *n* Bier vom Fass	le demi à la pression
Glühwein *m*	le vin brûlé
Goldbrasse *f*	la dorade
Grapefruit *f*	la pamplemousse
Gräte *f*	l'arête f
grau	gris
Grieß *m*	la semoule
Grill *m*	le gril
Grillgericht *n*	la grillade
groß	grand
grün	vert
Gulasch *n* od. *m*	la *od.* le goulache
Gurke *f*	le concombre
gut	bon, bonne
gut durch	*(Fleisch:)* bien cuit
	(Käse:) bien fait
Hackfleisch *n*	le hachis de viande
Haferflocken *f pl*	flocons d'avoine *m pl*
Hahn *m*	le coq
Hähnchen *n*	le poulet
halb	demi
halb durchgebraten	à point
halbe Flasche *f*	la demi-bouteille
Hälfte *f*	la moitié *f*
Hals *m*	le cou
Hammel *m*	le mouton
hart	dur
Hase *m*	le lièvre
Haselnuss *f*	la noisette
Hasenrücken *m*	le râble de lièvre
Haut *f*	la peau
Haxe *f*	le jarret
Hecht *m*	le brochet
Hefe *f*	la levure
Heidelbeere *f*	l'airelle *f*
Heilbutt *m*	le flétan
heiß	chaud

hell *(Bier)*	blond
Hering *m*	le hareng
Herz *n*	le cœur
Himbeere *f*	la framboise
Hirn *n*	la cervelle
Hirsch *m*	le cerf
Hirse *f*	le millet
Holzkohlefeuer *n*	le feu de bois
Honig *m*	le miel
Hörnchen *n*	le croissant
Hummer *m*	le homard
Hunger *m*	la faim
Hunger haben	avoir faim
Imbiss *m*	la casse-croûte
Imbissstube *f*	le bar
Ingwer *m*	le gingembre
Innereien *pl*	les abats *m pl*
Jakobsmuschel *f*	la coquille St-Jacques
Joghurt *m* od. *n*	le yaourt
Johannisbeere *f*	la groseille
jung	jeune
Kabeljau *m*	le cabillaud
Kaffee *m*	le café
Kalb, -fleisch *n*	le veau
Kalbsbries *n*	le ris de veau
Kalbskeule *f*	le cuisseau
Kalbsleber *f*	le foie de veau
Kalbsroulade *f*	l'oiseau sans tête *m*
kalt	froid
Kamille *f*	la camomille
Kaninchen *n*	le lapin
Kapaun *m*	le chapon
Kaper *f*	la câpre
Karaffe *f*	la carafe
Karamellcreme *f*	la crème caramel
Karotte *f*	la carotte
Karpfen *m*	la carpe
Kartoffel *f*	la pomme de terre
Käse *m*	le fromage
Käsefondue *f* od. *n*	la fondue au fromage
Käseplatte *f*	le plateau des fromages
Käsetorte *f*	la tarte au fromage
Kasse *f*	la caisse
Kaviar *m*	le caviar
Kellner *m*	le garçon

Kerbel *m*	le cerfeuil
Kern, Stein *m*	le noyau
Kerze *f*	la chandelle od. bougie
Keule *f*	la gigue
Kirsche *f*	la cerise
klar	clair
klare Suppe *f*	le consommé
Kleiderhaken *m*	le portemanteau
klein	petit
Klößchen *n*	la quenelle
Kneipe *f*	la taverne
Knoblauch *m*	l'ail *m*
Knoblauchmayonnaise *f*	l'aïlloli *m*
Knoblauchzehe *f*	la gousse d'ail
Knochen *m*	l'os *m*
Knochenmark *n*	la moelle
Knollensellerie *m*	*le céleri-rave*
knusprig	croquant *od.* croustillant
Koch *m*	le cuisinier
kochen *(Flüssigkeit)*	bouillir
(Speisen)	cuire
(Küche führen)	faire la cuisine
Kochtopf *m*	la casserole
koffeinfrei	décaféiné
Kohl *m*	le chou
Kohlensäure *f*	l'acide carbonique *m*
kohlensäurehaltig *(Getränk)*	gazeux, gazeuse
Kohlrabi *m*	le chou-rave
Kompott *n*	la compote
Kopf *m*	la tête
Kopfsalat *m*	la laitue
Korinthe *f*	le raisin de Corinthe
Korken *m*	le bouchon
Korkenzieher *m*	le tire-bouchon
koscher	casher, kasher
kosten, probieren	goûter, déguster
kostenlos	gratuit
köstlich	délicieux, délicieuse
Kostprobe *f*	la dégustation
Kotelett *n*	la côtelette
knusprig	croustillant
Krabbe *f*	la crevette
kräftig *(gewürzt)*	corsé
Kräuter, feine *f pl*	les fines herbes
Kräuterbutter *f*	le beurre maître d'hôtel
Kräutersträußchen *n*	le bouquet garni
Krebs *m*	l'écrevisse *f*
Kreditkarte *f*	carte de crédit *f*

Kresse *f*	le cresson
Krokette *f*	la croquette
Krug *m*	le pichet
Kruste *f*	la croûte
Krustentiere *f pl*	les crustacés *m pl*
Kuchen *m*	le gâteau
Kugel *f*	la boule
Kuh *f*	la vache
Kühlschrank *m*	le réfrigérateur
Kümmel *m*	le cumin
Kunde *m*, Kundin *f*	le client *m*, la cliente *f*
Kürbis *m*	la citrouille, la courge
Kutteln *f pl*	les tripes *f pl*
Lachs *m*	le saumon
Lamm, -fleisch *n*	l'agneau *m*
Lammkeule *f*	le gigot d'agneau
Lammrücken *m*	le carré d'agneau
Landwein *m*	le vin de pays
Languste *f*	la langouste
Lauch *m*	le poireau
lauwarm	tiède
Lebensmittelgeschäft *n*	l'épicerie *f*
Leber *f*	le foie
Lebkuchen *m*	le pain d'épices
leer	vide
Lendenbraten *(v. Rind) m*	le rôti d'aloyau
leicht	léger, légère
Leitungswasser *n*	l'eau du robinet *f*
Lieblings-(gericht) *n*	(le plat) favori / préféré
Licht *n*	la lumière
Likör *m*	la liqueur
Linse *f*	la lentille
Liter, ½ Liter *m* od. *n*	le litre, le demi-litre
Löffel *m*	la cuiller, cuillère
Lorbeer *m*	le laurier
Löwenzahn *m*	le pissenlit
Magen *m*	l'estomac *m*
Magenverstimmung *f*	l'indigestion *f*
mager	maigre
Mahlzeit *f*	le repas
Maifisch *m*	l'alose *f*
Majoran *m*	la marjolaine
Makkaroni *f pl*	les macaronis *m pl*
Makrele *f*	le maquereau
Makrone *f*	le macaron
Mandel *f*	l'amande *f*
Mangold *m*	la bette
Markt *f*	le marché

232

Marmelade *f*	la confiture, la marmelade
Marzipan *n*	le massepain
Masthuhn *n*	la poularde
Meerrettich *m*	le raifort
Mehl *n*	la farine
Melone *f*	le melon
Messer *n*	le couteau
Miesmuschel *f*	la moule
Milch *f*	le lait
Mineralwasser *n*	l'eau minérale *f*
Misch-, gemischt	mélangé
Mischbrot *n*	le pain de campagne
mit	avec
Mittagessen *n*	le déjeuner
Mohn *m*	le pavot
Möhre *f*	la carotte
Morchel *f*	la morille
Mus *n*	la purée
Muschel *f*	la moule
Muskatnuss *f*	la noix de muscade
Nachspeise *f*	le dessert
natur	nature
Nichtraucher *m*	le non-fumeur
Niere *f*	le rognon
Nudeln *f pl*	les nouilles
Nuss *f*	la noix
Obst *n*	les fruits *m pl*
Obstsaft *m*	le jus de fruits
Obstsalat *m*	la salade de fruits
Ochse *m*	le bœuf
Ochsenschwanz *m*	la queue de bœuf
Ofen, Herd *m*	le fourneau
offen, geöffnet	ouvert
offen (*Wein:* im Krug)	en pichet
Öffnungszeiten *f pl*	les heures d'ouverture
ohne	sans
Öl *n*	l'huile *f*
Olive *f*	l'olive *f*
Omelett *n*	l'omelette *f*
Oregano *m*	l'origan *m*
Osterei *n*	l'œuf de Pâques *m*
Paniert	pané
Paprikapulver *n*	le paprika
Paprikaschote *f*	le poivron
Paste *f*	la pâte
Pastete *f (mit Teigmantel)*	le pâté

Perlhuhn *n*	la pintade
Perlwein *m*	le vin pétillant
Petersilie *f*	le persil
Pfannkuchen *m*	la crêpe
Pfeffer *m*	le poivre
Pfefferminze *f*	la menthe
Pfefferstreuer *m*	le poivrier
Pferd *n*	le cheval
Pfifferling *m*	la chanterelle / girolle
Pfirsich *m*	la pêche
Pflaume *f*	la prune
Pfund (500 g) *n*	la livre
pikant	relevé
Pilz *m*	le champignon
Pistazie *f*	la pistache
Platte *f*	le plat
Porree *m*	le poireau
Portwein *m*	le porto
Preiselbeere *f*	l'airelle *f*
probieren, kosten	essayer, goûter
Pudding *m*	le pouding
Püree *n*	la purée
Pute *f*	la dinde
Quappe *f*	la lotte
Quark *m*	le fromage blanc
Quitte *f*	le coing
Quittung *f*	la facture, le reçu
Radieschen *n*	le radis
Rahm *m*	la crème
rauchen	fumer
Raucher *m*	le fumeur
Raucherbereich *m*	l'espace *m*, fumeurs
Räucherspeck *m*	le lard fumé
Rebhuhn *n*	la perdrix
Rechnung *f* *(Restaurant:)*	l'addition *f*
(Geschäft:)	la facture
(Handel:)	la note
Reh, -fleisch *n*	le chevreuil
Rehkeule *f*	le cuissot de chevreuil
Rehragout *n*	le civet de chevreuil
Rehrücken *m*	la selle de chevreuil
reif	mûr
rein	pur
Reis *m*	le riz
Rettich *m*	le radis
Rhabarber *m*	la rhubarbe
Rind, -fleisch *n*	le bœuf
Rinde, Schale *f*	l'écorce *f*

Rinderrippenstück *n*	le faux-filet/contrefilet
Roastbeef *n*	le rosbif
Rochen *m*	la raie
roh	cru
Rohkost *f*	les crudités *f pl*
rosa *(Fleisch:* gebraten)	à point
Rosenkohl *m*	le chou de Bruxelles
Rosine *f*	le raisin de Smyrne
Rosmarin *m*	le romarin
Röstbrot *n*	le pain grillé
Rotbarbe *f*	le rouget
Rote Beete *f pl*	les betteraves rouges
Rotkohl *m*	le chou rouge
Rotwein *m*	le vin rouge
Roulade *f*	la ballotine / paupiette
Rübe *f*	le navet
Rücken *m*	la selle
Rückenstück *n*	le carré
Rührei *n*	l'œuf brouillé *m*
Rum *m*	le rhum
rund	rond
Saft *m*	le jus
Sahne *f*	la crème
Salat *m*	la salade
Salatschüssel *f*	la saladière
Salbei *m*	la sauge
Salz *n*	le sel
Salzhering *m*	le hareng salé
Salzstreuer *m*	la salière
Sardelle *f*	l'anchois *m*
Sardine *f*	la sardine
Sauce *f*	la sauce
sauer	aigre
Sauerampfer *m*	l'oseille *f*
Sauerkirsche *f*	la griotte
Sauerkraut *n*	la choucroute
säuerlich	aigrelet
Scampi *m (Mehrzahl)*	les langoustines *f pl*
Schaf *n*	le brebis
Schale *f (Ei, Muschel)*	la coquille
(Gefäß)	la coupe, le bol
(Obst)	la peau, la pelure
(Hülsenfrüchte)	la gousse
(Nuss, Mandel)	l'écale *f*
Schalentier *n*	le coquillage
schälen	éplucher
Schalotte *f*	l'échalote *f*
scharf (gewürzt)	épicé
Schaum *m*	la mousse

schäumend	mousseux
Schaumwein *m*	le vin mousseux
Scheibe *f*	la tranche
Schellfisch *m*	l'aiglefin *m*
Schenkel *m*	la cuisse, le gigot
Schildkröte *f*	la tortue
Schinken *m*	le jambon
Schlagsahne *f*	la crème fouettée
Schleie *f*	la tanche
Schmelzkäse *m*	le fromage fondu
Schmorfleisch *n*	la viande en daube
Schmortopf *m*	la marmite, la cocotte
Schnecke *f*	l'escargot *m*
Schnepfe *f*	la bécasse
Schnittlauch *m*	la ciboulette
Schnitzel *n*	l'escalope *f*
Schokolade *f*	le chocolat
Scholle *f*	le carrelet, la plie
Schulterstück *n*	l'épaule *f*
Schüssel *f*	le plat, la terrine
Schwanz *m*	la queue
schwarz	noir
Schwarzbrot *n*	le pain bis
Schwein, Schweinefleisch *n*	le porc
Schweineschmalz *n*	le saindoux
Schweinshaxe *f*	le jambonneau
Seeaal *m*	le congre
Seebarsch *m*	le bar
Seehecht *m*	le colin, la merluche
Seelachs *m*	le colin
Seewolf *m*	le loup de mer
Seezunge *f*	la sole
Sellerie *m*	le céleri
Senf *m*	la moutarde
Sherry *m*	le xérès
Sirup *m*	le sirop
Sodawasser *n*	l'eau de Seltz *f*
Solei *n*	l'œuf *m* cuit à l'eau salée
Spanferkel *n*	le cochon de lait
Spargel *m*	les asperges
Speck *m*	le lard
Speisekarte *f*	la carte, le menu
Speisesaal *m*	la salle à manger
Spiegelei *n*	l'œuf sur le plat *m*
Spinat *m*	les épinards
Stachelbeere *f*	la groseille à maquereaux
Stammtisch *m*	la table des habitués

Steak *n*	le steak
Steinbutt *m*	le turbot
Steinpilz *m*	le cèpe
Stockfisch *m*	la morue
Stör *m*	l'esturgeon *m*
Streichholz *n*	l'allumette
Strohhalm *m*	la paille
Stück *n*	le morceau, la pièce
Sülze *f*	la gelée
Suppe *f*	le potage, la soupe
süß	doux, douce
Süßigkeiten *f pl*	les douceurs
Süßspeisen *f pl*	les entremets
Süßwasserfisch *m*	le poisson d'eau douce
Süßwein *m*	le vin doux
Tablett *n*	le plateau
Tagesgericht *n*	le plat du jour
Tageskarte *f*	la carte du jour
Taschenkrebs *m*	le crabe
Tasse *f*	la tasse
Taube *f*	le pigeon
Tee *m*	le thé
Teegebäck *n*	le sablé
Teigwaren *f pl*	les pâtes *f pl*
Teller *m*	l'assiette *f*
temperiert *(Wein)*	chambré
teuer	cher, chère
Theke *f*	le comptoir, le bar,
	le zinc (pop.)
Thunfisch *m*	le thon
Thymian *m*	le thym
Tintenfisch *m*	le calmar, la seiche
Tisch *m*	la table
Tischdecke, -tuch *n*	la nappe
Toiletten *f pl*	les toilettes *f pl*
Tomate *f*	la tomate
Topf *m*	la casserole
Torte *f*	le gâteau, la tarte
Traube *f*	la grappe
Trichter *m*	l'entonnoir *m*
trinken	boire
Trinkgeld *n*	le pourboire
Trinkwasser *n*	l'eau potable *f*
trocken *(auch Wein)*	sec, sèche
(Champagner)	brut
Trüffel *f*	la truffe
Truthahn *m*	le dindon
Tüte (Eis-) *f*	le cornet

Überbacken	gratiné
ungesalzen	non salé
Untertasse *f*	la soucoupe
unverschnitten *(Getränk)*	non coupé
überbacken	gratiné
Venusmuschel *f*	la praire
Verdauungsschnaps *m*	le digestif
viel	beaucoup
viereckig	carré
Viertel *n*	le quart
Vogel *m*	l'oiseau *m*
voll	plein
Vorgericht n	l'entrée *f*
Vorlegemesser *n*	le couteau à découper
Vorspeise *f*	le hors-d'œuvre
Wacholder *m*	le genièvre
Wacholderbeeren *f pl*	les baies de genièvre
Wachsbohnen *f pl*	les 'haricots jaunes
Wachtel *f*	la caille
Waffel *f*	la gaufre
Wahl (nach ~) *f*	au choix
Walnuss *f*	la noix
warm	chaud
Wasser *n*	l'eau *f*
Wassermelone *f*	la pastèque
weich	mollet
Wein *m*	le vin
Weinbergschnecke *f*	l'escargot *m*
Weinkellner *m*	le sommelier
Weintraube *f*	le raisin
weiß	blanc, blanche
Weißbrot *n*	le pain blanc,
	la baguette
Weißkohl *m*	le chou blanc
Wermut *m*	le vermouth
Wildbret *n*	le gibier
Wildente *f*	le canard sauvage
Wildfleisch *n*	la venaison
Wildkaninchen *n*	le lapin de garenne
Wildragout *n*	le civet, le salmis
Wildschwein *n*	le sanglier
Wirsingkohl *m*	le chou frisé
Wirt *m*	le patron
Würfelzucker *m*	le sucre en morceaux
Wurst *f*	l'andouille *f*
Würstchen *n*	la saucisse, le saucisson
Wurstwaren *(v. Schwein) f pl*	les cochonnailles *f pl*
würzen	assaisonner

Yorkshiresauce *f*	la sauce Yorkshire
Ysop *m*	l'hysope *f*
Yvette-Suppe *f*	la soupe Yvette
zäh	coriace
Zahnstocher *m*	le cure-dent
Zander *m*	la *od.* le sandre
zart	tendre
Zeitung *f*	le journal
Ziege *f*	la chèvre
Zigarette *f*	la cigarette
Zimt *m*	la cannelle
Zitrone *f*	le citron
Zubereitung *f*	la préparation
Zucchino *m*	la courgette
Zucker *m*	le sucre
Zunge *f*	la langue
zusätzlich	supplémentaire
Zutat *f*	l'ingrédient *m*
zu viel	trop
Zwetschgen *f, ~wasser n*	la quetsche
Zwieback *m*	la biscotte *f*
Zwiebel *f*	l'oignon *m*
Zwiebelsuppe *f*	la soupe à l'oignon
Zwiebeltorte *f*	la tourte à l'oignon
Zwischengericht *n*	l'entremets *m*
Zwischenrippenstück *n*	l'entrecôte *f*